Die Rechtsbehelfe in der Zwangsvollstreckung –
zwischen Reformbedarf und bewährter Komplexität

Schriften zum Privat-, Wirtschafts- und Verfahrensrecht

Herausgegeben von Barbara Völzmann-Stickelbrock

Band 8

Zur Qualitätssicherung und Peer Review der vorliegenden Publikation

Die Qualität der in dieser Reihe erscheinenden Arbeiten wird vor der Publikation durch den Herausgeber der Reihe geprüft.

Notes on the quality assurance and peer review of this publication

Prior to publication, the quality of the work published in this series is reviewed by the editor of the series.

Dzenefa Celikovic

Die Rechtsbehelfe in der Zwangsvollstreckung –
zwischen Reformbedarf und bewährter Komplexität

PETER LANG

Lausanne - Berlin - Bruxelles - Chennai - New York - Oxford

Bibliografische Information der Deutschen Nationalbibliothek
Die Deutsche Nationalbibliothek verzeichnet diese Publikation
in der Deutschen Nationalbibliografie; detaillierte bibliografische
Daten sind im Internet über http://dnb.d-nb.de abrufbar.

Zugl.: Hagen, Fernuniv., Diss., 2023

D 708
ISSN 2193-262X
ISBN 978-3-631-90490-9 (Print)
E-ISBN 978-3-631-90554-8 (E-PDF)
E-ISBN 978-3-631-90555-5 (EPUB)
DOI 10.3726/b21029

© 2023 Peter Lang Group AG, Lausanne

Verlegt durch: Peter Lang GmbH, Berlin, Deutschland

info@peterlang.com http://www.peterlang.com/

Parentes mei
Mojim roditeljima
Meinen Eltern

Danksagung

Mein Dank gebührt an erster Stelle meiner Familie. Meine Eltern, Elvis, Steffi und Hanna haben mir nicht nur während des Promotionsverfahrens, sondern im Laufe meiner gesamten Ausbildung beiseite gestanden. Auch Angelika hat mich auf diesem Weg bestärkt. Dafür bin ich euch von ganzem Herzen dankbar.

Ganz herzlich möchte ich mich auch bei Frau Prof. Dr. Völzmann-Stickelbrock bedanken. Ich danke Ihnen für das mir entgegengebrachte Vertrauen und die ausgezeichnete Betreuung. Es war mir eine Freude, mit Ihnen zusammenarbeiten zu dürfen.

Mein Dank gilt zudem Herrn Prof. Dr. Prinz von Sachsen Gessaphe für die Erstellung des Zweitgutachtens. Herrn Prof. Dr. Kreße möchte ich an dieser Stelle ebenfalls danken.

Xenia, die mir eine große Stütze war, danke ich für unsere lange Freundschaft. Immer wieder motiviert haben mich Renée und Albert Strack. Ein großes Dankeschön dafür.

Christoph möchte ich für das Lektorat danken. Vielen Dank für deine wertvolle Unterstützung.

Inhaltsverzeichnis

Literaturverzeichnis

Anders, Monika/Gehle, Burkhard (Hrsg.): Zivilprozessordnung, 80. Aufl., München 2022 (zit.: Anders/Gehle/*Bearbeiter*)

Andres, Dirk/Leithaus, Rolf: Insolvenzordnung, 4. Aufl., München 2018 (zit.: Andres/Leithaus/*Bearbeiter*)

App, Michael: Das Rechtsbehelfsverfahren gegen Vollstreckungsmaßnahmen nach Eröffnung des Insolvenzverfahrens, in: NZI 1999, S. 138–140

Arens, Peter/Lüke, Wolfgang: Einwand der Vermögensübernahme gegen Drittwiderspruchsklage – BGHZ 80, 296, in: JuS 1984, S. 263–267

Badstuber, Theresa: Bitcoin und andere Kryptowährungen in der Zwangsvollstreckung, in: DGVZ 2019, S. 246–254

Baumgärtel, Gottfried/Scherf, Dieter: Zur Problematik des § 767 Abs. 3 ZPO, in: JR 1968, S. 368–370

Baur, Fritz/Stürner, Rolf/Bruns, Alexander: Zwangsvollstreckungsrecht, 14. Aufl., Heidelberg 2022 (zit.: Baur/*Stürner*/Bruns, Zwangsvollstreckungsrecht)

Beck'scher Online-Kommentar: Zivilprozessordnung, hrsg. v. Vorwerk, Volkert/Wolf, Christian, Stand: 1.12.2021, München 2022 (zit.: BeckOK-ZPO/*Bearbeiter*)

Bettermann, Karl August: Hundert Jahre Zivilprozeßordnung – Das Schicksal einer liberalen Kodifikation, in: ZZP 91 (1978), S. 365–397

Bettermann, Karl August: Die Interventionsklage als zivile negatoria, in: Festschrift für Friedrich Weber zum 70. Geburtstag, Berlin u.a. 1975, S. 87–99 (zit.: *Bettermann* in FS Weber)

Bittmann, Folker: Treu und Glauben in der Zwangsvollstreckung, Stehen Zuständigkeiten und materielle Rechtskraft unter einem Redlichkeitsvorbehalt?, in: ZZP 97 (1984), S. 32–46

Blomeyer, Arwed: Rechtskraft- und Gestaltungswirkung der Urteile im Prozeß auf Vollstreckungsgegenklage und Drittwiderspruchsklage, in: AcP 165 (1965), S. 481–498

Blomeyer, Arwed: Zivilprozeßrecht, Vollstreckungsverfahren, Berlin u.a. 1975 (zit.: *Blomeyer*, Zivilprozeßrecht, Vollstreckungsverfahren)

Blomeyer, Jürgen: Der Anwendungsbereich der Vollstreckungserinnerung, in: Rpfleger 1969, S. 279–287

Blomeyer, Jürgen: Die Erinnerungsbefugnis Dritter in der Mobiliarzwangsvollstreckung, Berlin 1966 (zit.: *Blomeyer*, Die Erinnerungsbefugnis Dritter in der Mobiliarzwangsvollstreckung)

Braun, Eberhard: Insolvenzordnung, 8. Aufl., München 2020 (zit.: Braun/ *Bearbeiter*)

Braun, Johann: Grundlagen des zivilprozessualen Diskurses, Individualisierung und Substantiierung der Klage, Substantiierung der Klageerwiderung, prozessuale Auskunfts- und Beweismitteloffenbarungspflicht, in: ZZP 133 (2020), S. 271–317

Braun, Johann: Die Aufrechnung des Klägers im Prozess, in: ZZP 89 (1976), S. 93–110

Brehm, Wolfgang: Vollstreckungsgegenklage nach Beendigung der Zwangsvollstreckung, in: ZIP 1983, S. 1420–1427

Brehm, Wolfgang: Zentralisierung der Zwangsvollstreckung, in: Rpfleger 1982, S. 125–129

Brox, Hans/Walker, Wolf-Dietrich: Zwangsvollstreckungsrecht, 12. Aufl., München 2021 (zit.: Brox/Walker, Zwangsvollstreckungsrecht)

Bruns, Alexander: Die Verbandsklage auf Abhilfeleistung – ein Modell zur Umsetzung der EU-Vergaberichtlinie, in: ZZP 134 (2021), S. 393–432

Bruns, Patrick: Gegenwartsprobleme des Vermieterpfandrechts, in: NZM 2019, S. 46–58

Bürck, Harald: Erinnerung oder Klage bei Nichtbeachtung von Vollstreckungsvereinbarungen durch die Vollstreckungsorgane?, in: ZZP 85 (1972), S. 391–407

Burgard, Jens: Die Präklusion der zweiten Vollstreckungsgegenklage, in: ZZP 106 (1993), S. 23–50

Christmann, Günter: Zum Beschwerderecht des Gerichtsvollziehers im Kostenprüfungsverfahren nach § 766 Abs. 2 ZPO, in: DGVZ 1990, S. 19–21

Degenhart, Max: Die Reform des Zivilprozesses und der Zwangsvollstreckung im Hinblick auf die Bedürfnisse der Wirtschaft von heute, in: DGVZ 1968, S. 116–123

Dürig, Günter/Herzog, Roman/Scholz, Rupert: Grundgesetz, Bd. III (Art. 17–28), 95. Ergänzungslieferung, München Juli 2021 (zit.: Dürig/Herzog/Scholz/ *Bearbeiter*)

Effer-Ehe, Daniel: Kryptowährungen in Zwangsvollstreckung und Insolvenz am Beispiel des Bitcoin, in: ZZP 131 (2018), S. 513–531

Emmerich, Volker: Zulässigkeit und Wirkungsweise der Vollstreckungsverträge, in: ZZP 82 (1969), S. 413–437

Ernst, Wolfgang: Gestaltungsrechte im Vollstreckungsverfahren, in: NJW 1986, S. 401–405

Falkmann: Ueber die Aufhebung der Vollstreckungsmassregeln, wenn die vor der Zustellung eines Arrestbefehls erfolgte Vollziehung desselben wegen Unterbleibens der rechtzeitigen Zustellung des Befehls ohne Wirkung ist, in: ZZP 11 (1887), S. 72–81

Fischer, Nikolaj: Alles schwebend wirksam? – Das Widerrufsrecht gem. § 355 BGB, seine Wirkungsweise und der Rechtsschutz der Vollstreckungsgegenklage gem. § 767 ZPO –, in: VuR 2004, S. 322–327

Fischer, Walther: Einwendungen, die den Anspruch selbst betreffen, und Widerklagen im Verfahren auf Gewährung der Vollstreckbarkeit, in: ZZP 43 (1913), S. 87–109

Fleischmann: Beschwerde bei Entscheidungen des Gerichtsschreibers, in: ZZP 30 (1902), S. 521–523

Fraeb: Vorläufige Vollstreckbarkeit und einstweilige Einstellung in der Zwangsvollstreckung, in: ZZP 54 (1929), S. 257–316

Francke, W. Ch.: Das Wesen der Widerspruchsklage (§ 771 ZPO.), in: ZZP 38 (1909), S. 361–377

Gaul, Hans Friedhelm: Das Rechtsbehelfssystem in der Zwangsvollstreckung – Möglichkeiten und Grenzen einer Vereinfachung, in: ZZP 85 (1972), S. 251–310

Gaul, Hans Friedhelm: Rechtsverwirklichung durch Zwangsvollstreckung aus rechtsgrundsätzlicher und rechtsdogmatischer Sicht, in: ZZP 112 (1999), S. 135–184

Gaul, Hans Friedhelm: Zur Struktur der Zwangsvollstreckung (III), in: Der Deutsche Rechtspfleger 1971, S. 81–93

Gaul, Hans Friedhelm: Die Haftung aus dem Vollstreckungszugriff, in: ZZP 110 (1997), S. 3–31

Gaul, Hans Friedhelm: Der Gerichtsvollzieher – ein organisationsrechtliches Stiefkind des Gesetzgebers, in: ZZP 87 (1974), S. 241–276

Gaul, Hans Friedhelm: Zur Struktur der Zwangsvollstreckung (II), in: Der Deutsche Rechtspfleger 1971, S. 41–52

Gaul, Hans Friedhelm: Das geltende deutsche Zwangsvollstreckungsrecht – Ergebnis eines Wandels der Rechtsanschauung oder einer ungebrochenen Kontinuität?, in: ZZP 130 (2017), S. 3–60

Gaul, Hans Friedhelm: Zulässigkeit und Geltendmachung vertraglicher Vollstreckungsbeschränkung – BGH, NJW 1968, 700, in: JuS 1971, S. 347–349

Gaul, Hans Friedhelm: Rangfolge und Rangsicherung unter Befriedigung suchenden konkurrierenden Anfechtungsgläubigern, in: Festschrift für

Karsten Schmidt zum 70. Geburtstag, Köln 2009, S. 425–455 (zit.: *Gaul* in FS K. Schmidt)

Gaul, Hans Friedhelm/Schilken, Eberhard/Becker-Eberhard, Ekkehard: Zwangsvollstreckungsrecht, 12. Aufl., München 2010 (zit: *Gaul/Schilken/Becker-Eberhard*, Zwangsvollstreckungsrecht)

Geißler, Markus: Die Vollstreckungsklagen im Rechtsbehelfssystem der Zwangsvollstreckung, in: NJW 1985, S. 1865–1872

Geißler, Markus: Zum Beschwerderecht des Gerichtsvollziehers in der Zwangsvollstreckung, in: DGVZ 1985, S. 129–133

Gerhardt, Walter: Bundesverfassungsgericht, Grundgesetz und Zivilprozeß, speziell: Zwangsvollstreckung, in: ZZP 95 (1982), S. 467–495

Giese, Christina-Anja: Erfüllungseinwand im Zwangsvollstreckungsverfahren, NJW-Spezial 2021, S. 644–645

Gilles, Peter: Vollstreckungsgegenklage, sog. vollstreckbarer Anspruch und Einwendungen gegen die Zwangsvollstreckung im Zwielicht prozessualer und zivilistischer Prozeßbetrachtung, in: ZZP 83 (1970), S. 61–114

Glenk, Hartmut: Unverzichtbares Allerlei – Amt und Haftung des Gerichtsvollziehers, in: NJW 2014, S. 2315–2319

Glenk, Hartmut: Last Exit Vollstreckungserinnerung – Der unterschätzte Rechtsbehelf, in: NJW 2016, S. 1864–1866

Goertz, Otto: Vollstreckungsgegenklage und Erinnerung, in: ZZP 44 (1914), S. 114–117

Götte, Tilman: Zur Wiedereinführung einer Rangfolge der Zwangsvollstreckungsmittel, in: ZZP 100 (1987), S. 412–434

Groß, Rolf: Hoheitlicher Zugriff und sachlich-rechtliche Herausgabeklagen, in: ZZP 77 (1964), S. 292–298

Haberzettl, Kai: Der Streitgegenstand der Vollstreckungsgegenklage, in: NJOZ 2021, S. 289–292

Hager, Johannes: Die Rechtsbehelfsbefugnis des Prozeßunfähigen, in: ZZP 97 (1984), S. 174–197

Hahn, Carl: Die gesamten Materialien zu den Reichs-Justizgesetzen, Bd. 1 (Materialien zum Gerichtsverfassungsgesetz), Abt. 1, 2. Aufl., Aalen 1983 (zit.: *Hahn*, Materialen zum Gerichtsverfassungsgesetz)

Hahn, Carl: Die gesamten Materialien zu den Reichs-Justizgesetzen, Bd. 2 (Materialien zur Zivilprozessordnung), Abt. 1 und Abt. 2, 2. Aufl., Aalen 1983 (zit.: *Hahn*, Materialen zur Zivilprozessordnung)

Hantke, Helmut: Rangverhältnis und Erlösverteilung bei der gleichzeitigen Pfändung durch den Gerichtsvollzieher für mehrere Gläubiger, in: DGVZ 1978, S. 105–110

Harder, Alexander, von: Abänderungen des ersten Abschnitts des achten Buches der Civilprozessordnung aus Anlass der Einführung des Bürgerlichen Gesetzbuchs, in: ZZP 22 (1896), S. 178–200

Hartenbach, Alfred: Der Status des Gerichtsvollziehers im nächsten Jahrhundert, in: DGVZ 1999, S. 149–154

Hein, Arno: Ist die Arglisteinrede in den Verfahren nach §§ 766 und 765a ZPO in der Mobiliarzwangsvollstreckung in die eigene Abzahlungssache zulässig?, in: ZZP 69 (1956), S. 231–261

Heldmann: Die Anfechtung eines Prozessvergleichs, in: ZZP 44 (1914), S. 449–464

Henckel, Wolfram: Materiellrechtliche Folgen der unzulässigen Prozeßaufrechnung, in: ZZP 74 (1961), S. 165–186

Henckel, Wolfram: Vorbeugender Rechtsschutz im Zivilrecht, in: AcP 174 (1974), S. 97–144

Herberger, Marie: Menschenwürde in der Zwangsvollstreckung, Tübingen 2022 (zit.: *Herberger*, Menschenwürde in der Zwangsvollstreckung)

Hess, Burkhard: Rechtspolitische Perspektiven der Zwangsvollstreckung, in: JZ 2009, S. 662–668

Jäckel, Holger: Die Rechtsstellung Dritter in der Zwangsvollstreckung, in: JA 2010, S. 357–364

Jarass, Hans/Pieroth, Bodo: Grundgesetz für die Bundesrepublik Deutschland, 16. Aufl., München 2020 (zit.: Jarass/Pieroth/*Bearbeiter*)

Kainz, Martin: Funktion und dogmatische Einordnung der Vollstreckungsabwehrklage in das System der Zivilprozeßordnung, Berlin 1984

Kaiser, Jan: Besondere Anträge neben Zwangsvollstreckungsrechtsbehelfen des Schuldners, in: NJW 2014, S. 364–366

Kaiser, Jan: Die Abgrenzung der Vollstreckungsabwehrklage zur prozessualen Gestaltungsklage sui generis, in: NJW 2010, S. 2933–2935

Kannowski, Bernd/Distler, Eva-Marie: Der Erfüllungseinwand im Vollstreckungsverfahren nach § 887 ZPO, in: NJW 2005, S. 865–868

Kern, Eduard: Reformgedanken über die Stellung und Aufgaben des Gerichtsvollziehers, in: ZZP 80 (1967), S. 325–345

Kindl, Johann/Meller-Hannich, Caroline (Hrsg.): Gesamtes Recht der Zwangsvollstreckung, 4. Aufl., Baden-Baden 2021 (zit.: Kindl/Meller-Hannich/*Bearbeiter*)

Kissel, Rudolf/Mayer, Herbert: Gerichtsverfassungsgesetz, 10. Aufl., München 2021 (zit.: Kissel/Mayer/*Bearbeiter*)

Klang, Heinrich: Zwangsvollstreckung und Zwangsvollzug im Entwurf der neuen deutschen ZPO. unter dem Gesichtspunkte der Rechtsangleichung, in: ZZP 58 (1934), S. 19–41

Klein, Stephan: Grundrechtsschutz in der Zwangsvollstreckung, Tübingen 2021 (zit.: *Klein*, Grundrechtsschutz in der Zwangsvollstreckung)

Klimke, Dominik: Präklusion gesetzlicher Mängelrechte nach § 767 II ZPO – Reichweite und europarechtliche Schranken, in: ZZP 126 (2013), S. 43–61

Klose, Bernhard: Entwicklungen des privaten Vollstreckungsrechts, in: NJ 2016, S. 45–50

Knauff, Matthias: Vertragsschließende Verwaltung und verfassungsrechtliche Rechtsschutzgarantie, in: NVwZ 2007, S. 546–549

Knoche, Joachim/Biersack, Cornelia: Das zwangsvollstreckungsrechtliche Prioritätsprinzip und seine Vereitelung in der Praxis, in: NJW 2003, S. 476–481

Kohler, Josef: Ueber exekutorische Urkunden, in: AcP 72 (1888), S. 1–44

Kohler, Josef: Ungehorsam und Vollstreckung im Civilproceß, in: AcP 80 (1893), S. 141–300

Kühne, Gunther: Materiellrechtliche Einwendungen gegen Prozessvergleiche und Vollstreckungsgegenklage, in: NJW 1967, S. 1115–1117

Kunz, Bernhard: Erinnerung und Beschwerde, Tübingen 1980 (zit: *Kunz*)

Lakkis, Panajotta: Präklusion von Einwendungen aus zivilrechtlichen Ausgleichsansprüchen analog § 767 III ZPO?, in: ZZP 119 (2006), S. 435–446

Leitmeier, Lorenz: Die schwache Position des Rechtsnachfolgers nach Veräußerung der streitbefangenen Sache durch den Rechtsvorgänger, in: ZZP 133 (2020), S. 359–388

Lüke, Gerhard: Zum zivilprozessualen Klagensystem, in: JuS 1969, S. 301–307

Lukes, Rudolf: Die Vollstreckungsabwehrklage bei sittenwidrig erschlichenen und ausgenutzten Urteilen, in: ZZP 72 (1959), S. 99–126

Mangoldt, Hermann, von/Klein, Friedrich/Starck, Christian: Grundgesetz, Bd. 1 (Präambel, Artikel 1–19), 7. Aufl., München 2018 (zit.: v. Mangoldt/Klein/Strack/*Bearbeiter*)

Meier, Patrick: Der Rechtsschutz gegen nichtige Titel, in: ZZP 133 (2020), S. 51–68

Meiss, Wilhelm: Zum Verhältnis vom Zivilprozeß und Verwaltungsprozeß, in: ZZP 67 (1954), S. 169–187

Münch, Joachim: Vollstreckbare Urkunde und prozessualer Anspruch, Köln u.a. 1989 (zit.: *Münch*)

Münchener Kommentar: Münchener Kommentar zur Zivilprozessordnung mit Gerichtsverfassungsgesetz und Nebengesetzen, hrsg. v. Krüger, Wolfgang/ Rauscher, Thomas, Bd. 2 (§ 355–945b), 6. Aufl., München 2020; Bd. 3 (§ 946–1120), EGZPO, GVG, EGGVG, UKlaG, 6. Aufl., München 2022 (zit.: MünchKomm-ZPO/*Bearbeiter*)

Münchener Kommentar: Münchener Kommentar zum Bürgerlichen Gesetzbuch, hrsg. v. Säcker, Jürgen/Rixecker, Roland/Oetker, Hartmut/Limperg, Bettina, Bd. 7, Schuldrecht – Besonderer Teil IV, §§ 705–853, Partnerschaftsgesellschaftsgesetz, Produkthaftungsgesetz, 8. Aufl., München 2020 (zit.: Münch-Komm-BGB/*Bearbeiter*)

Musielak, Hans-Joachim/Voit, Wolfgang (Hrsg.): Zivilprozessordnung mit Gerichtsverfassungsgesetz, 18. Aufl., München 2021 (zit.: Musielak/Voit/ *Bearbeiter*)

Nesemann, Urte: Gerichtsvollzieher in Vergangenheit und Zukunft, in: ZZP 119 (2006), S. 87–108

Niedieck: Ueber die Geltendmachung von Anträgen, Einwendungen und Erinnerungen gegen die Art und Weise der Zwangsvollstreckung gegenüber den Entscheidungen der Gerichte im Zwangsvollstreckungsverfahren, in: ZZP 18 (1893), S. 369–389

Nörr, Knut: Hauptthemen legislatorischer Zivilprozeßreform im 19. Jahrhundert, in: ZZP 87 (1974), S. 227–283

Olzen, Dirk: Rechtsschutz gegen Zwangsvollstreckung aus notariellen Urkunden, in: DNotZ 1993, S. 211–222

Ory, Stephan/Weth, Stephan (Hrsg.): Juris PraxisKommentar Elektronischer Rechtsverkehr, Bd. 2 (Zivilverfahren), Saarbrücken 2020 (zit.: Ory/Weth/ *Bearbeiter*)

Otto, Hansjörg: Grundprobleme der Vollstreckungsgegenklage (1. Teil), in: JA 1981, S. 606–609

Otto, Hansjörg: Grundprobleme der Vollstreckungsgegenklage (2. Teil), in: JA 1981, S. 649–653

Otto, Hansjörg: Die Präklusion, Berlin 1970 (zit.: *Otto*, Die Präklusion)

Özen, Kasim/Hein, Georg: Die prozessuale Gestaltungsklage analog § 767 ZPO, in: JuS 2010, S. 124–127

Paulus, Gotthard: Die Behelfe des Sicherungseigentümers gegen den Vollstreckungszugriff, in: ZZP 64 (1951), S. 169–203

Pawlowski, Hans-Martin: Die Wirtschaftlichkeit der Zwangsvollstreckung – Eine besondere Aufgabe des Gerichtsvollziehers –, in: ZZP 90 (1977), S. 345–380

Pecher, Hans Peter: Zur Geltendmachung der Unwirksamkeit eines Prozessvergleichs, in: ZZP 97 (1984), S. 139–173

Picker, Eduard: Die Drittwiderspruchsklage des § 771 ZPO im System von Rechtszuweisung und Rechtsschutz, in: ZZP 128 (2015), S. 273–305

Picker, Eduard: Schulrechtliche Rechte gegen den Betreiber von Zwangsvollstreckung oder Teilungsversteigerung als „die Veräußerung hinderndes Recht" i. S. der Drittwiderspruchsklage, in: JZ 2014, S. 431–442

Pohlmann, Petra/Schäfers, Dominik: Zwangsvollstreckungsrecht, München 2021 (zit.: *Pohlmann/Schäfers*, Zwangsvollstreckungsrecht)

Preuß, Nicola: Rechtsbehelfe in der Zwangsvollstreckung (Teil I), in: JURA 2003, S. 181–186

Prütting, Hanns/Gehrlein, Markus: Zivilprozessordnung, 13. Aufl., Köln 2021 (zit.: Prütting/Gehrlein/*Bearbeiter*)

Prütting, Hanns/Stickelbrock, Barbara: Zwangsvollstreckungsrecht, Stuttgart u.a. 2002 (zit.: *Prütting/Stickelbrock*, Zwangsvollstreckungsrecht)

Prütting, Hanns/Weth, Stephan: Die Drittwiderspruchsklage gemäß § 771 ZPO, in: JuS 1988, S. 505–511

Reichel, Hans: Widerklage gegen Vollstreckungsklage, in: AcP 133 (1931), S. 19–36

Renkl, Günter: Rechtsbehelfe und Klagen in der Zwangsvollstreckung, in: JuS 1981, S. 666–670

Rosenberg, Leo: Zu dem Entwurf einer Zivilprozeßordnung (unter besonderer Berücksichtigung des Urteilsverfahrens), in: ZZP 57 (1933), S. 185–339

Rosenberg, Leo/Schwab, Karl Heinz/Gottwald, Peter: Zivilprozessrecht, 18. Aufl., München 2018 (zit.: Rosenberg/Schwab/Gottwald/*Bearbeiter*)

Sachsen Gessaphe, Karl August Prinz, von: Zwangsvollstreckungsrecht, München 2014 (zit.: *v. Sachsen Gessaphe*, Zwangsvollstreckungsrecht)

Saenger, Ingo (Hrsg.): Zivilprozessordnung, 9. Aufl., Baden-Baden 2021 (zit.: Saenger/*Bearbeiter*)

Schellhammer, Kurt: Zivilprozess, 16. Aufl., Heidelberg 2020 (zit.: *Schellhammer*, Zivilprozess)

Scheuch, Alexander: Die „verlängerte Vollstreckungserinnerung" – eine Chimäre?, in: ZZP 134 (2021), S. 169–201

Schlosser, Peter: Gestaltungsklagen und Gestaltungsurteile, Bielefeld 1966 (zit.: *Schlosser*)

Schmidt, Damian: Vollstreckungsabwehrklage und Vermögensschutz nach § 241 Abs. 2 BGB, in: ZZP 132 (2019), S. 463–494

Schmidt, Karsten: Verbraucherschützende Widerrufsrechte als Grundlage der Vollstreckungsgegenklage nach neuem Recht – Zur Bedeutung des neuen § 361a BGB für den prozessualen Rechtsschutz des Schuldners, in: JuS 2000, S. 1096–1099

Schmidt, Karsten: Die Vollstreckungserinnerung im Rechtssystem – Dogmatik und Praxis eines „Rechtsbehelfs eigener Art", in: JuS 1992, S. 90–96

Schmidt, Karsten: Zwangsvollstreckung in anfechtbar veräußerte Gegenstände, in: JZ 1987, S. 889–895

Schmidt, Karsten: Präklusion und Rechtskraft bei wiederholten Vollstreckungsgegenklagen, in: JR 1992, S. 89–95

Schmidt, Karsten: Vollstreckungsgegenklage – Prozeßrecht und materielles Recht in der Bewährung –, in: 50 Jahre Bundesgerichtshof, Festgabe aus der Wissenschaft, Band III, München 2000, S. 491–519 (zit: *K. Schmidt* in FS 50 Jahre BGH, Bd. III)

Schmidt-Bleibtreu, Bruno/Klein, Franz/Bethge, Herbert: Bundesverfassungsgerichtskommentar, Bd. 1, 61. Ergänzungslieferung, München Juli 2021, (zit.: Schmidt-Bleibtreu/Klein/Bethge/*Bearbeiter*)

Schüler, Joachim: Die eigenverantwortliche Stellung des Gerichtsvollziehers als selbstständiges Vollstreckungsorgan und seine Pflicht zur Unparteilichkeit, in: DGVZ 1970, S. 145–150

Schulz, Fritz: System der Rechte auf den Eingriffserwerb, in: AcP 105 (1909), S. 1–488

Schuschke, Winfried/Walker, Wolf-Dietrich/Kessen, Martin/Thole, Christoph (Hrsg.): Vollstreckung und vorläufiger Rechtsschutz, nach dem achten und elften Buch der ZPO einschließlich der europarechtlichen Regelungen, Kommentar, 7. Aufl., Köln 2020 (zit.: Schuschke/Walker/Kessen/Thole/*Bearbeiter*)

Schwab, Martin: Der verbraucherschützende Widerruf und die Grenzen der Rechtskraft, in: JZ 2006, S. 170–176

Seuffert, Lothar: Zivilprozessordnung, Bd. 2, 9. Aufl., München 1905

Stadlhofer-Wissinger, Angelika: Reform des Zwangsvollstreckungsrechts, Tagung der Vereinigung der Zivilprozeßlehrer in Bonn vom 8. bis 11. April 1992, in: ZZP 105 (1992), S. 393–450

Stamm, Jürgen: Die Entflechtung des Interventionsrechts gemäß § 771 ZPO von Besitz und obligatorischen Herausgabeansprüchen und die einhergehende Harmonisierung mit den Vorgaben des Mobiliar- und Immobiliarsachenrechts, in: ZZP 124 (2011), S. 317–341

Stamm, Jürgen: Die Erfassung von Besitz, Eigentum und Vermieterpfandrecht in der Herausgabe- und Übereignungsvollstreckung, in: ZZP 126 (2013), S. 427–445

Stamm, Jürgen: Reformbedarf in der Zwangsvollstreckung? – Die Schaffung eines zentralen Vollstreckungsorgans, in: JZ 2012, S. 67–76

Stamm, Jürgen: Die Prinzipien und Grundstrukturen des Zwangsvollstreckungsrechts, Tübingen 2007 (zit.: *Stamm*, Die Prinzipien und Grundstrukturen des Zwangsvollstreckungsrechts)

Stamm, Jürgen: Die Digitalisierung in der Zwangsvollstreckung, Der Schlüssel zu einer Reform an Haupt und Gliedern, in: NJW 2021, S. 2563–2569

Steder, Brigitte: Änderungen im Zwangsvollstreckungsrecht durch das Zivilprozessreformgesetz, in: MDR 2001, S. 1333–1335

Stein, Friedrich/Jonas, Martin: Kommentar zur Zivilprozessordnung, Bd. 1 (Einleitung §§ 1–7), 23. Aufl., Tübingen 2014; Bd. 7 (§§ 704–827), 22. Aufl., Tübingen 2002; Bd. 8 (§§ 802a–915h), 23. Aufl., Tübingen 2017 (zit.: Stein/Jonas/ *Bearbeiter*)

Steinrötter, Björn/Bohlsen, Stefan: Digitale Daten und Datenträger in Zwangsvollstreckung und Insolvenz, in: ZZP 133 (2020), S. 459–489

Stürner, Rolf: Prinzipien der Einzelzwangsvollstreckung, in: ZZP 99 (1986), S. 291–332

Sutschet, Holger: Bestimmter Klageantrag und Zwangsvollstreckung, in: ZZP 119 (2006), S. 279–302

Thole, Christoph: Die Präklusionswirkung der Rechtskraft bei Gestaltungsrechten und ihr Verhältnis zu § 767 Abs. 2 ZPO, in: ZZP 124 (2011), S. 45–71

Thomale, Chris: § 767 Abs. 2 ZPO als rechtskraftunabhängiger Ausdruck materiellen Zivilrechts, in: ZZP 132 (2019), S. 139–175

Thomas, Heinz/Putzo, Hans: Zivilprozessordnung, 42. Aufl., München 2021 (zit.: Thomas/Putzo/*Bearbeiter*)

Thran, Martin: Die Vollstreckungsgegenklage nach § 767 ZPO, in: JuS 1995, S. 1111–1115

Uhlenbruck, Wilhelm: Die Krise der Gesamtvollstreckung als Problem der Einzelzwangsvollstreckung, in: DGVZ 1975, S. 180–186

Ullenboom, David: Die verlängerte Titelgegenklage, in: JuS 2021, S. 35–36

Vollkommer, Max: Titelgegenklage zur Abwehr der Zwangsvollstreckung aus einem Vollstreckungsbescheid über einen nicht individualisierten Anspruch, Zugleich Besprechung von LG Trautstein vom 16.9.2003, in: Rpfleger 2004, S. 336–337

Völzmann-Stickelbrock, Barbara: Daten in Zwangsvollstreckung und Insolvenz, in: Festschrift für Jürgen Taeger, Frankfurt am Main 2020, S. 749–766 (zit.: *Völzmann Stickelbrock* in FS Taeger)

Walker, Wolf-Dietrich: Wegweisende BGH-Entscheidungen zum Zwangsvollstreckungsrecht seit Einführung der Rechtsbeschwerde – Teil 2, in: JZ 2011, S. 453–459

Weiß, Walter: Treuhandvergleich und Zwangsvollstreckung nichtbeteiligter Gläubiger, in: NJW 1951, S. 143–144

Wendland, Matthias: Grundsätze des Vollstreckungsverfahrens, Prinzipienbildung und Maximendenken im Zwangsvollstreckungsrecht, in: ZZP 129 (2016), S. 347–381

Wasser, Detlef: Zwangsvollstreckung und Zwangsversteigerung in Bewegung – Ist das deutsche Vollstreckungsrecht noch zeitgemäß? –, in: Festschrift zu Ehren von Marie Luise Graf-Schlicker, Köln 2018, S. 129–140 (zit.: *Wasser* in FS Graf-Schlicker)

Wesser, Sabine: Abwehr sittenwidrigen Titelmißbrauchs: Welche Rechtsschutzformen stehen dem Vollstreckungsschuldner zur Verfügung?, in: ZZP 113 (2000), S. 161–183

Wetzell, Georg Wilhelm: System des ordentlichen Cicilprozesses, 3. Aufl., Leipzig 1878 (zit.: *Wetzell*, System des ordentlichen Cicilprozesses)

Wieczorek, Bernhard/: Schütze, Rolf: Zivilprozessordnung und Nebengesetze, hrsg. v. Schütze, Rolf, Bd. 1, Teilbd. 1 (§§ 1–23), 4. Aufl., Berlin u.a. 2015; Bd. 8 (§§ 592–723), 4. Aufl., Berlin u.a. 2013; Bd. 9 (§§ 724–802l), 4. Aufl., Berlin u.a. 2016; Bd. 10/1 (§§ 803–863), 4. Aufl., Berlin u.a. 2015 (zit.: Wieczorek/Schütze/*Bearbeiter*)

Wieser, Eberhard: Die Vollstreckbarkeit im weiteren Sinn, in: ZZP 102 (1989), S. 261–272

Wieser, Eberhard: Sofortige Beschwerde gegen den Pfändungs- und Überweisungsbeschluß, in: ZZP 115 (2002), S. 157–159

Windel, Peter: Die Rechtsbehelfe des Schuldners gegen eine Vollstreckung aus einer unwirksamen notariellen Urkunde (§ 794 Abs. 1 Nr. 5 ZPO) – zugleich ein Beitrag zum Rechtsschutzsystem des 8. Buches der ZPO, in: ZZP 102 (1989), S. 175–230

Wohlfahrt, Helmut: Vollstreckungshandlungen unzuständiger Organe, in: ZZP 57 (1933), S. 100–124

Wolf, Manfred: Richter und Rechtspfleger im Zivilverfahren, in: ZZP 99 (1986), S. 361–406

Zeiss, Walter: Aktuelle vollstreckungsrechtliche Fragen aus der Sicht des Gerichtsvollziehers, in: JZ 1974, S. 564–568

Zeiss, Walter: Vollstreckungsautomat oder Entscheidungsträger? – Ein Beitrag zum Beurteilungsspielraum des Gerichtsvollziehers –, in: DGVZ 1987, S. 145–151

Zöller, Richard: Zivilprozessordnung, 34. Aufl., Köln 2022 (zit.: Zöller/*Bearbeiter*)

Die Abkürzungen entstammen dem Werk von
Kirchner, Hildebert: Abkürzungsverzeichnis der Rechtssprache,
10. Aufl., Berlin 2021

A. Einleitung

Das achte Buch der Zivilprozessordnung birgt mit seinen über 400 Vorschriften ein mannigfaltiges Normgeflecht. Diese Regelungen machen rund ein Drittel der in der ZPO geregelten Verfahrensvorschriften aus. Welche Bedeutung dem Zwangsvollstreckungsrecht zukommt, lässt sich aber nicht nur der Anzahl der Normen entnehmen. Die treffende Bezeichnung des Zwangsvollstreckungsverfahrens als „Kern des Rechtsschutzverfahrens"[1] ergibt sich aus dessen Funktion.

Es setzt mittels staatlichen Zwangs den im Erkenntnisverfahren ergangenen Ausspruch durch, wenn der Schuldner[2] der Entscheidung nicht freiwillig nachkommt. Die Aufgabe der Zwangsvollstreckung besteht mithin darin, dem Gläubiger zu seiner Befriedigung zu verhelfen.

Für ein funktionierendes Rechtssystem ist neben einer effektiven Durchsetzung des Anspruchs des Gläubigers insbesondere der Rechtsschutz des Schuldners essenziel. Nur wenn die widerstreitenden Interessen beider Parteien innerhalb rechtssicherer Rahmenbedingungen zum Ausgleich gebracht werden, kann das Zwangsvollstreckungsrecht bei den Beteiligten Akzeptanz finden und seine volle Wirkung entfalten.

Die Frage, ob das heutige Vollstreckungsrecht noch zeitgemäß ist, haben über die Jahre zahlreiche Autoren aufgeworfen, wobei der Fokus zumeist darauf gerichtet war, den Wandlungen der Vermögensstruktur der Schuldner Rechnung zu tragen, um die gerade im Bereich der Gerichtsvollziehervollstreckung zu beobachtende Agonie der Mobiliarvollstreckung zu beseitigen und eine bessere Verwertbarkeit gepfändeter Gegenstände, etwa durch das Gesetz über die Internetversteigerung[3], zu erreichen.

Jüngere Reformen zielen auf die Modernisierung im digitalen Zeitalter, indem sie, wie das Gesetz zur Reform der Sachaufklärung in der Zwangsvollstreckung[4], die Beschaffung von Informationen über Schuldner zur Beitreibung

---

1   Wieczorek/Schütze/*Paulus*, Vor § 704 Rn. 2; die Zwangsvollstreckung dem „gerichtlichen Rechtsschutzverfahren" zuordnend: *Seuffert*, Vor § 704 Ziff. 1.

2   Zum Zwecke der besseren Lesbarkeit wird auf die Unterscheidung zwischen weiblich/männlich/divers verzichtet. Mit dieser Arbeit möchte ich jeden Menschen ansprechen.

3   Gesetz über die Internetversteigerung in der Zwangsvollstreckung und zur Änderung anderer Gesetze vom 30.7.2009, BGBl. I 2474.

4   Gesetz zur Reform der Sachaufklärung in der Zwangsvollstreckung vom 29.7.2009, BGBl. 2009 I 2258.

titulierter Forderungen in der Zwangsvollstreckung für Gläubiger erleichtern.
Weitere Novellierungen enthält das Gesetz zur Verbesserung des Schutzes von
Gerichtsvollziehern vor Gewalt sowie zur Änderung weiterer zwangsvollstreckungsrechtlicher Vorschriften[5], dessen Inhalt weitestgehend bereits aus dem
Titel folgt, und welches im Übrigen die Einholung von Drittauskünften über den
Schuldner erleichtert, die Pfändungsgrenzen anhebt und den Pfändungsschutz,
etwa von Tieren, maßvoll erleichtert. Dies verdeutlicht bereits, dass die Änderungen vorrangig der Beseitigung aktueller praktischer Missstände geschuldet
sind, sich aber das Zwangsvollstreckungsrecht auch weiterhin neuen gesellschaftlichen und ökonomischen Herausforderungen zu stellen hat.

Zutreffend hat *Detlef Wasser* in seinem kurzen Plädoyer für eine Reform des
achten Buchs der ZPO darauf hingewiesen, dass durch die Vielzahl punktueller
Änderungen das Zwangsvollstreckungsrecht „seine ursprüngliche - auf Transparenz und Verständlichkeit angelegte - Struktur verloren"[6] hat.

Die Grundstrukturen und Prinzipien hat zuletzt *Jürgen Stamm* in seiner
Habilitationsschrift[7] analysiert und sich dabei - auch mit Blick auf eine Europäisierung des Vollstreckungsrechts - für einen umfassenden Umbau des deutschen
Zwangsvollstreckungsrechts ausgesprochen. Der Gesetzgeber hat sich einer solchen grundlegenden Reform bisher verweigert.

In den letzten Jahren hat vor allem die Corona-Krise nicht nur das Gesund-
heitssystem, sondern auch die Rechtsordnung vor neue Herausforderungen
gestellt.

Als ökonomische Konsequenz der andauernden Krise ist die schwindende
Liquidität von Privatpersonen und Unternehmen, die von den Beschränkungen
des öffentlichen Lebens besonders betroffen sind, nicht nur absehbar, sondern
bereits Realität.

Monetäre Corona-Hilfen sollen die ökonomische Krise des Einzelnen
abschwächen. Sie haben in kürzester Zeit aber auch Einzug in die Rechtsprechung zum Zwangsvollstreckungsrecht gefunden. Der Bundesfinanzhof entschied bereits im Juli 2020, rund vier Monate nach dem Beginn der Pandemie in
Deutschland, dass die Corona-Hilfen nicht pfändbar seien.[8] Dies verdeutlicht,

---

5   Gesetz zur Verbesserung des Schutzes von Gerichtsvollziehern vor Gewalt sowie zur
    Änderung weiterer zwangsvollstreckungsrechtlicher Vorschriften und zur Änderung
    des Infektionsschutzgesetzes vom 7.5.2021, BGBl. 2021 I 850.
6   *Wasser* in FS Graf-Schlicker, 129, 131.
7   *Stamm*, Die Prinzipien und Grundstrukturen des Zwangsvollstreckungsrechts.
8   BFG NJW 2020, 2749, 2751.

wie schnell die aktuelle gesellschaftliche Lage auch Fragestellungen im Bereich der Zwangsvollstreckung aufwirft.

Mit Erleichterungen im Insolvenzrecht wollte die Legislative insbesondere Unternehmen vor dem wirtschaftlichen Zusammenbruch schützen. Dazu wurde die Insolvenzantragspflicht vorübergehend ausgesetzt.[9] Gerade Privatpersonen werden aber häufig zuerst der Zwangsvollstreckung einzelner Gläubiger gegenüberstehen. In einer Situation, in der eine wirtschaftliche Krise, gesundheitliche Probleme und die gesellschaftlichen Auswirkungen der globalen Pandemie zusammenkommen, wird der Ruf nach geeignetem Rechtsschutz in der Einzelzwangsvollstreckung dringender denn je.

Nur ein durchdachtes und zugängliches Rechtsbehelfssystem ermöglicht es den Betroffenen, ihre Rechte wahrzunehmen und auf gerichtliche Hilfe zu vertrauen.

Trotz oder gerade wegen der regen Gesetzgebung im Zusammenhang mit der Pandemie sind die Rechtsbehelfe in der Zwangsvollstreckung derzeit nicht Gegenstand von Reformvorhaben. Es ist verständlich, dass grundsätzlichen Überlegungen zu Verfahrensvorschriften bei drängenderen gesellschaftlichen Problemen vorübergehend nicht dieselbe Priorität beigemessen wird. Im Hinblick auf die Bedeutung der Rechtsschutzmöglichkeiten für den betroffenen Schuldner drängt sich aber die Frage auf, ob diese legislative Untätigkeit gerechtfertigt ist oder gerade in der derzeitigen Situation ein Versäumnis darstellt.

I. Problemstellung

Die Rechtsbehelfe in der Zwangsvollstreckung haben verschiedene Funktionen. Essenziell ist die in Art. 19 Abs. 4 GG geregelte Rechtsschutzgarantie. Sie betrifft das Handeln der Exekutive.[10] Das „privatrechtliche Pendant"[11] stellt der Justizgewährungsanspruch dar. Dieser wird aus dem Rechtsstaatsprinzip und den Grundrechten abgeleitet.[12]

---

9 Gesetz zur vorübergehenden Aussetzung der Insolvenzantragspflicht und zur Begrenzung der Organhaftung bei einer durch die COVID-19-Pandemie bedingten Insolvenz (COVID-19-Insolvenzaussetzungsgesetz-COVInsAG) vom 27.3.2020, BGBl. 2020 I 569.

10 Schmidt-Bleibtreu/Klein/Bethge/*Bethge*, § 90 BVerfGG Rn. 275; zwischen Mobiliar- und Immobiliarvollstreckung differenzierend: *Klein*, Grundrechtsschutz in der Zwangsvollstreckung, S. 82 ff.; 168 ff.

11 Schmidt-Bleibtreu/Klein/Bethge/*Bethge*, § 90 BVerfGG Rn. 275.

12 BVerfGE 107, 395, 401; 116, 135, 150; 122, 248, 270 f.; 136, 382, 392 f.; Schmidt-Bleibtreu/Klein/Bethge/*Bethge*, § 90 BVerfGG Rn. 275; Musielak/Voit/*Musielak*,

Rechtsbehelfe dienen in erster Linie der Gewährleistung des „subjektive[n] Recht[s]"[13] auf Rechtsschutz aus Art. 19 Abs. 4 GG. Im Gesetz kodifiziert, müssen sie aber auch dem Gebot aus Art. 19 Abs. 1 S. 1 GG genügen und Allgemeingültigkeit aufweisen.[14] Dies kann nur mit einer abstrakten Formulierung gelingen, die häufig nicht zur Verständlichkeit der Regelungen beiträgt.

Erschwerend hinzu kommt, dass Veränderungen auf dem Gebiet des materiellen bürgerlichen Rechts unmittelbare Auswirkungen auf das Zwangsvollstreckungsrecht haben. Diskussionen etwa um das geistige Eigentum sind im Zeitalter der Digitalisierung nicht nur notwendig, sondern unumgänglich. Sie führen beispielsweise zu der Frage, wie mit den Instrumenten, die von der Zivilprozessordnung zur Verfügung gestellt werden, auf immaterialgüterrechtlich geschützte Rechtspositionen, aber auch auf wirtschaftlich wertvolle Datenbestände zugegriffen werden kann.[15] In einem weiteren Schritt werden unweigerlich die bestehenden Rechtsschutzmöglichkeiten auf den Prüfstand gestellt. Der Ruf nach hinreichenden Abwehrmöglichkeiten gegen die Vollstreckung in entsprechende Vermögenswerte wird spätestens in der praktischen Umsetzung laut.

Nicht zu vernachlässigen ist dabei, dass die Möglichkeiten, welche die Rechtsordnung zur Abwehr der Zwangsvollstreckung bietet, für den Rechtsanwender, der täglich mit diversen Fällen konfrontiert wird, handhabbar bleiben müssen. Sowohl das Vollstreckungsorgan als auch die Judikative können nur mittels eines transparenten Rechtsschutzsystems den berechtigten Erwartungen des Bürgers entsprechen, gewissenhafte und gesetzeskonforme Entscheidungen zu treffen.

Der Rechtsschutz im Rahmen der Zwangsvollstreckung hat aber auch die Aufgabe, auf Veränderungen der Verfahrensordnung zu reagieren. Denn nicht nur das materielle Recht hat Auswirkungen auf die Zwangsvollstreckung. Das Zwangsvollstreckungsrecht kann als Teil des Prozessrechts auch unmittelbar betroffen sein. Werden zum Beispiel die allgemeinen Verfahrensvorschriften verändert, kann sich dies auch auf das Vollstreckungsverfahren auswirken.

Problematisch ist, dass der Gesetzgeber sein Augenmerk in der gegenwärtigen Situation vermehrt auf die Insolvenzordnung legt. Der Unterschied zwischen der Vollstreckung nach der Insolvenzordnung und der zwangsweisen Durchsetzung von Ansprüchen anhand der Zivilprozessordnung besteht nicht

---

Einleitung Rn. 6; *Knauff*, NVwZ 2007, 546, 547; v. Mangoldt/Klein/Starck/*Huber*, Art. 19 GG Rn. 355, 362.

13 Dürig/Herzog/Scholz/*Schmidt-Aßmann*, Art. 19 Abs. 4 GG Rn. 7.

14 Näher zu Art. 19 Abs. 1 S. 1 GG: Jarass/Pieroth/*Jarass*, Art. 19 Rn. 1 f.

15 Eingehend dazu: *Völzmann-Stickelbrock* in FS Taeger, 749, 754.

nur darin, dass im Rahmen eines Insolvenzverfahrens die am Verfahren teilnehmen Gläubiger im Wege der Gesamtvollstreckung befriedigt werden, während die Einzelvollstreckung nur die Befriedigung des betreibenden Gläubigers zum Ziel hat. Auch die Ausrichtung der beiden Verfahrensarten ist unterschiedlich. Aus § 1 InsO ergibt sich, dass im Insolvenzverfahren die Verwertung des gesamten schuldnerischen Vermögens primär den Gläubiger schützen soll. In der Einzelvollstreckung wird dagegen dem Schutz des Schuldners Vorrang eingeräumt, indem die Vollstreckung auf einzelne Gegenstände aus dem Schuldnervermögen beschränkt wird.[16] Mag diese These in ihrer Pauschalität sicherlich nicht ausnahmslos gelten, so verdeutlicht sie doch die Hintergründe der Aufspaltung der Zwangsvollstreckung in ein Einzel- und ein Gesamtvollstreckungsverfahren. Gerade der Gedanke des Schuldnerschutzes in der Einzelzwangsvollstreckung sollte Anlass geben, den Blick auf ihre Rechtsschutzmöglichkeiten zu wenden und diese nicht zu vernachlässigen.

II. Gegenstand und Ziele der Untersuchung

Die Lektüre der Vorschriften der ZPO, die den verfassungsrechtlich gesicherten Rechtsschutz gegen die Zwangsvollstreckung gewährleisten sollen, stellt den Rechtsanwender vor erhebliche Herausforderungen. Die Fülle der Vorschriften, der teilweise unklare Gesetzeswortlaut und der Umstand, dass die unterschiedlichen Rechtsbehelfe nicht an einer zentralen Stelle in der ZPO geregelt sind, lassen Zweifel daran aufkommen, ob die angestrebten Zwecke mit den vorhandenen Regelungen erreicht werden können.

Ob dieser Eindruck gerechtfertigt ist und inwieweit es sich noch um ein durchdachtes System handelt, das den heutigen Anforderungen in dogmatischer sowie praktischer Hinsicht entspricht, soll im Rahmen dieser Untersuchung analysiert werden.

Die Ziele der Ausarbeitung bestehen darin, die Schwerpunkte des juristischen Diskurses aufzuzeigen, um sodann herauszustellen, inwieweit das bestehende Rechtsbehelfssystem der Zwangsvollstreckung die erörterten Probleme zu lösen vermag. Dabei steht die Intention im Fokus, die bestehenden Rechtsschutzmöglichkeiten in einen Gesamtkontext zu bringen und den Reformbedarf der zentralen Vorschriften zu prüfen.

Das Augenmerk wird dabei auf die Einzelzwangsvollstreckung gelegt. Das Insolvenzverfahren wird nicht eingehend behandelt. Soweit es dem Verständnis

---

16 Wieczorek/Schütze/*Paulus*, Vor § 704 Rn. 14.

förderlich ist, werden aber Bezüge zur Gesamtzwangsvollstreckung hergestellt. Das in dem achten Buch der ZPO geregelte Eilverfahren mit den speziellen Rechtsbehelfen, die sich gegen einen Arrest oder eine einstweilige Verfügung richten, wird gänzlich von der Prüfung ausgenommen. Der einstweilige Rechtsschutz nach §§ 916 ff. ZPO kombiniert das Erkenntnis- mit dem Vollziehungsverfahren.[17] Dieser stellt eine von dem Zwangsvollstreckungsverfahren zu unterscheidende, eigenständige Verfahrensart dar.

Die für die Ausarbeitung gewählte Bezeichnung „Rechtsbehelfe in der Zwangsvollstreckung" begrenzt den Gegenstand der Untersuchung auf die Rechtsschutzmöglichkeiten gegen Vollstreckungshandlungen nach dem achten Buch der Zivilprozessordnung.

Das dem Zwangsvollstreckungsverfahren vorausgehende Klauselerteilungsverfahren ist von dieser Globalbezeichnung nicht umfasst. Die Erteilung der Vollstreckungsklausel ist in den §§ 724 ff. ZPO und damit im Buch über die Zwangsvollstreckung geregelt. Bei der Klage auf Erteilung der Vollstreckungsklausel nach § 731 ZPO, der in § 732 ZPO normierten Erinnerung gegen die Erteilung der Vollstreckungsklausel sowie der sog. Klauselgegenklage[18] nach § 768 ZPO handelt es sich jedoch um spezifische Rechtsbehelfe, die nicht das Zwangsvollstreckungsverfahren im engeren Sinne betreffen. Auf sie wird daher nur dort eingegangen, wo dies zur Abgrenzung erforderlich ist.[19]

Die nachfolgende Untersuchung der Rechtsbehelfe in der Einzelzwangsvollstreckung beschränkt sich nicht auf die Hervorhebung etwaiger Mängel. Die Analyse verschiedener Lösungsvarianten verfolgt vielmehr den Zweck, konkrete Gesetzesreformen anzuregen.

III. Gang der Darstellung

Am Anfang der Ausarbeitung steht im Abschnitt B die Einordnung der Zwangsvollstreckung in das deutsche Rechtssystem. Insbesondere die Betrachtung ihrer Verfahrensgrundsätze und der Aufgabenverteilung legt den Grundstein für das dazugehörige Rechtsbehelfssystem, welches in Kapitel C erläutert wird.

---

17 Musielak/Voit/*Huber*, § 916 Rn. 8 f.
18 Statt Vieler: BeckOK-ZPO/*Ulrici*, § 732 Rn. 3; MünchKomm-ZPO/*K. Schmidt/Brinkmann*, § 767 Rn. 8; MünchKomm-ZPO/*Wolfsteiner*, § 797 Rn. 40.
19 Siehe C.VII.3a), b).

Mit den sodann zu betrachtenden Abgrenzungskriterien und Zuständigkeiten für die jeweilige Entscheidung werden die differenzierten Anwendungsbereiche der dazugehörigen Normen vorgestellt.

Der mit „Gemeinsame Ausgangspunkte der Rechtsbehelfe" überschriebene Abschnitt führt die einzelnen Rechtsschutzmöglichkeiten mit der Darstellung ihrer Gemeinsamkeiten wieder zusammen.

Eine Auseinandersetzung mit der historischen Entwicklung der Rechtsbehelfe in der Zwangsvollstreckung soll bis in die Gegenwart fortbestehende Fragestellungen aufzeigen und zu Diskussionspunkten überführen, die höchste Aktualität beanspruchen.

Die alsdann darzustellenden Schwerpunkte zeigen die Schwierigkeiten bei der Anwendung des Rechtsbehelfssystems auf, welche Rechtsprechung und Literatur beschäftigen.

Im Kapitel D werden einzelne Probleme, die mit den geltenden Vorschriften sowie dem dazugehörigen Verfahrensablauf einhergehen, zusammengefasst und auf eine begriffliche Ebene abstrahiert.

Den Kern der Ausarbeitung stellt die Darstellung von Lösungsansätzen zur Bewältigung der Schwierigkeiten des gegenwärtigen Rechtsschutzes in Kapitel E dar. Dem folgen unter Abwägung von Vor- und Nachteilen entsprechender Reformen der Zivilprozessordnung konkrete Vorschläge zur Änderung der vollstreckungsspezifischen Rechtsbehelfe im Abschnitt F.

Im letzten Teil G wird die Ausarbeitung resümiert. Sie endet mit einem Ausblick H auf die sich abzeichnenden Herausforderungen, denen es sich mit den Rechtsbehelfen in der Zwangsvollstreckung künftig zu stellen gilt.

B. Die Zwangsvollstreckung im deutschen Rechtssystem

I. Die Konzeption der Zwangsvollstreckung

Kerngedanke der Zwangsvollstreckung ist es, den Schuldner mit staatlichen Mitteln zur Erfüllung seiner Verbindlichkeiten zu bewegen.

Dem Bürger ist die zwangsweise Durchsetzung von Forderungen nicht selbst erlaubt. Die Zwangsvollstreckung ist dem Staat als Inhaber des Zwangsmonopols vorbehalten.[20] Unterdessen hat der Titelinhaber einen sog. „Vollstreckungsanspruch"[21] gegen den Staat.[22]

Die Erkenntnis, dass die Zwangsvollstreckung nach der ZPO in der Ausübung staatlicher Zwangsmittel besteht, existiert schon seit über einhundert Jahren.[23] Das heutige Verständnis von Zwangsvollstreckung geht jedoch über den Gedanken des äußeren Zwangs hinaus und gewährleistet in verstärkter Form den Schutz des Schuldners.[24] Das Zwangsvollstreckungsrecht hat damit die Aufgabe, die Kontroverse zwischen dem Interesse des Gläubigers auf Befriedigung und dem Interesse des Schuldners an der Rücksichtnahme seiner persönlichen Belange zu einem Ausgleich zu führen,[25] auch wenn sich dies im Begriff der Zwangsvollstreckung als Verwirklichung der Gläubigerrechte durch staatlichen Zwang nicht unmittelbar widerspiegelt.[26]

---

20 BVerfGE 61, 126, 136; Musielak/Voit/*Lackmann*, Vorbemerkung § 704 Rn. 1.

21 Stein/Jonas/*Paulus,* Vor 704 Rn. 51; Anders/Gehle/*Schmidt*, Vorbemerkung zu § 704 Rn. 6; Musielak/Voit/*Lackmann*, Vorbemerkung § 704 Rn. 6; Zöller/*Preuß*, Vorbemerkungen zu § 704–945b Rn. 2; *Preuß*, JURA 2003, 181; *Pohlmann/Schäfers*, Zwangsvollstreckungsrecht, Rn. 4; auf ein fehlerhaftes Leistungsurteil abstellend: *Wesser*, ZZP 113 (2000), 161, 168.

22 *Nesemann*, ZZP 119 (2006), 87, 106; auf die Grundkonzeption eines gesellschaftsvertraglichen Ausgleichs für den Freiheitsentzug abstellend: Wieczorek/Schütze/*Paulus*, Vor § 704 Rn. 1.

23 Exemplarisch dazu: *Fischer*, ZZP 43 (1913), 87, 88.

24 *Gaul*, ZZP 112 (1999), 135, 139; *von Sachsen Gessaphe*, Zwangsvollstreckungsrecht, Rn. 6.

25 *Nesemann*, ZZP 119 (2006), 87.

26 *Stamm*, Die Prinzipien und Grundstrukturen des Zwangsvollstreckungsrechts, S. 14 f.

II. Konnexität zum öffentlichen Recht

Die Grundzüge des Zwangsvollstreckungsrechts weisen starke Bezüge zum öffentlichen Recht auf, denn der Anspruch des Gläubigers gegen den Staat auf Vollstreckung stellt eine konkrete Ausprägung des Justizgewährleistungsanspruchs dar. Einfachgesetzlich leitet sich dieser aus § 750 Abs. 1 ZPO und § 754 ZPO ab.[27]

Zudem bleiben rechtswidrige Zwangsvollstreckungsakte bis zu ihrer Aufhebung durch das zuständige Organ wirksam.[28] Das Gros der fehlerhaften Handlungen in der Zwangsvollstreckung ist lediglich anfechtbar und bis zur Entscheidung über den Rechtsbehelf weiter zu beachten.[29]

Nichtige Vollstreckungsakte sind dagegen wirkungslos und auch nicht heilbar.[30] Es wurde aber schon früh erkannt, dass diese Folge lediglich die Ausnahme sein kann. Begründet wurde dies damit, dass staatliche Willensäußerungen – anders als privatrechtliche Willenserklärungen – mit Zwang durchgesetzt werden dürfen und die Vollstreckungshandlungen staatlicher Organe daher auch nur ausnahmsweise ihre Wirksamkeit verlieren.[31] Einen solchen Ausnahmefall stellt die Vornahme einer Zwangsvollstreckungshandlung ohne einen Titel gegen den Vollstreckungsschuldner dar. Diese ist nichtig.[32]

Dasselbe gilt für Maßnahmen in der Zwangsvollstreckung, die das funktionell unzuständige Organ durchführt.[33] Anders verhält es sich lediglich, wenn der Richter ein Geschäft des Rechtspflegers vornimmt.[34] Die Vorschrift des § 8 Abs. 1 RPflG ordnet die Wirksamkeit solcher Geschäfte an.

---

27 BVerfGE 61, 126, 133; *Gaul*, ZZP 112 (1999), 135, 143; die verfassungsrechtliche neben der einfachgesetzlichen Rechtsgrundlage betonend: *Gaul/Schilken/Becker-Eberhard*, Zwangsvollstreckungsrecht, § 6 Rn. 7 ff.

28 BGHZ 66, 79, 81; *App*, NZI 1999, 138, 139; Musielak/Voit/*Lackmann*, Vorbemerkung § 704 Rn. 32; Zöller/*Seibel*, Vorbemerkungen zu §§ 704–945b Rn. 34.

29 BGH MDR 80, 1016; Zöller/*Seibel*, Vorbemerkungen zu §§ 704–945b Rn. 34.

30 Musielak/Voit/*Lackmann*, Vorbemerkung § 704 Rn. 32.

31 So bereits im Jahr 1933: *Wohlfahrt*, ZZP 57 (1933), 100, 106.

32 BGHZ 70, 313, 317 f.; 103, 30, 35 f.; 112, 356, 361; 121, 98, 102; BGH NJW-RR 2008, 1075, 1076; NStZ 2017, 30 f.; Prütting/Gehrlein/*Hanewinkel*, vor §§ 704 ff. ZPO Rn. 14; Musielak/Voit/*Lackmann*, Vorbemerkung § 704 Rn. 32; a.A. Zöller/*Seibel*, Vorbemerkungen zu §§ 704–945b Rn. 34.

33 Stein/Jonas/*Münzberg*, Vor 704 Rn. 70; Zöller/*Seibel*, Vorbemerkungen zu §§ 704–945b Rn. 34; Musielak/Voit/*Lackmann*, § 764 Rn. 7; MünchKomm-ZPO/*Heßler*, § 764 Rn. 33; Saenger/*Kindl*, § 764 Rn. 6.

34 MünchKomm-ZPO/*Heßler*, § 764 Rn. 37; Saenger/*Kindl*, § 764 Rn. 6.

Diese Konzeption erinnert sehr an die Regelung in § 44 Abs. 1 VwVfG, die bestimmt, dass nur solche Verwaltungsakte nichtig sind, die besonders schwerwiegenden Fehlern unterliegen. Hinzu kommt, dass auch in der Zwangsvollstreckung der Verhältnismäßigkeitsgrundsatz und konkret das Übermaßverbot beachtet werden muss.[35] Eine legislative Ausgestaltung des Erfordernisses, die widerstreitenden Interessen von Gläubiger und Schuldner in der Zwangsvollstreckung abzuwägen, findet sich in § 765a Abs. 1 ZPO.[36]

Aus diesen Bezügen zum öffentlichen Recht werden unterschiedliche Rückschlüsse gezogen. Die Parallelen zum öffentlichen Recht legen es nahe, die im Rahmen der Zwangsvollstreckung nach der ZPO stattfindenden staatlichen Hoheitsakte mit Verwaltungsakten i.s.v. § 35 S. 1 des Verwaltungsverfahrensgesetzes in einen Zusammenhang zu bringen. Die Ansicht, dass § 44 VwVfG entsprechend auf Zwangsvollstreckungsakte anzuwenden sei,[37] ist dabei noch eine vorsichtige Annäherung an das öffentliche Recht. Bis in die Gegenwart hinein wird auch vertreten, dass die Zwangsvollstreckung in ihrer Gesamtheit dem öffentlichen Recht zuzuordnen wäre.[38]

Problematisch an letztgenannter Auffassung ist, dass an dem Zwangsvollstreckungsverfahren nicht nur das Vollstreckungsorgan und der Vollstreckungsschuldner beteiligt sind. Das Vollstreckungsverfahren wird nicht von Amts wegen eingeleitet, sondern gem. § 753 Abs. 1 ZPO durch den Gerichtsvollzieher oder das Gericht „im Auftrag" des Gläubigers bewirkt. Die sprachliche Formulierung der Vorschrift deutet darauf hin, dass das Vollstreckungsorgan privatrechtlich einen Auftrag des jeweiligen Gläubigers ausführt. Das Reichsgericht nahm deshalb zunächst ein privates Rechtsverhältnis zwischen Gläubiger und Gerichtsvollzieher i.S.e. „Mandat[s]"[39] an. Die sog. Mandatstheorie[40] hat sich

---

35 *Gerhardt*, ZZP 95 (1982), 467, 483; von einem zivilrechtlichen Verhältnismäßigkeitsprinzip ausgehend: *Götte*, ZZP 100 (1987), 412, 420 f.

36 *Gerhardt*, ZZP 95 (1982), 467, 487.

37 Musielak/Voit/*Lackmann*, § 764 Rn. 7, Vorbemerkung § 704 Rn. 32.

38 RGZ 128, 81, 85; *Wohlfahrt*, ZZP 57 (1933), 100, 105; *Böhmer*, Sondervotum BVerfGE 49, 220 ff., 228, 231; *Stamm*, Die Prinzipien und Grundstrukturen des Zwangsvollstreckungsrechts, S. 23 ff.; *ders.*, JZ 2012, 67, 69 ff.; a.A. *Gaul*, ZZP 130 (2017), 3, 42 f.; *Götte*, ZZP 100 (1987), 412, 416 f.; Stein/Jonas/*Münzberg*, vor § 704 Rn. 1.

39 RGZ 16, 396, 400.

40 *Gaul/Schilken/Becker-Eberhard*, Zwangsvollstreckungsrecht, § 25 Rn. 45; Wieczorek/Schütze/*Spohnheimer*, § 766 Rn. 4; MünchKomm-ZPO/*K. Schmidt/Brinkmann*, § 766 Rn. 3; *Stamm*, Die Prinzipien und Grundstrukturen des Zwangsvollstreckungsrechts, S. 531.

aber nicht durchgesetzt. Schon das Reichsgericht revidierte die Auffassung, dass das Vollstreckungsorgan seine Ermächtigungen ausschließlich von dem Gläubiger ableitet.[41] Demgegenüber wird nach der heute vertretenen Amtstheorie der Auftrag des Gläubigers als „Antrag"[42] zu einer Zwangsvollstreckungshandlung verstanden, die das zuständige Organ von Amts wegen fortführt.[43] Es wird ein öffentlich-rechtliches Rechtsverhältnis zwischen dem Gläubiger und dem Gerichtsvollzieher angenommen.[44] Wird die beantragte Zwangsvollstreckung durchgeführt, besteht daneben ein Eingriffsverhältnis zwischen dem Staat und dem Schuldner sowie ein Vollstreckungsverhältnis zwischen dem Gläubiger und dem Schuldner.[45]

Trotz dieses Dreiecksverhältnisses[46] ist es der Gläubiger, der nicht nur den Beginn, sondern auch den Vollstreckungsgegenstand und das Ende der Zwangsvollstreckung bestimmt.[47] Der Gerichtsvollzieher ist zur Neutralität verpflichtet.[48] Da mit der zwangsweisen Durchsetzung von Leistungsansprüchen in Grundrechte des Schuldners eingegriffen wird, kommt der Unparteilichkeit des Gerichtsvollziehers eine hohe Bedeutung zu.[49] Aus seiner neutralen Stellung wird zudem abgeleitet, dass die Zwangsvollstreckung nicht zwischen dem Vollstreckungsorgan und dem Schuldner, sondern in Form eines Zwei-Parteien-Verfahrens zwischen dem Gläubiger und dem Schuldner stattfindet.[50]

Durch die Vollstreckungshandlung entsteht zwischen den Parteien eine „gesetzliche Sonderbeziehung privatrechtlicher Art"[51]. Diese Beziehung

---

41   RGZ 82, 85, 89; 90, 193, 194; 102, 77, 79; 128, 81, 85; 156, 395, 398; 161, 109, 111.

42   BVerwGE 65, 260, 264; RGZ 82, 85, 86; Kissel/Mayer/*Mayer*, § 154 GVG Rn. 16; MünchKomm-ZPO/*Pabst*, § 154 GVG Rn. 18; Ory/Weth/*Müller*, § 753 Rn. 26; Zöller/*Seibel*, Vorbemerkungen zu §§ 704–945b Rn. 19; *Gaul*, ZZP 112 (1999), 135, 169; *ders.*, ZZP 110 (1997), 3, 6.

43   BGH NJW-RR 2009, 658; Zöller/*Seibel*, Vorbemerkungen zu §§ 704–945b Rn. 20; Rosenberg/Schwab/Gottwald/*Gottwald*, § 26 Rn. 12.

44   RGZ 82, 85, 86 f.; BVerwGE 65, 260, 263 f.; BGH NJW-RR 2009, 658, 659; *von Sachsen Gessaphe*, Zwangsvollstreckungsrecht, Rn. 20, 55.

45   *Baur/Stürner/Bruns*, Zwangsvollstreckungsrecht, Rn. 5.1 ff.; *von Sachsen Gessaphe*, Zwangsvollstreckungsrecht, Rn. 17; *Stürner*, ZZP 99 (1986), 291, 321.

46   *Stürner*, ZZP 99 (1986), 291, 321; *von Sachsen Gessaphe*, Zwangsvollstreckungsrecht, Rn. 17.

47   Zöller/*Seibel*, Vorbemerkungen zu §§ 704–945b Rn. 19.

48   *Pawlowski*, ZZP 90 (1977), 345, 358; *Zeiss*, DGVZ 1987, 145, 146.

49   *Schüler*, DGVZ 1970, 145, 149 f.; *Nesemann*, ZZP 119 (2006), 87, 93.

50   *Gaul*, Rpfleger 1971, 81, 85; *Jäckel*, JA 2010, 357; *Preuß*, JURA 2003, 181.

51   BGHZ 58, 207, 214 f.; BGH NJW 1985, 3080, 3081.

begründet Schutzpflichten des vollstreckenden Gläubigers gegenüber dem Schuldner, aus deren Verletzung sich Schadenersatzansprüche des Schuldners ableiten können.[52]

Wegen wesentlicher Unterschiede zwischen Zwangsvollstreckungsrecht und öffentlichem Recht sollte letzteres nicht zur Klärung vollstreckungsrechtlicher Probleme herangezogen werden. Gerade das Eingriffsrecht des Staates verfolgt Interessen, die von den Belangen der Parteien der Zwangsvollstreckung unabhängig sind. Die staatliche Beteiligung an der Zwangsvollstreckung soll eine gesetzeskonforme Durchsetzung privater Ansprüche gewährleisten.[53] Der Zivilprozess ist auf den Ausgleich der widerstreitenden Interessen der Parteien ausgerichtet. Das verwaltungsgerichtliche Verfahren dient dagegen zum Zwecke der Sicherung der objektiven Rechtsordnung auch der Verwaltungskontrolle.[54] Darüber hinaus unterscheiden sich die jeweiligen Verfahrensgrundsätze eklatant. Die Verhandlungsmaxime des Zivilprozesses ist das Spiegelbild zur privatrechtlichen Dispositionsfreiheit der Parteien. Der in § 86 Abs. 1 S. 1 1. Hs. VwGO normierte Amtsermittlungsgrundsatz verdeutlicht demgegenüber, dass den Gegenstand des Verwaltungsprozesses nicht Beziehungen zwischen Privatpersonen ausmachen, sondern solche des Einzelnen gegenüber der Allgemeinheit.[55]

III. Die Maximen des Zwangsvollstreckungsrechts

In Anlehnung an den Zivilprozess lassen sich auch für das Zwangsvollstreckungsverfahren Geltung beanspruchende Verfahrensgrundsätze herleiten.[56] Diese belegen den unmittelbaren Bezug der Zwangsvollstreckung zur Privatrechtsordnung. Zu beachten ist allerdings, dass die für die Zwangsvollstreckung geltenden Verfahrensmaximen an verschiedenen Stellen gesetzliche Durchbrechungen erfahren.

---

52 Musielak/Voit/*Lackmann*, Vorbemerkung § 704 Rn. 9; sogar Abwehrrechte aus dem Vollstreckungsverhältnis ableitend: *Schmidt*, ZZP 132 (2019), 463, 486 ff.

53 *Götte*, ZZP 100 (1987), 412, 414.

54 *Meiss*, ZZP 67 (1954), 169, 171.

55 *Meiss*, ZZP 67 (1954), 169, 182.

56 Für ein Systemdenken anstelle des Maximendenkens: *Gaul*, ZZP 112 (1999), 135, 148, 150.

1. Allgemeine Verfahrensgrundsätze

a) Dispositionsmaxime

Aus der Dispositionsfreiheit des Gläubigers ergibt sich die in § 753 ZPO manifestierte Möglichkeit, das Vollstreckungsverfahren anzustoßen. Diese gilt aber nicht unbegrenzt. Sie besteht in den Schranken, die ihr die Verfahrensordnung setzt. Ein konkretes Beispiel für die Einschränkung des Gläubigers ist die gerichtliche Gewährung von Räumungsfristen nach § 721 ZPO im Rahmen von Klagen auf Räumung von Wohnraum. Die Parteiherrschaft des Gläubigers beschränkt sich auf die Einleitung des Verfahrens. Das weitergehende Vorgehen bleibt dem Vollstreckungsorgan vorbehalten.[57] Die Disposition über das konkrete Vollstreckungsverfahren ist dem Gläubiger gänzlich verwehrt. Vollstreckungsverträge können von dem Gläubiger nur dann wirksam mit dem Schuldner vereinbart werden, wenn sie Letzteren begünstigen, also eine Vollstreckungsbeschränkung beinhalten. Belasten dürfen sie den Schuldner nicht, vollstreckungserweiternde Verträge sind daher unzulässig.[58]

b) Rechtliches Gehör

Eine Besonderheit des Vollstreckungsverfahrens besteht darin, dass es vor einer Vollstreckungshandlung grundsätzlich keiner Anhörung des Schuldners bedarf. Dieser Umstand ist für die Zwangsvollstreckung in Forderungen und andere Vermögensrechte in § 834 ZPO ausdrücklich geregelt. Ausnahmen bilden Vollstreckungsmaßnahmen, die Abwägungsentscheidungen erfordern, wie die Vollstreckung in bedingt pfändbare Bezüge des Schuldners nach § 850b ZPO.[59]

Diese Vorgehensweise stellt einen gewichtigen Unterschied zum Erkenntnisverfahren dar, in dem eine Entscheidung grundsätzlich erst nach Anhörung beider Parteien ergeht.[60] Der dahinterstehende Gedanke wird als Abgrenzung der „Exekution"[61] von der „Kognition"[62] umschrieben. Die Gewährung rechtlichen Gehörs, das dem Schuldner nach Art. 103 Abs. 1 GG zusteht, wird zum Zwecke

---

57 *Stürner*, ZZP 99 (1986), 291, 298 f., 306.
58 *Stürner*, ZZP 99 (1986), 291, 302; Musielak/Voit/*Lackmann*, Vorbemerkung § 704– § 801 Rn. 17; Anders/Gehle/*U. Schmidt*, Vorbemerkung zu § 704 Rn. 25; *von Sachsen Gessaphe*, Zwangsvollstreckungsrecht, Rn. 40.
59 *Wendland*, ZZP 129 (2016), 347, 374.
60 Dies ergibt sich z.B. aus den §§ 275 Abs. 1, 3, 4, 276 Abs. 1, 277 Abs. 1 ZPO.
61 *Wendland*, ZZP 129 (2016), 347, 374.
62 *Wendland*, ZZP 129 (2016), 347, 374; *Stürner*, ZZP 99 (1986), 291, 307.

der Schlagkraft der Zwangsvollstreckung zeitlich verschoben. Um den Gläubiger vor einer Vereitelung der Zwangsvollstreckung durch den Schuldner zu schützen, wird der Vollstreckungsschuldner nicht bereits vor dem Vollstreckungsakt, sondern erst im Rechtsbehelfsverfahren angehört.[63]

c) Konzentrationsmaxime

Der Beschleunigungsgrundsatz gilt hingegen sowohl im Erkenntnis- als auch im Zwangsvollstreckungsverfahren.[64] Mit dem Inkrafttreten von § 802a Abs. 1 ZPO[65] im Jahr 2013 hat der Grundsatz der effizienten Vollstreckung durch den Gerichtsvollzieher für die Mobiliarvollstreckung auch im Gesetz Ausdruck gefunden. Mit Maßnahmen wie der Einführung eines elektronischen Schuldnerverzeichnisses[66] versuchte der Gesetzgeber in den letzten Jahren, die Sachaufklärung effektiver zu gestalten.

Da für Verfahren, in denen über Rechtsbehelfe in der Zwangsvollstreckung entschieden wird, nur ausnahmsweise Präklusionsvorschriften wie die §§ 721 Abs. 3 S. 2, 765a Abs. 3 ZPO[67] oder § 767 Abs. 2, 3 ZPO gelten,[68] ist die Verfahrenskonzentration im Rechtsbehelfsverfahren deutlich schwächer ausgestaltet als im Vollstreckungsverfahren selbst.

d) Beibringungsgrundsatz

Der im Erkenntnisverfahren bedeutsame Beibringungsgrundsatz gilt im Zwangsvollstreckungsverfahren ebenfalls nur eingeschränkt. Er überlässt den Parteien grundsätzlich die Aufklärung des ihrer Streitigkeit zugrunde liegenden tatsächlichen Sachverhalts.[69] Gerade jüngere Vorschriften wie § 755 ZPO, mit denen der Gerichtsvollzieher zur Ermittlung des Aufenthalts des Schuldners im Rahmen eines Vollstreckungsauftrags ermächtigt wird, verdeutlichen jedoch,

---

63 Stein/Jonas/*Würdinger*, § 834 Rn. 1; MünchKomm-ZPO/*Smid*, § 834 Rn. 1; Saenger/ *Kemper*, § 834 Rn. 2.

64 *Wendland*, ZZP 129 (2016), 347, 366.

65 Gesetz zur Reform der Sachaufklärung in der Zwangsvollstreckung vom 29.7.2009, BGBl. 2009 I 2258, 2259.

66 Siehe § 882b ZPO, eingeführt durch das Gesetz zur Reform der Sachaufklärung in der Zwangsvollstreckung vom 29.7.2009, BGBl. 2009 I 2258, 2263.

67 *Wendland*, ZZP 129 (2016), 347, 368.

68 *Wendland*, ZZP 129 (2016), 347, 369.

69 Kritisch dazu: *Braun*, ZZP (133) 2020, 271, 272.

dass im Vollstreckungsverfahren auch Amtsermittlungsbefugnisse des Vollstreckungsorgans bestehen.

Im Rechtsbehelfsverfahren gegen die Zwangsvollstreckung gilt der Beibringungsgrundsatz wieder uneingeschränkt.[70]

e) Prioritätsgrundsatz

Weitaus bedeutsamer für die Einzelzwangsvollstreckung ist der Prioritätsgrundsatz. Dieser besagt, dass sich im Falle der Zwangsvollstreckung mehrerer Gläubiger gegenüber demselben Schuldner die Reihenfolge ihrer Befriedigung nach dem Zeitpunkt der Entstehung des jeweiligen Pfandrechts an dem Vollstreckungsgegenstand bemisst.[71] Ausdrücklich gesetzlich geregelt ist dies in § 804 Abs. 3 ZPO für die Mobiliarzwangsvollstreckung und in § 11 Abs. 2 ZVG für die Zwangsvollstreckung in unbewegliche Gegenstände.[72] Auf diese Weise wird das materiellrechtliche Prioritätsprinzip aus den §§ 879, 1209, 1273 Abs. 2 S. 1 BGB und § 1279 BGB durch das Verfahrensrecht umgesetzt.[73]

Im Grundbuchverfahren wird dieses Prinzip realisiert, indem der genaue Zeitpunkt des Antragseingangs nach § 13 Abs. 2 S. 1 GBO auf dem Antrag vermerkt wird und gem. § 17 GBO ein späterer Antrag nicht vor einem dasselbe Recht betreffenden, früher eingegangenen Antrag bearbeitet werden darf.[74] Entsprechende gesetzliche Regelungen finden sich für die Tätigkeit anderer Vollstreckungsorgane nicht. Jedoch wird für den gesamten Bereich der Zwangsvollstreckung vermehrt gefordert, dass Vollstreckungsaufträge, die denselben Schuldner betreffen, nach der Reihenfolge des Antragseingangs abgearbeitet werden sollen.[75] In der Praxis ist die Umsetzung dieses Vorstoßes jedoch

---

70 Stürner, ZZP 99 (1986), 291, 307.
71 Wendland, ZZP 129 (2016), 347, 375 f.; Prütting/Stickelbrock, Zwangsvollstreckungsrecht, S. 48; von Sachsen Gessaphe, Zwangsvollstreckungsrecht, Rn. 45; eingehend dazu: Gaul/Schilken/Becker-Eberhard, Zwangsvollstreckungsrecht, § 5 Rn. 84 ff.
72 Knoche/Biersack, NJW 2003, 476; Stürner, ZZP 99 (1986), 291, 322.
73 Stürner, ZZP 99 (1986), 291, 323; Gaul/Schilken/Becker-Eberhard, Zwangsvollstreckungsrecht, § 5 Rn. 87; Gaul, ZZP 112 (1999), 135, 149.
74 Stürner, ZZP 99 (1986), 291, 323.
75 Wendland, ZZP 129 (2016), 347, 376 f.; Knoche/Biersack, NJW 2003, 476, 479 ff.; Gaul, ZZP 112 (1999), 135, 160 f.; Stürner, ZZP 99 (1986), 291, 322 f.; Hantke, DGVZ 1978, 105, 109 f.; Kindl/Meller-Hannich/Kindl, § 804 Rn. 13; MünchKomm-ZPO/Gruber, § 804 Rn. 33; ähnlich: Stein/Jonas/Würdinger, § 827 Rn. 7; ebenfalls kritisch: Wieczorek/Schütze/Lüke, § 804 Rn. 49; a.A. LG Hamburg DGVZ 1982, 45; AG München DGVZ 1985, 45 f.; Zöller/Herget, § 804 Rn. 5; Musielak/Voit/Flockenhaus, § 827 Rn. 5.

keineswegs gewährleistet. Das belegt die Regelung in § 117 Abs. 1 GVGA NRW, wonach der Gerichtsvollzieher Vollstreckungsanträge mehrerer Gläubiger als gleichzeitige behandeln und deshalb die Pfändung für alle beteiligten Gläubiger zugleich bewirken muss. Diese in der Geschäftsanweisung für Gerichtsvollzieher anderer Bundesländer[76] wortgleich bestehende Vorschrift regelt ausdrücklich, dass der Eingang des Vollstreckungsauftrags allein kein Vorzugsrecht eines Vollstreckungsgläubigers gegenüber einem anderen Gläubiger begründet.

2. Die Formalisierung der Zwangsvollstreckung

Für das Verständnis der vollstreckungsspezifischen Rechtsbehelfe ist der Grundsatz der „Formalisierung der Zwangsvollstreckung"[77] von zentraler Bedeutung.

Die Formalisierung der Zwangsvollstreckung ergibt sich aus der Trennung des Vollstreckungsverfahrens vom Erkenntnisverfahren. Sie wird durch eine differenzierte Aufgabenverteilung zwischen dem erkennenden Gericht und den Vollstreckungsorganen erreicht.[78]

Das Vollstreckungsorgan darf die materielle Richtigkeit des Titels nicht prüfen,[79] sondern muss dem Vollstreckungsanspruch des Gläubigers genügen und auch dann vollstrecken, wenn es die Richtigkeit des Titelinhalts bezweifelt.[80] Das gilt für jede Art von Titel und für jeglichen Inhalt des titulierten Anspruchs.[81] Erkennt das zuständige Organ die Unrichtigkeit des Titels und vollstreckt trotzdem, führt dies zu einem „Zwiespalt zwischen Rechtsgefühl und Bindung an den rechtskräftigen Titel".[82] Dieser innere Konflikt des Vollstreckungsorgans ist vor dem Hintergrund der Grundrechtsbindung des Staates nachvollziehbar.[83] Deshalb erachten manche Stimmen im Schrifttum bei einer offensichtlichen Unrichtigkeit des Titels – in Durchbrechung des Formalisierungsgrundsatzes – einen

---

76 Z.B. in § 117 S. 1 GVGA Hessen.
77 Exemplarisch dazu: *Gaul,* Rpfleger 1971, 81, 90.
78 *Gaul,* ZZP 110 (1997), 3, 4.
79 Saenger/*Kindl* § 767 Rn. 1; Musielak/Voit/*Lackmann,* § 767 Rn. 1.
80 *Bittmann,* ZZP 97 (1984), 32, 34; Stein/Jonas/*Münzberg,* § 704 Rn: 55; *Sutschet,* ZZP 119 (2006), 279, 299; *Stürner,* ZZP 99 (1986), 291, 315; *Wendland,* ZZP 129 (2016), 347, 370 ff.; a.A. *Böhmer,* Sondervotum BVerfGE 49, 220 ff., 228 ff., 238 f.
81 *Gerhardt,* ZZP 95 (1982), 467, 485.
82 *Bittmann,* ZZP 97 (1984), 32, 35.
83 Für die Pflicht des Vollstreckungsorgans zur Grundrechtsprüfung schon: *Böhmer,* Sondervotum BVerfGE 49, 220 ff., 228 ff., 236.

Hinweis des Vollstreckungsorgans auf die Rechtsbehelfsmöglichkeiten des Schuldners für geboten.[84]

Hinzu kommt, dass im Vollstreckungsverfahren nicht eingehend rechtlich geprüft wird, ob der Gegenstand, auf den im Wege der Zwangsvollstreckung zugegriffen werden soll, zum Vermögen des Schuldners gehört.[85] Es erfolgt vielmehr eine beschränkte Prüfung anhand einer geringen Anzahl von Erkenntnis- und Beweismitteln, die im Vollstreckungsverfahren zugelassen sind. Ist sie erfolgreich, ist auch die Zwangsvollstreckungsmaßnahme rechtmäßig und wirksam.[86] Diese eingeschränkte, formalisierte Prüfung des Vollstreckungsorgans wird etwa in der Vorschrift des § 808 Abs. 1 ZPO deutlich. Danach pfändet der Gerichtsvollzieher die im Gewahrsam des Schuldners befindlichen körperlichen Sachen. Daraus ergibt sich, dass die Eigentumsverhältnisse an den Vollstreckungsgegenständen im Vollstreckungsverfahren nicht ermittelt werden, sondern nur auf den Gewahrsam des Schuldners abgestellt wird.[87] Das Vollstreckungsorgan soll nicht nachprüfen, ob der durchzusetzende materiellrechtliche Anspruch tatsächlich besteht. Denn eine Prüfung der Eigentumsverhältnisse ist außerhalb einer gerichtlichen Verhandlung und durch einen Nichtjuristen regelmäßig nicht zu leisten. Vorschriften wie die für Ehegatten geltende differenzierte Beweislastregelung des § 1362 BGB verdeutlichen die Komplexität der Prüfung. Die Bestimmung der Eigentumsverhältnisse erfordert darüber hinaus häufig eine Beweisaufnahme im Rahmen eines Erkenntnisverfahrens. Dem Vollstreckungsorgan wird also nicht nur die Arbeit erleichtert, sondern die unangekündigte Pfändung von beweglichen Sachen an Ort und Stelle erst ermöglicht, indem die Vorschrift des § 739 ZPO eine Gewahrsamsvermutung zugunsten des Schuldners aufstellt.

Der „numerus clausus der Vollstreckungsarten"[88] stellt eine Konkretisierung des Grundsatzes der Formalisierung der Zwangsvollstreckung dar. In der ZPO wird systematisch zwischen der Zwangsvollstreckung wegen Geldforderungen gem. §§ 803 ff. ZPO und wegen anderer Forderungen nach §§ 883 ff. ZPO unterschieden. Die konkrete Ausgestaltung der Vollstreckung der titulierten Forderungen ist gesetzlich fest vorgeschrieben und nicht disponibel. Die

---

84   *Wendland*, ZZP 129 (2016), 347, 371 f.; *Stürner*, ZZP 99 (1986), 291, 317.
85   Schuschke/Walker/Kessen/Thole/*Raebel/Thole*, § 771 Rn. 1.
86   Stein/Jonas/*Münzberg*, § 771 Rn. 1 f.
87   *Gaul*, ZZP 110 (1997), 4.
88   *Baur/Stürner/Bruns*, Zwangsvollstreckungsrecht, Rn. 6.64; *Wendland*, ZZP 129 (2016), 347, 379.

zu unterscheidenden Vollstreckungsarten orientieren sich an dem Zugriffs-objekt.[89] So ist die Zwangsvollstreckung in das unbewegliche Vermögen nach §§ 864 ff. ZPO allein durch Eintragung einer Zwangshypothek in das Grundbuch, die Zwangsversteigerung des schuldnerischen Grundstücks oder im Wege der Zwangsverwaltung nach § 869 ZPO i.V.m. §§ 146 ff. ZVG möglich. Die Zwangs-vollstreckung aus Zahlungstiteln in das bewegliche Vermögen unterliegt eben-falls einem „Typenzwang".[90] Sie hat nach §§ 808 ff. ZPO entweder körperliche Sachen, gem. §§ 829 ff. ZPO Geldforderungen, Herausgabe- und Leistungsan-sprüche nach §§ 846 ff. ZPO oder die in den §§ 857 ff. ZPO zusammengefassten sonstigen Vermögensrechte zum Gegenstand.

Besonders bedeutsam ist, dass auch die Vollstreckungsvoraussetzungen und die „Zugriffstatbestände"[91] formalisiert ausgestaltet sind. Die allgemeinen Voll-streckungsvoraussetzungen, die vor jedem Vollstreckungszugriff geprüft werden müssen, lauten sehr eingängig „Titel, Klausel und Zustellung"[92]. Sie sind in § 750 Abs. 1 ZPO normiert. Daneben hat das Vollstreckungsorgan ggf. besondere Voll-streckungsvoraussetzungen nach §§ 751, 756, 765 ZPO sowie die allgemeinen Ver-fahrensvoraussetzungen wie zum Beispiel das Vorliegen des Vollstreckungsantrags zu prüfen.[93] Von Amts wegen wird auch berücksichtigt, ob Vollstreckungshinder-nisse wie etwa das in § 89 InsO geregelte Einzelvollstreckungsverbot während eines über das Schuldnervermögen eröffneten Insolvenzverfahrens bestehen.[94]

Aus der Begründung zum Entwurf der Zivilprozeßordnung[95] ergibt sich, dass sich der Gesetzgeber im Jahr 1877 bewusst für die Formalisierung der Zwangs-vollstreckung entschieden hat. Die fehlende materielle Prüfungsbefugnis des Vollstreckungsorgans sollte die in dem gemeinrechtlichen Exekutionsprozess übliche Prozessverschleppung verhindern.[96] Daneben gewährt die strenge Vorgabe des Verfahrens die Einhaltung rechtsstaatlicher Prinzipien.[97] Mit der

---

89 *Gaul*, ZZP 112 (1999), 135, 160 f.; *Musielak/Voit/Lackmann*, Vorbemerkung § 704 Rn. 5.
90 *Gaul*, ZZP 112 (1999), 135, 151, 183.
91 *Gaul*, Rpfleger 1971, 81, 91; *Gaul*, ZZP 110 (1997), 3, 4.
92 Kindl/Meller-Hannich/*Giers/Scheuch*, § 704 Rn. 3.
93 Kindl/Meller-Hannich/*Giers/Scheuch*, § 704 Rn. 4 f.
94 Musielak/Voit/*Lackmann*, Vorbemerkung § 704 Rn. 26; *Pohlmann/Schäfers*, Zwangs-vollstreckungsrecht, Rn. 188.
95 *Hahn*, Materialien zur Zivilprozeßordnung, Bd. 2, Abt. 1, S. 433 f.
96 *Hahn*, Materialien zur Zivilprozeßordnung, Bd. 2, Abt. 1, S. 422; *Gaul*, Rpfleger 1971, 81, 82; *Wendland*, ZZP 129 (2016), 347, 370; Wieczorek/Schütze/*Paulus*, Vor. § 704 Rn. 35.
97 *Wendland*, ZZP 129 (2016), 347, 370.

strikten Trennung von Erkenntnis- und Zwangsvollstreckungsverfahren soll möglichst effektiv auf das Vermögen des Schuldners zugegriffen werden. Fragen, die das materielle Recht betreffen, werden in das Rechtsbehelfsverfahren verlagert.[98]

Dass auch materielle Einwendungen im Vollstreckungsverfahren beachtlich sein können, zeigen dagegen die Regelungen in § 775 Nr. 4 und Nr. 5 ZPO. Kann der Schuldner etwa die Befriedigung des Gläubigers anhand der in den Vorschriften genau bezeichneten Nachweise belegen, hat das Vollstreckungsorgan die Zwangsvollstreckung gem. § 776 S. 2 ZPO einstweilen einzustellen. Im Unterschied zu einer eingehenden materiellen Prüfung der Rechtslage, können diese Vollstreckungshindernisse vom Vollstreckungsorgan mittels formaler Nachweise an Ort und Stelle geprüft werden.

Die an formelle Merkmale gebundene Prüfung während des Vollstreckungsverfahrens führt selbst dann nicht zu einer Haftung des Gläubigers oder des Vollstreckungsorgans, wenn in schuldnerfremdes Vermögen vollstreckt wird. Die Haftung wegen einer Amtspflichtverletzung des Vollstreckungsorgans nach Art. 34 GG i.V.m. § 839 Abs. 1 BGB scheidet aus, wenn das Vollstreckungsverfahren gesetzeskonform betrieben wurde.[99] In der Rechtsprechung ist zudem seit Langem anerkannt, dass der Gläubiger grundsätzlich nur im Falle einer vorsätzlichen sittenwidrigen Schädigung im Sinne des § 826 BGB haftet.[100] Nimmt er ein gesetzlich geregeltes Verfahren in Anspruch, wird ihm ein sog. „Recht auf Irrtum"[101] zugesprochen.

IV. Die Organe der Zwangsvollstreckung

Der Gerichtsvollzieher ist die Person, die in der Bevölkerung mit der Zwangsvollstreckung in Verbindung gebracht wird. Die Tatsache, dass es mit dem Vollstreckungsgericht, dem Prozessgericht und dem Grundbuchamt noch drei weitere Zwangsvollstreckungsorgane gibt, führt zu einer differenzierten Aufgabenverteilung. Diese orientiert sich sowohl an den Vollstreckungsarten als auch an praktischen Erwägungen.[102]

---

98 *Stamm*, ZZP 124 (2011), 317, 318; *Baur/Stürner/Bruns*, Zwangsvollstreckungsrecht, Rn. 6.53.
99 *Gaul*, ZZP 110 (1997), 3, 4 ff.
100 BGHZ 36, 18, 21; 74, 9, 13 ff.; 95, 10, 18 f.; OLG Köln NJW 1996, 1290, 1291 f.
101 BGHZ 74, 9, 17; 95, 10, 19.
102 Musielak/Voit/*Lackmann*, Vorbemerkung § 704 Rn. 8.

1. Aufgabenverteilung

Nach § 753 Abs. 1 ZPO ist der Gerichtsvollzieher zuständig, wenn die Zwangsvollstreckung nicht den Gerichten zugewiesen ist. Er trägt damit die „Hauptlast"[103] der Vollstreckung und nimmt eine zentrale Stellung ein.

Die jeweiligen Zuständigkeiten der Vollstreckungsorgane orientieren sich an der titulierten Forderung, wegen der vollstreckt wird. Der Gerichtsvollzieher vollstreckt nach §§ 883 ff. ZPO aus Herausgabe- und bestimmten Leistungstiteln. Die Vollstreckung von Titeln, die auf vertretbare und unvertretbare Handlungen, Unterlassungen oder Duldungen gerichtet sind, führt dagegen nach §§ 887 f. ZPO und § 890 ZPO das Prozessgericht des ersten Rechtzuges aus.

Für die Vollstreckung von Zahlungstiteln richtet sich die Aufgabenverteilung zwischen den Vollstreckungsorganen auch nach dem jeweiligen Gegenstand, in den vollstreckt wird. Die Mobiliarvollstreckung in bewegliche Gegenstände erfolgt nach §§ 808 ff. ZPO durch den Gerichtsvollzieher. Dagegen ist das Vollstreckungsgericht gem. § 828 Abs. 1 ZPO insbesondere zuständig, wenn die Zwangsvollstreckung wegen Geldforderungen in Forderungen und andere Vermögensrechte beantragt wurde.

In der Immobiliarvollstreckung wird das Grundbuchamt als Vollstreckungsorgan tätig, welches Zwangshypotheken gem. § 867 ZPO in das Grundbuch einträgt.[104] Für die anderen beiden Formen der Immobiliarvollstreckung, die Zwangsversteigerung und die Zwangsverwaltung, ist nach § 869 ZPO in Verbindung mit dem Zwangsversteigerungsgesetz wiederum das Vollstreckungsgericht zuständig.[105] Dabei handelt es sich nach § 764 Abs. 2 ZPO um das Amtsgericht, in dessen Bezirk das Vollstreckungsverfahren stattfindet, da dieses die größte Sachnähe zur Vollstreckungshandlung aufweist.[106]

Auch die funktionellen Zuständigkeiten variieren. So ist neben dem Gerichtsvollzieher und dem Richter des Prozessgerichts des ersten Rechtzuges insbesondere der Rechtspfleger im Rahmen der Zwangsvollstreckung tätig. Letzterer handelt nach § 20 Nr. 17 S. 1 RPflG als Vollstreckungsgericht. Gem. § 4 Abs. 2 Nr. 2 RPflG bleiben dem Richter insoweit nur freiheitsentziehende Maßnahmen

---

103 *Glenk*, NJW 2014, 2315.

104 BGH NJW 2001, 1134, 1135; Musielak/Voit/*Lackmann*, Vorbemerkung § 704 Rn. 8; Saenger/*Kindl*, Vorbemerkung zu §§ 704–945 Rn. 12.

105 Musielak/Voit/*Lackmann*, Vorbemerkung § 704 Rn. 8; Saenger/*Kindl*, Vorbemerkung zu §§ 704–945 Rn. 11.

106 Saenger/*Kindl*, § 767 Rn. 1.

sowie nach § 20 Nr. 17 S. 2 RPflG die Entscheidungen über Vollstreckungserinnerungen vorbehalten.

2. Prüfungskompetenzen

Die Prüfungskompetenzen der Vollstreckungsorgane sind maßgeblich von dem Formalisierungsgrundsatz geprägt.

Genauso wie der Gerichtsvollzieher die Richtigkeit des Titels nicht kontrolliert und auch das Eigentum des Schuldners an dem Vollstreckungsgegenstand in der Mobiliarvollstreckung grundsätzlich nicht mehr nachgeprüft wird,[107] prüft der Rechtspfleger im Rahmen der Forderungsvollstreckung nicht die Zugehörigkeit der Forderung zum Schuldnervermögen. Es wird lediglich die angebliche Forderung des Schuldners gegen den Drittschuldner gepfändet. Die Pfändung geht ins Leere, wenn dem Schuldner dieser Anspruch tatsächlich nicht zusteht.[108]

Etwas anders verhält es sich in der Immobiliarvollstreckung. Bei der Eintragung einer Zwangssicherungshypothek nimmt das Grundbuchamt eine Doppelstellung ein, indem es als Zwangsvollstreckungsorgan und als Organ der freiwilligen Gerichtsbarkeit handelt. Es hat deshalb auch die in der Grundbuchordnung geregelten Eintragungsvoraussetzungen zu prüfen.[109] Jedoch bedarf es im Rahmen der Zwangsvollstreckung keiner Eintragungsbewilligung des von der Eintragung Betroffenen nach § 19 GBO. Vielmehr wird diese durch den Vollstreckungstitel ersetzt.[110] Was die Zwangsvollstreckungsvoraussetzungen anbelangt, stehen dem Grundbuchamt aber keine erweiterten Prüfungsbefugnisse zu. Auch dieses prüft nicht, ob der Titel richtig ergangen ist oder der titulierte Anspruch noch besteht.[111]

Das Prozessgericht des ersten Rechtszuges untersucht ebenfalls grundsätzlich nicht mehr die Richtigkeit des der Zwangsvollstreckung zu Grunde liegenden

---

107 Siehe B.III.2.

108 BGH NJW 2004, 2096, 2097; BeckOK-ZPO/*Riedel*, § 829 Rn. 5; Musielak/Voit/*Flockenhaus*, § 829 Rn. 8a; Zöller/*Herget*, § 829 Rn. 4.

109 BGHZ 148, 392, 394; 27, 310, 313; BGH NJW 2001, 3627; NJW-RR 2012, 532, 533; NJW 2013, 3786; NJOZ 2015, 725, 727; OLG Hamm Rpfleger 1985, 231, 232; OLG München NJOZ 2016, 871; Stein/Jonas/*Bartels*, § 867 Rn. 1; Musielak/Voit/*Lackmann*, Vorbemerkung § 704 Rn. 8; Saenger/*Kindl*, § 867 Rn. 2; für ein reines Vollstreckungsverfahren dagegen: MünchKomm-ZPO/*Dörndorfer*, § 867 Rn. 5.

110 BGH NJOZ 2015, 725, 727; Saenger/*Kindl*, § 867 Rn. 2; betonend, dass sich das Grundbuchamt in praxi vorwiegend nach dem Vollstreckungsrecht richte: Stein/Jonas/*Bartels*, § 867 Rn. 31.

111 Saenger/*Kindl*, § 867 Rn. 3; Stein/Jonas/*Bartels*, § 867 Rn. 17.

Titels. Dessen Prüfungskompetenzen sind gegenüber denen der nichtrichterlichen Zwangsvollstreckungsorganen aber erweitert, da nach der heutigen herrschenden Meinung der Erfüllungseinwand im Rahmen der Vollstreckung vertretbarer Handlungen nach § 887 ZPO[112] und unvertretbarer Handlungen nach gem. § 888 ZPO[113] vom Prozessgericht zu berücksichtigen ist. Hintergrund ist zum einen der Wortlaut der Vorschrift des § 887 Abs. 1 ZPO, welche die Vornahme der geschuldeten Handlung durch den Gläubiger ermöglicht, wenn der Schuldner seine dahingehende Verpflichtung nicht „erfüllt".[114] Zum anderen werden auch prozesswirtschaftliche Gründe vorgebracht. Das Gericht, das im Erkenntnisverfahren entschieden hat und deshalb mit dem Rechtsstreit vertraut ist, soll nun auch über den Erfüllungseinwand befinden können.[115]

Dies ist trotz der damit einhergehenden Durchbrechung des Formalisierungsprinzips überzeugend, da die Zwangsvollstreckung durch das Prozessgericht einen wesentlichen Unterschied zu der Zwangsvollstreckung durch die übrigen Vollstreckungsorgane aufweist. Gem. § 891 ZPO ist der Schuldner vor der Zwangsvollstreckung nach § 887 ZPO und § 888 ZPO anzuhören. Der Gesetzgeber hat mit dieser Norm der Kognition gegenüber der Exekution den Vortritt eingeräumt. Macht der Schuldner im Rahmen der Anhörung den Einwand der Erfüllung geltend, kann dieser von dem Prozessgericht geprüft werden noch bevor der Zugriff im Rahmen der Zwangsvollstreckung erfolgt. Das ist für den Schuldner deutlich rechtsschutzintensiver, als eine nachträgliche Korrektur von Rechtsverletzungen im Rechtsbehelfsverfahren abwarten zu müssen. Darüber hinaus deuten die Regelungen in § 775 Nr. 4 und Nr. 5 ZPO darauf hin, dass dem Erfüllungseinwand in der Zwangsvollstreckung gegenüber sonstigen materiellen Einwendungen eine privilegierte Stellung zukommt. Eine Vollstreckung soll grundsätzlich nur mit leicht überprüfbaren Belegen verhindert werden können. Da das Prozessgericht – anders als die anderen Vollstreckungsorgane – ohnehin verpflichtet ist, den Schuldner vor seiner Entscheidung anzuhören, wäre es nicht sachgemäß, einen Erfüllungseinwand des Schuldners unberücksichtigt zu lassen.

---

112 BGHZ 161, 67, 70 ff.; BGH NJW-RR 2015, 610, 611; NJW-RR 2011, 470 f.; OLG Brandenburg NJW-RR 2020, 544; BeckOK-ZPO/*Stürner*, § 887 Rn. 22; a.A. Musielak/Voit/*Lackmann*, § 887 Rn. 19; MünchKomm-ZPO/*Gruber*, § 887 Rn. 17; kritisch ebenfalls: *Kannowski/Distler*, NJW 2005, 865, 866 f.
113 BGH NJW-RR 2015, 610, 611; *Walker*, JZ 2011, 453, 455; *Giese*, NJW-Spezial 2021, 644.
114 BGHZ 161, 67, 71 f.
115 BGHZ 161, 67, 71.

C. Das derzeitige Rechtsbehelfssystem in der Zwangsvollstreckung

Den Vollstreckungshandlungen der vier Vollstreckungsorgane steht eine größere Zahl von Rechtsschutzmöglichkeiten gegenüber. Hierbei handelt es sich um Rechtsbehelfe, da das Gericht erstmals als unparteiisches Organ über die Rechtmäßigkeit der Vollstreckungshandlung befindet und die Wahrnehmung der darzustellenden Rechtsschutzmöglichkeiten keinen Devolutiveffekt hat.[116]

I. Das Ordnungsprinzip der Rechtsbehelfe

Die verschiedenen Rechtsbehelfe werden primär anhand der Typizität der geltend gemachten Einwendungen differenziert.[117] Dabei ist zwischen formellen und materiellen Einwendungen des Rechtsbehelfsführers zu unterscheiden. Eine formelle Einwendung bezieht sich auf einen Fehler des zuständigen Vollstreckungsorgans im Rahmen der ihm obliegenden Prüfung. Materielle Einwendungen bezeichnen dagegen Gesichtspunkte, die im Vollstreckungsverfahren nicht geprüft werden.

Formelle Verfahrensverstöße werden mit der Vollstreckungserinnerung, der sofortigen Beschwerde, der Grundbuchbeschwerde oder der Rechtspflegerinnerung angegriffen und in Form eines internen Vollstreckungsschutzes beschieden.[118]

Materielle Einwendungen können demgegenüber lediglich auf dem Klageweg geltend gemacht werden. Dafür steht die Vollstreckungsabwehrklage, die Drittwiderspruchsklage, die Klage auf vorzugsweise Befriedigung sowie die Klage des widersprechenden Gläubigers im Verteilungsverfahren zur Verfügung.[119]

Im Rechtsbehelfsverfahren kommt das Formalisierungsprinzip besonders deutlich zum Ausdruck. Denn im Rahmen der formellen Rechtsbehelfe werden nur die Umstände einer Prüfung unterzogen, die das Vollstreckungsorgan bei der Zwangsvollstreckung beachten musste.[120] Die in der Zwangsvollstreckung

---

116 Auf § 766 ZPO abstellend: MünchKomm-ZPO/*K. Schmidt/Brinkmann*, § 766 Rn. 2; *Prütting/Stickelbrock*, Zwangsvollstreckungsrecht, S. 189.

117 *Gilles*, ZZP 83 (1970), 61, 97.

118 *Geißler*, NJW 1985, 1865.

119 *Gaul*, ZZP 85 (1972), 251, 256.

120 *Olzen*, DNotZ 1993, 211, 215; *Stamm*, ZZP 126 (2013), 427, 428.

zulässigen Klagearten dienen dagegen der Korrektur solcher Fehler, die wegen der Formalisierung des Zwangsvollstreckungsverfahrens auf materiellrechtlicher Ebene zwangsläufig entstehen können.[121]

Bei der Verwendung der gängigen Terminologie ist jedoch Vorsicht geboten. Die Unterscheidung nach formellen und materiellen Einwendungen kann irreführend sein. Sie deutet begrifflich darauf hin, dass sich die jeweilige Einwendung entweder auf das formelle Recht oder auf das materielle Recht bezöge. Das ist aber nicht der Fall. Aus § 775 Nr. 4 und Nr. 5 ZPO ergibt sich, dass das Vollstreckungsorgan ausnahmsweise auch materielle Einwendungen zu beachten hat.[122] In diesen Situationen muss die materielle Einwendung nicht mit einer Klage geltend gemacht werden. Vielmehr ist sie auch mit einem vollstreckungsinternen Rechtsbehelf wie der Vollstreckungserinnerung angreifbar.[123] Endscheidend ist letztlich nicht die Qualität der Einwendung, sondern die Prüfungskompetenz des Vollstreckungsorgans. Wendet der Rechtsbehelfsführer ein, dass das Vollstreckungsorgan seine Befugnisse nicht ordnungsgemäß wahrgenommen habe, handelt es sich um eine formelle Einwendung. Hat das Vollstreckungsorgan zwar verfahrensgemäß gehandelt, widerspricht die Zwangsvollstreckung aber der materiellen Rechtslage, handelt es sich um eine materielle Einwendung.

Diese prinzipielle „Zweigleisigkeit"[124] des Rechtsbehelfssystems zwischen formellen und materiellen Einwendungen findet ihren Grund in einem weiteren Verfahrensgrundsatz der Zwangsvollstreckung. Auch im Rechtsbehelfsverfahren wird Effektivität angestrebt. Über formelle Einwendungen soll das Vollstreckungsgericht befinden, das dem Zwangsvollstreckungsverfahren am nächsten steht. Materielle Einwendungen werden dagegen aufgrund ihres sachlichen Zusammenhangs mit dem vorausgegangenen Erkenntnisverfahren dem Prozessgericht zugewiesen. Gleichzeitig dient die Zweiteilung dazu, divergierenden Entscheidungen zwischen Vollstreckungs- und Prozessgericht vorzubeugen.[125]

Die Erhebung einer allgemeinen Zivilklage zur Abwehr der Zwangsvollstreckung ist nicht möglich. Gegen den Gerichtsvollzieher oder den Staat gerichtete

---

121 *Geißler*, NJW 1985, 1865, 1866.

122 Zur Geltendmachung der Einwendung der Erfüllung gegenüber dem Prozessgericht siehe B.IV.2.

123 Zum Verhältnis zwischen § 767 ZPO und § 766 ZPO: Wieczorek/Schütze/*Spohnheimer*, § 767 Rn. 19.

124 *Gaul*, ZZP 85 (1972), 251, 271; *v. Sachsen Gessaphe*, Zwangsvollstreckungsrecht, Rn. 487.

125 *Hahn*, Materialien zur Zivilprozeßordnung, Bd. 2, Abt. 1, S. 436 f.; *Gaul*, ZZP 85 (1972), 251, 271.

Besitzschutzklagen nach den §§ 861, 862 BGB oder § 985 BGB und Klagen auf Beseitigung oder Unterlassung aus § 1004 BGB sind während der Zwangsvollstreckung unzulässig.[126] Im Falle einer Beendigung der Zwangsvollstreckung während eines rechtshängigen vollstreckungsrechtlichen Klageverfahrens kann die Klage gem. § 264 Nr. 3 ZPO auf eine auf Erlösherausgabe nach §§ 812 ff. BGB oder §§ 823 ff. BGB gerichtete Leistungsklage umgestellt werden.[127] Derzeit wird diese Möglichkeit nicht nur für die vollstreckungsspezifischen Klagearten, sondern auch für andere Rechtsbehelfe diskutiert.[128]

II. Differenzierung der Rechtsbehelfe

Innerhalb dieses Ordnungsprinzips lassen sich die einzelnen Rechtsbehelfe anhand ihrer Zielrichtungen und der erforderlichen Rechtsbehelfsbefugnis unterscheiden.

1. Erinnerung gegen die Art und Weise der Zwangsvollstreckung

Als Vollstreckungserinnerung i.S.v. § 766 ZPO wird die frist- und formlose Anrufung des Vollstreckungsgerichts bezeichnet.[129] Dem Rechtsbehelfsführer wird im Erinnerungsverfahren rechtliches Gehör gewährt.[130] Dabei ist zwischen den Regelungen in § 766 Abs. 1 ZPO und § 766 Abs. 2 ZPO zu unterscheiden.

Die Vorschrift des § 777 ZPO ist keine spezielle Form der Erinnerung. Sie beinhaltet vielmehr einen weiteren Erinnerungsgrund für den Fall einer hinreichenden Sicherung des Gläubigers. Das Verfahren richtet sich nach § 766 ZPO.[131]

a) § 766 Abs. 1 ZPO

Gem. § 766 Abs. 1 ZPO können mit der Erinnerung Rügen gegen die Art und Weise der Zwangsvollstreckung erhoben werden. Das bedeutet, dass die Einlegung des Rechtsbehelfs zu einer Überprüfung der bereits stattgefundenen Tätigkeit der Vollstreckungsorgane führt.[132]

---

126 RGZ 67, 310, 312; 108, 260, 262; *Groß*, ZZP 77 (1964), 292 f.
127 Exemplarisch dazu: OLG Hamm NJW-RR 2001, 1575.
128 Zur „verlängerten Vollstreckungserinnerung": *Scheuch*, ZZP 134 (2021), 169 ff.; zur „verlängerten Titelgegenklage": *Ullenboom*, JuS 2021, 35 f.
129 Ähnlich: Stein/Jonas/*Münzberg*, § 766 Rn. 1.
130 MünchKomm-ZPO/K. *Schmidt/Brinkmann*, § 766 Rn. 1; Saenger/*Kindl*, § 766 Rn. 1; BeckOK-ZPO/*Preuß*, Vor § 766; Wieczorek/Schütze/*Spohnheimer*, § 766 Rn. 5.
131 Musielak/Voit/*Lackmann*, § 777 Rn. 6; MünchKomm-ZPO/K. *Schmidt/Brinkmann*, § 777 Rn. 18; Kindl/Meller-Hannich/*Handke*, § 777 Rn. 12; Zöller/*Geimer*, § 777 Rn. 8.
132 Stein/Jonas/*Münzberg*, § 766 Rn. 1.

Da die Kontrolle im Erinnerungsverfahren mit den Prüfungskompetenzen des Vollstreckungsorgans im Vollstreckungsverfahren korrespondiert, sind auch die eröffneten Rügen beschränkt. Mit der Erinnerung nach § 766 Abs. 1 ZPO kann etwa das Fehlen von Prozessvoraussetzungen[133], das Fehlen allgemeiner[134] und besonderer Vollstreckungsvoraussetzungen, das Bestehen eines Vollstreckungshindernisses[135] oder der Einwand geltend gemacht werden, der Tenor des Vollstreckungstitels sei zu unbestimmt.[136] Zudem kann das von dem Gerichtsvollzieher zu beachtende Verfahren Gegenstand der Vollstreckungserinnerung sein. Damit sind Verstöße gegen Verfahrensvorschriften wie die Pfändung nach § 811 ZPO unpfändbarer Gegenstände gemeint.[137]

Auch insoweit ist jedoch die dargestellte[138] Unterscheidung zwischen fehlerhaften und unwirksamen Vollstreckungsakten zu berücksichtigen. Es wird nur übergeprüft, ob bei der Zwangsvollstreckung alle gesetzlichen Vorschriften beachtet wurden. Gegenstand des Erinnerungsverfahrens ist nicht die Frage, ob eine richtig durchgeführte Zwangsvollstreckung aus Gründen, die nach Abschluss des Vollstreckungsverfahrens eintreten, ihre Wirksamkeit verloren hat.[139] Dagegen können nichtige Vollstreckungsakte mit der Vollstreckungserinnerung angegriffen werden, wenn sie eine Beeinträchtigung oder einen Rechtsschein auslösen.[140]

Materiell rechtliche Einwendungen dürfen mit der Vollstreckungserinnerung grundsätzlich nicht geltend gemacht werden. So ist etwa die Arglisteinrede kein statthafter Einwand.[141]

Da maßgeblicher Zeitpunkt die Entscheidung über die Vollstreckungserinnerung ist,[142] ist die Rechtmäßigkeit des Handelns des Vollstreckungsorgans

---

133 Stein/Jonas/*Münzberg*, § 766 Rn. 19.
134 Zur Vollstreckungsklausel: BGH NJW 1992, 2159, 2160; Stein/Jonas/*Münzberg*, § 766 Rn. 18.
135 Noch zu § 14 Abs. 1 KO: OLG Frankfurt ZIP 1995, 1689, 1690; zu § 89 InsO: Zöller/*Herget*, § 766 Rn. 10.
136 BGH NJW 2013, 2287; NJW-RR 2009, 445; LG Trautstein Rpfleger 2004, 366 f.; Schuschke/Walker/Kessen/Thole/*Walker/Thole*, § 766 Rn. 13.
137 Wieczorek/Schütze/*Spohnheimer*, § 766 Rn. 31, 36.
138 Siehe B.II.
139 *Falkmann*, ZZP 11 (1887), 72, 75 f.
140 OLG Frankfurt Rpfleger 1978, 229 ff.; Stein/Jonas/*Münzberg*, § 766 Rn. 30.
141 Eingehend dazu: *Hein*, ZZP 69 (1956), 231, 260 f.
142 BGH NJW-RR 2009, 211, 212; Wieczorek/Schütze/*Spohnheimer*, § 766 Rn. 76; Zöller/*Herget*, § 766 Rn. 27; Stein/Jonas/*Münzberg*, § 766 Rn. 37.

nicht aus einer ex ante Perspektive, sondern auch unter Zugrundelegung solcher Umstände zu beurteilen, die sich nach der Vollstreckungshandlung verändert haben. Dieser Prüfungsmaßstab macht deutlich, dass es bei der Vollstreckungserinnerung nicht nur um die Kontrolle des Vollstreckungsorgans, sondern auch um eine Angleichung von vollstreckungsbedingten Zuständen an die tatsächlichen Verhältnisse geht.

b) § 766 Abs. 2 ZPO

Die Vollstreckungserinnerung nach § 766 Abs. 2 ZPO wendet sich ausweislich ihres Wortlauts ausschließlich gegen ein Verhalten des Gerichtsvollziehers. Die Vorschrift des § 766 Abs. 2 1. Hs. ZPO enthält einen einheitlichen Tatbestand für Weigerungen desselben im Vollstreckungsverfahren.[143] Diese können darauf gerichtet sein, die beantragten Vollstreckungsmaßnahmen überhaupt nicht oder nicht dem Auftrag des Gläubigers entsprechend durchzuführen. Darüber hinaus ist nach § 766 Abs. 2 2. Hs ZPO die Überprüfung des Kostenansatzes des Gerichtsvollziehers möglich.

Eine Vollstreckungserinnerung ist auch dann zulässig, wenn der Gerichtsvollzieher ausschließlich gegen die in der Geschäftsanweisung für Gerichtsvollzieher geregelten Dienstvorschriften des Gerichtsvollziehers verstößt. Alleiniger Prüfungsmaßstab der Vollstreckungserinnerung bleibt jedoch auch insoweit das Gesetz. Aus diesem Grund können Verstöße gegen die GVGA mit der Erinnerung nur geltend gemacht werden, wenn es sich gleichzeitig um Verstöße gegen die ZPO handelt.[144]

2. Sofortige Beschwerde

Nach § 793 ZPO kann sich der Rechtsbehelfsführer mit der sofortigen Beschwerde gegen Entscheidungen wenden, die im Vollstreckungsverfahren ohne mündliche Verhandlung ergehen können.

Diese Vorschrift eröffnet die sofortige Beschwerde nach §§ 567 ff. ZPO in der Zwangsvollstreckung.[145] Da nach § 128 Abs. 4 ZPO außerhalb des Urteilsverfahrens eine mündliche Verhandlung grundsätzlich fakultativ ist,

---

143 Wieczorek/Schütze/*Spohnheimer*, § 766 Rn. 40; Saenger/*Kindl*, § 766 Rn. 8.

144 OLG Hamm DGVZ 1977, 40 f.; LG Koblenz DGVZ 1998, 58, 59; *Gaul*, ZZP 87 (1974), 241, 253; Zöller/*Herget*, § 766 Rn. 18; Stein/Jonas/*Münzberg*, § 766 Rn. 2; a.A. Wieczorek/Schütze/*Spohnheimer*, § 766 Rn. 32.

145 Anders/Gehle/*Vogt-Beheim*, § 793 Rn. 1.

kann die sofortige Beschwerde auch erhoben werden, wenn vor der Entscheidung mündlich verhandelt wurde.[146]

Gegenstand des Rechtsbehelfs sind zum Beispiel Entscheidungen des Vollstreckungsgerichts gegen die Vollstreckungserinnerung.[147] Insbesondere sind Entscheidungen i.S.v. § 793 ZPO solche der Vollstreckungsorgane im Zwangsvollstreckungsverfahren.[148]

Nicht anwendbar ist die sofortige Beschwerde jedoch auf die Vollstreckungshandlungen des Gerichtsvollziehers. Dies folgt aus § 567 Abs. 1 ZPO. Danach ist die sofortige Beschwerde nur gegen Entscheidungen des Amts- oder Landgerichts zulässig, mithin muss es sich um gerichtliche Entscheidungen handeln.[149]

Darüber hinaus sind spezielle Rechtsbehelfe vorrangig gegenüber der sofortigen Beschwerde. Für das Zwangsversteigerungsverfahren gelten mit § 94 bis § 105 ZVG besondere Vorschriften. Der sofortigen Beschwerde vorgehende Rechtsbehelfe sind auch in den §§ 71 ff. GBO für die Tätigkeit des Grundbuchamts als Vollstreckungsorgan geregelt.[150]

3. Rechtsbehelfe gegen Entscheidungen des Rechtspflegers gem. § 11 RPflG

Der Beruf des Rechtspflegers wurde erst mit Inkrafttreten des Rechtspflegergesetzes[151] im Jahr 1957 eingeführt. Es wurden jedoch bereits die Entscheidungen des Gerichtsschreibers, der als Vorgänger des Rechtspflegers gilt, als selbstständig anfechtbare Entscheidungen angesehen.[152]

Heute ist der Rechtspfleger nach § 20 Abs. 1 Nr. 17 S. 1 RpflG regelmäßig als Vollstreckungsgericht tätig. Gem. § 11 Abs. 1 RpflG finden gegen dessen Entscheidungen die Rechtsbehelfe Anwendung, die nach den allgemeinen Verfahrensvorschriften zulässig sind. Für das Rechtsbehelfsverfahren ergeben sich daher keine

---

146 Wieczorek/Schütze/*Spohnheimer*, § 793 Rn. 11; Kindl/Meller-Hannich/*Handke*, § 793 Rn. 3; MünchKomm-ZPO/*K. Schmidt/Brinkmann*, § 793 Rn. 6; BeckOK-ZPO/*Preuß*, § 793 Rn. 6.

147 Schuschke/Walker/Kessen/Thole/*Walker/Thole*, § 793 Rn. 1; BeckOK-ZPO/*Preuß*, § 793 Rn. 6.

148 Kindl/Meller-Hannich/*Handke*, § 793 Rn. 1.

149 Wieczorek/Schütze/*Spohnheimer*, § 793 Rn. 5.

150 Musielak/Voit/*Lackmann*, § 793 Rn. 1; BeckOK-ZPO/*Preuß*, § 793 Rn. 2.

151 Gesetz über Maßnahmen auf dem Gebiete der Gerichtsverfassung und des Verfahrensrechts (Rechtspflegergesetz) vom 8.2.1957, BGBl. 1957 I 18.

152 Siehe dazu: *Fleischmann*, ZZP 30 (1902), 521 f.

Besonderheiten aus dem Umstand, dass anstelle des Richters der Rechtspfleger für die Vollstreckungshandlung funktionell zuständig war. Im Rahmen der Zwangsvollstreckung sind Entscheidungen des Rechtspflegers mit den allgemein statthaften Rechtsbehelfen wie der Vollstreckungserinnerung nach § 766 Abs. 1 ZPO[153] oder die sofortige Beschwerde nach § 793 ZPO[154] anfechtbar.[155]

Einen besonderen Rechtsbehelf bietet § 11 Abs. 2 RpflG. Die sog. Rechtspflegererinnerung[156] ist statthaft, wenn der Rechtspfleger als Vollstreckungsgericht eine Entscheidung trifft, gegen die andernfalls kein Rechtmittel möglich wäre. Im Rahmen der Zwangsvollstreckung findet die Rechtspflegererinnerung im Eilrechtsschutz Anwendung. Eilentscheidungen wie solche nach § 769 Abs. 2 S. 1 ZPO trifft das Vollstreckungsgericht. Funktionell ist gem. § 20 Abs. 1 Nr. 17 S. 1 RpflG der Rechtspfleger zuständig. Da gegen diese Eilentscheidungen grundsätzlich kein Rechtsmittel eingelegt werden kann, die in Art. 19 Abs. 4 GG kodifizierte Rechtsweggarantie aber eine Überprüfbarkeit der Entscheidungen des Rechtspflegers durch einen Richter erfordert, ist zur Erwirkung einer richterlichen Entscheidung die Einlegung der befristeten Erinnerung nach § 11 Abs. 2 RPflG möglich.[157]

4. Vollstreckungsabwehrklage

Die Vollstreckungsabwehrklage[158] nach § 767 ZPO, die auch als Vollstreckungsgegenklage[159] bezeichnet wird, ist eine Klageart, die dem Vollstreckungsschuldner[160] vorbehalten ist. Beklagter ist der im Titel oder der Klausel genannte Vollstreckungsgläubiger.[161]

---

153 Schuschke/Walker/Kessen/Thole/*Walker/Thole*, § 766 Rn. 11; Wieczorek/Schütze/ *Spohnheimer*, § 766 Rn. 29.

154 Prütting/Gehrlein/*Scheuch*, § 793 Rn. 4.

155 Rosenberg/Schwab/Gottwald/*Gottwald*, § 25 Rn. 5.

156 *Brox/Walker*, Zwangsvollstreckungsrecht, § 42 Rn. 5; Schuschke/Walker/Kessen/ Thole/*Walker/Thole*, § 766 Rn. 11.

157 *Brox/Walker*, Zwangsvollstreckungsrecht, § 42 Rn. 5, 7.

158 MünchKomm-ZPO/*K. Schmidt/Brinkmann*, § 767 Rn. 1; Kindl/Meller-Hannich/ *Schneiders*, § 767 Rn. 1; Terminologie nach: *Reichel*, AcP 133 (1931) 19, 20.

159 RGZ 100, 98, 100; Kindl/Meller-Hannich/*Schneiders*, § 767 Rn. 1; MünchKomm-ZPO/*K. Schmidt/Brinkmann*, § 767 Rn. 1; *Brox/Walker*, Zwangsvollstreckungsrecht, § 42 Rn. 6; *von Sachsen Gessaphe*, Zwangsvollstreckungsrecht, Rn. 515; Terminologie nach: *Kohler*, AcP 72 (1888) 1, 12 ff.

160 BGH NJW 2006, 3716; Schuschke/Walker/Kessen/Thole/*Raebel*, § 767 Rn. 13a.

161 BGHZ 92, 347, 348; 120, 387, 391; Stein/Jonas/*Münzberg*, § 767 Rn. 10.

Spiegelbildlich zu dem dargestellten Vollstreckungsanspruch[162] des Gläubigers liegt der Vollstreckungsabwehrklage der privatrechtliche Vollstreckungsbeseitigungs- oder Unterlassungsanspruch[163] des Schuldners zu Grunde. Sie trägt dem Umstand Rechnung, dass der Titel lediglich die Rechtsbeziehungen zwischen Gläubiger und Schuldner abbildet, wie sie sich im Moment seiner Entstehung darstellen. Schon unmittelbar nach Titelerlass kann sich die Rechtslage zwischen den Parteien zum Beispiel durch Erfüllung oder Abtretung des titulierten Anspruchs an einen Dritten ändern. Im Zwangsvollstreckungsverfahren findet jedoch grundsätzlich keine Prüfung der materiellen Rechtslage statt. Ein Ausgleich kann in Form einer nachträglichen Richtigstellung mit der Klage nach § 767 ZPO erreicht werden.[164]

Ein grundlegender Unterschied zur Vollstreckungserinnerung nach § 766 ZPO besteht darin, dass mit der Vollstreckungsabwehrklage nicht einzelne Vollstreckungsmaßnahmen angegriffen werden, sondern die Vollstreckbarkeit des Titels im Ganzen.[165]

Gegenstand der Klage ist mithin nicht der dem Titel zugrunde liegende materiellrechtliche Anspruch, sondern die Vollstreckbarkeit des Titels.[166] Das bedeutet, dass das der Klage stattgebende Urteil keine Feststellung dahingehend enthält, dass der materielle Anspruch nicht oder nur zum Teil besteht. Ziel der Vollstreckungsabwehrklage ist vielmehr der gerichtliche Ausspruch, dass die Zwangsvollstreckung aus dem Urteil fortan ganz oder teilweise unzulässig ist.[167] Erst aufgrund des der Klage stattgebenden Urteils muss das Vollstreckungsorgan auch solche materiellen Einwendungen beachten, die sich nicht in der Form des § 775 Nr. 4 und 5 ZPO nachweisen lassen.[168]

---

162 Siehe B.I.
163 BGHZ 167, 150, 154; *Kainz*, S. 131 ff.; *Bettermann* in FS Weber, 87, 93; Schuschke/Walker/Kessen/Thole/*Raebel*, § 767 Rn. 11.
164 *Wendland*, ZZP 129 (2016), 351, 369 f.; MünchKomm-ZPO/*K. Schmidt/Brinkmann*, § 767 Rn. 1; Saenger/*Kindl*, § 767 Rn. 1.
165 BGH NJW 1960, 2286; NJOZ 2005, 3992, 3994; Musielak/Voit/*Lackmann*, § 767 Rn. 1; Kindl/Meller-Hannich/*Schneiders*, § 767 Rn. 2; Wieczorek/Schütze/*Spohnheimer*, § 767 Rn. 4.
166 BGHZ 55, 255, 256; 85, 367, 371; BGH NJOZ 2005, 3992, 3994; NJW-RR 2008, 1512, 1513; NJW 2009, 1282, 1283; *Burgard*, ZZP 106 (1993), 23, 36; MünchKomm-ZPO/*K.Schmidt/Brinkmann*, § 767 Rn. 2; Saenger/*Kindl*, § 767 Rn. 1; a.A. *Münch*, S. 318 ff.
167 Stein/Jonas/*Münzberg*, § 767 Rn. 7.
168 *Blomeyer*, AcP 165 (1965), 481, 492; Wieczorek/Schütze/*Spohnheimer*, § 767 Rn. 1.

5. Drittwiderspruchsklage

Auch die Drittwiderspruchsklage nach § 771 ZPO schöpft ihre Daseinsberechtigung aus der Formalisierung der Zwangsvollstreckung.

Sowohl bei der Zwangsvollstreckung in das bewegliche Vermögen als auch im Rahmen der Immobiliarvollstreckung erfolgt keine eingehende Prüfung dahingehend, ob der Gegenstand, in den vollstreckt werden soll, zu dem für die titulierte Forderung haftenden Vermögen gehört.[169] Der Gerichtsvollzieher prüft nach § 808 Abs. 1 ZPO grundsätzlich nur, ob Gewahrsam an dem zu vollstreckenden Gegenstand besteht oder gem. § 809 ZPO, ob der Dritte zur Herausgabe des Gegenstands bereit ist. Genauso prüfen sowohl das Grundbuchamt gem. § 39 Abs. 1 GBO als auch das Vollstreckungsgericht im Rahmen der Immobiliarvollstreckung nach § 17 Abs. 1 ZVG lediglich, ob der Schuldner im Grundbuch eingetragen ist. Die Vollstreckungsorgane ermitteln nicht die wirklichen Eigentumsverhältnisse.[170] Für die Forderungsvollstreckung genügt es ebenfalls, dass der Gläubiger die Zugehörigkeit der Forderung zum Vermögen des Schuldners geltend macht.[171] Fällt diese Prüfung positiv aus, ist auch die Vollstreckungshandlung rechtmäßig.[172]

Fremdes Eigentum an dem Vollstreckungsgegenstand oder die Forderungsinhaberschaft eines Dritten kann nicht mit der Vollstreckungserinnerung nach § 766 ZPO geltend gemacht werden, wenn die Vollstreckungshandlung den verfahrensrechtlichen Regelungen entspricht.[173] Um formell rechtmäßige Vollstreckungshandlungen wegen materieller Unzulässigkeit anzugreifen, ist die Drittwiderspruchsklage der richtige Rechtsbehelf. Der materielle Einwand besteht darin, dass der Gegenstand, in den vollstreckt wird, nicht für die Titelschuld hafte.

Ist die Drittwiderspruchsklage erfolgreich, wird die Zwangsvollstreckung in einen bestimmten Gegenstand für unzulässig erklärt.[174]

---

169 Stein/Jonas/*Münzberg*, § 771 Rn. 1; Saenger/*Kindl*, § 771 Rn. 1.
170 Wieczorek/Schütze/*Spohnheimer*, § 771 Rn. 1.
171 Prütting/Gehrlein/*Scheuch*, § 771 Rn. 1.
172 RGSt 19, 69, 70 f.; Stein/Jonas/*Münzberg*, § 771 Rn. 1; Saenger/*Kindl*, § 771 Rn. 1.
173 Schuschke/Walker/Kessen/Thole/*Raebel/Thole* § 771 Rn. 1.
174 Wieczorek/Schütze/*Spohnheimer*, § 771 Rn. 1.

6. Widerspruchsklage

Die Widerspruchsklage nach § 878 ZPO ist nicht mit der Drittwiderspruchs-klage nach § 770 ZPO zu verwechseln. Es handelt sich um eine spezielle Kla-geart, die das Verteilungsverfahren nach §§ 872 ff. ZPO betrifft. Dieses findet gem. § 872 ZPO statt, wenn in der Mobiliarzwangsvollstreckung ein Geldbetrag hinterlegt wurde, der nicht zur Befriedigung sämtlicher am Verfahren betei-ligter Gläubiger ausreicht. Die beteiligten Gläubiger können dem Teilungsplan widersprechen und so die Ausführung desselben verhindern.[175] Die Klage nach § 878 ZPO soll in dem formal ausgestalteten Verteilungsverfahren dem materiell Berechtigten zu seinem Recht verhelfen, indem dieser im Klageverfahren neben Vollstreckungsmängeln[176] auch einen besseren Rang im Rahmen der Forde-rungspfändung[177] und materielle Einwendungen[178] geltend machen kann. Das Begehren des Klägers ist auf die Abänderung des Teilungsplans durch das der Widerspruchsklage nach § 880 ZPO stattgebende Urteil gerichtet.[179]

7. Klage auf vorzugsweise Befriedigung

Die Klage auf vorzugsweise Befriedigung gem. § 805 ZPO weist Parallelen zur Drittwiderspruchsklage auf. Auch die Klage nach § 805 ZPO wird von einem Dritten gegen den Gläubiger geführt. Betrachtet man die Rechtsschutzziele der beiden Klagearten, kann sie als Ergänzung der Interventionsklage nach § 771 ZPO bezeichnet werden.[180] Denn mit der Klage auf vorzugsweise Befriedi-gung wird nicht die Verhinderung der Zwangsvollstreckung in einen bestimmten Gegenstand erstrebt, sondern die Beteiligung an der Zwangsvollstreckung. Sie ist darauf gerichtet, den Kläger nach der Verwertung eines Gegenstands bis zur Höhe seiner Forderung vor dem Beklagten aus dem Reinerlös zu befriedigen.[181]

Die Vorschrift des § 805 ZPO dient dem Schutz des Inhabers eines Ver-wertungsrechts an der Sache, der gegenüber dem die Zwangsvollstreckung

---

175 Stein/Jonas/*Bartels*, § 878 Rn. 1.
176 Prütting/Gehrlein/*Zempel*, § 878 Rn. 7; Schuschke/Walker/Kessen/Thole/*Walker/ Grieß*, § 878 Rn. 12 ff.
177 Prütting/Gehrlein/*Zempel*, § 878 Rn. 8.
178 Stein/Jonas/*Bartels*, § 878 Rn. 27; Prütting/Gehrlein/*Zempel*, § 878 Rn. 9; Schuschke/ Walker/Kessen/Thole/*Walker/Grieß*, § 878 Rn. 12 ff.
179 Schuschke/Walker/Kessen/Thole/*Walker/Grieß*, § 878 Rn. 2.
180 Prütting/Gehrlein/*Schmaltz*, § 805 Rn. 1.
181 Wieczorek/Schütze/*Lüke*, § 805 Rn. 25; Schuschke/Walker/Kessen/Thole/*Walker/ Loyal*, § 805 Rn. 6; Prütting/Gehrlein/*Schmaltz*, § 805 Rn. 6.

betreibenden Gläubiger einem besseren oder den gleichen Rang hat.[182] Dabei darf es sich jedoch nicht um ein Pfändungspfandrecht handeln, da zu dessen Geltendmachung allein die Widerspruchsklage nach § 878 ZPO statthaft ist.[183] Anwendung findet § 805 ZPO grundsätzlich im Rahmen der Pfändung von körperlichen Sachen wegen einer Geldforderung.[184]

Hat die Klage Erfolg, zahlt der Gerichtsvollzieher oder – sofern die Zwangsvollstreckung zuvor einstweilen eingestellt wurde – die Hinterlegungsstelle den Verwertungserlös in Höhe der Forderung des Klägers an diesen aus. Wenn die Forderung noch nicht fällig ist, wird der Erlös zugunsten des Klägers hinterlegt.[185]

8. Grundbuchbeschwerde

Die Grundbuchbeschwerde nach den §§ 71 ff. GBO ist der statthafte Rechtsbehelf, wenn das Grundbuchamt als Vollstreckungsorgan tätig war. Der Rechtsbehelf geht sowohl der Vollstreckungserinnerung nach § 766 ZPO[186] als auch der sofortigen Beschwerde gem. § 793 ZPO[187] vor. Die materiellrechtliche Einwendung, dass die Zwangssicherungshypothek auf dem Grundstück des falschen Eigentümers eingetragen wurde, kann jedoch mit der Drittwiderspruchsklage nach § 771 ZPO geltend gemacht werden.[188]

---

182 Prütting/Gehrlein/*Schmaltz*, § 805 Rn. 1.
183 MünchKomm-ZPO/*Gruber*, § 805 Rn. 22; Schuschke/Walker/Kessen/Thole/*Walker/ Loyal*, § 805 Rn. 3; Musielak/Voit/*Flockenhaus*, § 805 Rn. 4; Wieczorek/Schütze/*Lüke*, § 805 Rn. 6; a.A. für den Fall, dass kein Gewahrsam des Gläubigers/Gerichtsvollziehers besteht: Anders/Gehle/*Vogt-Beheim*, § 805 Rn. 4.
184 Zöller/*Herget*, § 805 Rn. 2; Schuschke/Walker/Kessen/Thole/*Walker/Loyal*, § 805 Rn. 3; Prütting/Gehrlein/*Schmaltz*, § 805 Rn. 1; Saenger/*Rainer/Kemper*, § 805 Rn. 3; MünchKomm-ZPO/*Gruber*, § 805 Rn. 7; zu dem Ausnahmefall des § 825 ZPO: Musielak/Voit/*Flockenhaus*, § 805 Rn. 2; für die Anwendbarkeit im Falle eines Vertragspfandrechts an einem GmbH-Geschäftsanteil: OLG Hamm NJW-RR 1990, 233.
185 Saenger/*Rainer/Kemper*, § 805 Rn. 13.
186 OLG Stuttgart WM 1985, 1371; Schuschke/Walker/Kessen/Thole/*Walker/Thole*, § 766 Rn. 4; Prütting/Gehrlein/*Scheuch*, § 766 Rn. 11; Saenger/*Kindl*, § 766 Rn. 4; MünchKomm-ZPO/*K. Schmidt/Brinkmann*, § 766 Rn. 14; Wieczorek/Schütze/*Spohnheimer*, § 766 Rn. 1.
187 RGZ 48, 242, 243; OLG Köln MDR 2009, 52; MünchKomm-ZPO/*K. Schmidt/Brinkmann*, § 766 Rn. 14; Prütting/Gehrlein/*Scheuch*, § 793 Rn. 2.
188 BGH Rpfleger 2007, 134; Prütting/Gehrlein/*Scheuch*, § 771 Rn. 7.

9. Vollstreckungsschutzantrag nach § 765a ZPO

Eine Art Auffangvorschrift im Rechtsbehelfssystem der Zwangsvollstreckung stellt der Vollstreckungsschutzantrag nach § 765a ZPO dar.[189] Mit diesem Antrag kann der Schuldner sich gegen eine Zwangsvollstreckungsmaßnahme wehren, die für ihn eine besondere Härte bedeutet und nicht mit den guten Sitten vereinbar ist. Der Antrag nach § 765a Abs. 1 ZPO kann sich auf jedwede Vollstreckungsmaßnahme beziehen, unabhängig von dem zuständigen Vollstreckungsorgan oder der Art des Titels.[190] Der Vollstreckungsschutz nach § 765a Abs. 2 ZPO ist dagegen auf die Herausgabevollstreckung des Gerichtsvollziehers und der Antrag nach § 765a Abs. 3 ZPO auf Räumungssachen beschränkt.[191]

Mit dem Vollstreckungsschutzantrag gem. § 765a ZPO wendet sich der Schuldner – anders als bei der Vollstreckungsabwehrklage – nicht gegen die Zwangsvollstreckung aus dem Titel insgesamt. Gegenstand des Antrags ist vielmehr eine einzelne Zwangsvollstreckungsmaßnahme.[192] Es handelt sich um eine sehr eng auszulegende Ausnahmevorschrift, die besondere Umstände erfordert, unter denen sich die Vollstreckungsmaßnahme für den Schuldner als sittenwidrige Härte darstellt.[193]

10. Weiterer Untersuchungsgegenstand

Der weitere Untersuchungsgegenstand soll sich auf die Rechtsbehelfe beschränken, die verfahrenspraktisch die größte Bedeutung aufweisen und gleichzeitig die meisten Diskussionspunkte im juristischen Diskurs bieten. Dabei handelt es sich um die Rechtsbehelfe der Vollstreckungserinnerung und der sofortigen Beschwerde. Im Rahmen der vollstreckungsspezifischen Klagearten werden die Vollstreckungsabwehrklage, die Drittwiderspruchsklage sowie die Klage auf vorzugsweise Befriedigung näher beleuchtet.

---

189 MünchKomm-ZPO/*Heßler*, § 765a Rn. 7.
190 BeckOK-ZPO/*Ulrici*, § 765a Rn. 1; MünchKomm-ZPO/*Heßler*, § 765a Rn. 10 f.
191 BeckOK-ZPO/*Ulrici*, § 765a Rn. 1.
192 Schuschke/Walker/Kessen/Thole/*Raebel*, § 767 Rn. 9.
193 MünchKomm-ZPO/*Heßler*, § 765a Rn. 6; Kindl/Meller-Hannich/*Bendtsen*, § 765a Rn. 33; *Prütting/Stickelbrock*, Zwangsvollstreckungsrecht, S. 260 f.; a.A. *Herberger*, Menschenwürde in der Zwangsvollstreckung, S. 327 f.

III. Zuständigkeiten für die Bescheidung

Grundlegende Bedeutung für die Systematik der Rechtsbehelfe hat auch das für ihre Bescheidung zuständige Gericht. Ob und inwieweit der gerichtlichen Entscheidung Abhilfebefugnisse des jeweiligen Vollstreckungsorgans vorausgehen, ist für einen effektiven Rechtsschutz wesentlich. Auf beiden Ebenen lassen sich erste Parallelen, aber auch Unterschiede feststellen.

1. Zuständiges Gericht

Beherrscht wird die Frage des zuständigen Gerichts von der Vorschrift des § 802 ZPO. Diese regelt, dass die im achten Buch der ZPO normierten Gerichtsstände ausschließlicher Art und damit gem. § 40 Abs. 2 S. 1 Nr. 2 ZPO der Disposition der Parteien entzogen sind.

Bei einem Vergleich der zuständigen Gerichte wird augenscheinlich, dass die Zuständigkeit des Gerichts, in dessen Bezirk die Zwangsvollstreckung stattfindet, zwar dominiert, der Gesetzgeber insoweit aber keine umfassende Zuständigkeit begründet hat.

So divergieren die für die Vollstreckungserinnerung nach § 766 ZPO und die sofortige Beschwerde nach § 793 ZPO i.V.m. §§ 567 ff. ZPO zuständigen Gerichte, obwohl beide Rechtsbehelfe in der Sache gleichermaßen eine Kontrolle der Tätigkeit des Vollstreckungsorgans eröffnen.

Für die Vollstreckungserinnerung verbleibt die Zuständigkeit bei dem sachnahen Vollstreckungsgericht. Dabei handelt es sich nach § 764 Abs. 2 ZPO grundsätzlich um das Amtsgericht, in dessen Bezirk das Vollstreckungsverfahren stattfinden soll oder stattgefunden hat. Das Beschwerdegericht entscheidet dagegen nur ausnahmsweise über die Erinnerung. Einziger Anwendungsfall ist der erstmalige Erlass einer Vollstreckungsmaßnahme durch das Beschwerdegericht selbst anlässlich einer Beschwerde gegen eine Entscheidung des Vollstreckungsgerichts.[194]

Hinsichtlich der sofortigen Beschwerde bestimmt § 793 ZPO lediglich die Statthaftigkeit des Rechtsbehelfs. Das Beschwerdeverfahren ergibt sich aus den Regelungen der §§ 567 ff. ZPO.[195] Zuständig für die Bescheidung der sofortigen Beschwerde ist gem. § 568 ZPO i.V.m. § 72 Abs. 1 S. 1 GVG zumeist das

---

194 BGHZ 187, 132, 134 ff.; MünchKomm-ZPO/*K. Schmidt/Brinkmann*, § 766 Rn. 21; Saenger/*Kindl*, § 766 Rn. 13, 8; Stein/Jonas/*Münzberg*, § 766 Rn. 10.

195 Schuschke/Walker/Kessen/Thole/*Walker/Thole*, § 793 Rn. 2; Wieczorek/Schütze/ *Spohnheimer*, § 793 Rn. 26.

Landgericht.[196] Das Oberlandesgericht ist nach § 119 Abs. 1 Nr. 2 GVG für Beschwerden gegen Entscheidungen des Landgerichts zuständig, welche dieses als Prozessgericht des ersten Rechtszuges nach §§ 887 ff. ZPO trifft.[197]

Eine einheitliche Zuständigkeit ist auch nicht für die speziellen Klagen der Zwangsvollstreckung geregelt. Insoweit bestimmt sich das anzurufende Gericht nach dem Kriterium der Sachnähe.

Für die Vollstreckungsabwehrklage ist gem. § 767 Abs. 1 ZPO das Prozessgericht des ersten Rechtszuges zuständig. Im Hinblick darauf, dass mit der Klage materielle Einwendungen gegen den titulierten Anspruch geltend gemacht werden, ist es sachgemäß, diese Klage bei dem Gericht anzusiedeln, das im Erkenntnisverfahren den Anspruch tituliert hat. Für Titel, die nicht in einem gerichtlichen Erkenntnisverfahren geschaffen wurden, besteht die Zuständigkeit des fiktiven Streitgerichts. Dies gilt für Vollstreckungsbescheide nach § 796 Abs. 3 2. Var. ZPO und für notarielle Urkunden gem. § 797 Abs. 5 S. 1 Nr. 2 ZPO. Für Prozessvergleiche wird konsequenterweise die Zuständigkeit des Gerichts angenommen, das für den Rechtsstreit erstinstanzlich zuständig war.[198] Das Kriterium der Sachnähe geht so weit, dass das Prozessgericht des ersten Rechtszuges für die Entscheidung über die Vollstreckungsabwehrklage auch dann für zuständig erachtet wird, wenn dessen Zuständigkeit im Erkenntnisverfahren nur irrtümlich angenommen wurde.[199]

Für die Drittwiderspruchsklage gilt dies nicht. Sachnähe wird jedoch auch insoweit erreicht, als in § 771 Abs. 1 ZPO geregelt ist, dass die Klage bei dem Gericht geltend zu machen ist, in dessen Bezirk die Zwangsvollstreckung erfolgt. Gemeint ist das Gericht, in dessen Bezirk die Zwangsvollstreckung begonnen hat.[200] Damit ist nur die örtliche Zuständigkeit nach § 802 ZPO ausschließlich geregelt. Das sachlich zuständige Gericht bestimmt sich nach den allgemeinen Vorschriften.[201] Für die Streitwertberechnung ist die Vorschrift des § 6 ZPO maßgeblich.[202]

---

196 Zöller/*Geimer*, § 793 Rn. 4.
197 Schuschke/Walker/Kessen/Thole/*Walker/Thole*, § 793 Rn. 2; Wieczorek/Schütze/ *Spohnheimer*, § 793 Rn. 25.
198 Zöller/*Herget*, § 767 Rn. 10; Saenger/*Kindl*, § 767 Rn. 16; Schuschke/Walker/Kessen/ Thole/*Raebel*, § 767 Rn. 14.
199 Saenger/*Kindl*, § 767 Rn. 16; Stein/Jonas/*Münzberg*, § 767 Rn. 46; Zöller/*Herget*, § 767 Rn. 10.
200 RGZ 35, 404, 406; Prütting/Gehrlein/*Scheuch*, § 767 Rn. 41; Zöller/*Herget*, § 771 Rn. 8.
201 Musielak/Voit/*Lackmann*, § 771 Rn. 7; Saenger/*Kindl*, § 771 Rn. 15.
202 Wieczorek/Schütze/*Spohnheimer*, § 771 Rn. 67; MünchKomm-ZPO/*K. Schmidt/Brinkmann*, § 771 Rn. 55.

Die örtliche Zuständigkeit für die Klage auf vorzugsweise Befriedigung ist mit der Vorschrift des § 805 Abs. 2 ZPO – je nach dem Wert des Streitgegenstands – an das zuständige Vollstreckungsgericht oder an das Landgericht geknüpft, in dessen Bezirk das Vollstreckungsgericht seinen Sitz hat. Anders als bei der Drittwiderspruchsklage ist die sachliche Zuständigkeit als ausschließliche geregelt.[203] Aber auch für die Klage auf vorzugsweise Befriedigung wird die sachliche Zuständigkeit des Amts- oder Landgerichts nach den allgemeinen Regelungen und der Streitwert insbesondere nach § 6 ZPO ermittelt.[204] Im Ergebnis bestimmt sich die sachliche und örtliche Zuständigkeit der Klage auf vorzugsweise Befriedigung daher größtenteils entsprechend der Drittwiderspruchsklage.[205]

2. Abhilfebefugnis

Eine Abhilfebefugnis des Vollstreckungsorgans kommt nur in Form einer Selbstkontrolle in Betracht. Da im Rahmen der hier untersuchten Rechtsbehelfe lediglich die Vollstreckungserinnerung und die sofortige Beschwerde eine Rechtmäßigkeitskontrolle der Tätigkeit des Vollstreckungsorgans bieten, sind auch nur diese beiden Rechtsbehelfe einer vorherigen Abhilfe des Vollstreckungsorgans zugänglich.

Für die sofortige Beschwerde gem. § 793 ZPO, die sich hinsichtlich des Verfahrens nach den §§ 567 ff. ZPO richtet, regelt § 572 Abs. 1 S. 1 1. Hs. ZPO eine Abhilfemöglichkeit des Vollstreckungsorgans.

Problematisch ist die Abhilfebefugnis dagegen im Rahmen der Vollstreckungserinnerung. Insoweit enthält das Gesetz keine ausdrückliche Regelung. Eine Abhilfemöglichkeit als Selbstkontrolle des Vollstreckungsorgans könnte der Norm des § 572 Abs. 1 S. 1 1. Hs. ZPO als verallgemeinerungsfähiger Grundsatz entnommen werden.[206] An dieser Stelle zeigen sich jedoch erste Brüche. Während dem Rechtspfleger in seiner funktionellen Zuständigkeit als Vollstreckungsgericht auch im Rahmen der Vollstreckungserinnerung eine Abhilfebefugnis zugesprochen wird,[207] wird dem Gerichtsvollzieher nur

203 Schuschke/Walker/Kessen/Thole/*Walker/Loyal*, § 805 Rn. 5.
204 MünchKomm-ZPO/*Gruber*, § 805 Rn. 29; Musielak/Voit/*Flockenhaus*, § 805 Rn. 2; Prütting/Gehrlein/*Schmaltz*, § 805 Rn. 3.
205 Schuschke/Walker/Kessen/Thole/*Walker/Loyal*, § 805 Rn. 5; Stein/Jonas/*Münzberg*, § 805 Rn. 26.
206 Vgl. OLG Koblenz Rpfleger 1978, 226.
207 OLG Düsseldorf JZ 1960, 258; OLG Frankfurt Rpfleger 1979, 111 f.; OLG Koblenz Rpfleger 1978, 226 f.; Schuschke/Walker/Kessen/Thole/*Walker/Thole*, § 766 Rn. 30; Stein/Jonas/*Münzberg*, § 766 Rn. 5; Saenger/*Kindl*, § 766 Rn. 15.

eine eingeschränkte Abhilfebefugnis zuerkannt und die Aufhebung von Vollstreckungsmaßnahmen verwehrt.[208]

IV. Gemeinsame Ausgangspunkte der Rechtsbehelfe

Die vollstreckungsspezifischen Rechtsbehelfe sind in Anbetracht des jeweiligen Rechtsschutzziels unterschiedlich ausgestaltet. Im Hinblick auf verfahrenspraktische Fragestellungen, aber auch in rechtsdogmatischer Hinsicht lassen sich hingegen auch Gemeinsamkeiten erkennen.

1. Rechtsnatur

Ganz grundlegend stellt sich die Frage nach der Rechtsnatur des jeweiligen Vollstreckungsrechtsbehelfs. Eine dahingehende Einordnung der Rechtsbehelfe vermag Aufschluss über die bestehenden Strukturen und die dahinterstehende gesetzgeberische Intention zu geben.

a) Erinnerung gegen die Art und Weise der Zwangsvollstreckung

Die Rechtsnatur der Vollstreckungserinnerung ist bis heute umstritten.

Früher wurde die Vorschrift des § 766 ZPO vereinzelt[209] als bloße Zuständigkeitsnorm bewertet. Heute wird dagegen die Eigenständigkeit der Vollstreckungserinnerung im Rahmen des Rechtsbehelfssystems betont.[210]

Bis heute besteht jedoch die Ansicht, dass die vorgenommene oder begehrte Vollstreckungshandlung als Verwaltungsakt zu verstehen sei, welcher der Anfechtungsklage und der Verpflichtungsklage nach der Verwaltungsgerichtsordnung unterstellt werden sollte.[211] Die Anwendung der

---

208 Schuschke/Walker/Kessen/Thole/*Walker/Thole*, § 766 Rn. 30; Stein/Jonas/*Münzberg*, § 766 Rn. 2; Saenger/*Kindl*, § 766 Rn. 15; Wieczorek/Schütze/*Spohnheimer*, § 766 Rn. 69; *Gaul/Schilken/Becker-Eberhard*, Zwangsvollstreckungsrecht, § 37 Rn. 55.
209 *Blomeyer*, Rpfleger 1969, 279; *Gaul*, ZZP 87 (1974), 241, 256 f.
210 Siehe dazu: Wieczorek/Schütze/*Spohnheimer*, § 766 Rn. 6.
211 *Hein*, ZZP 69 (1956), 231, 244 ff.; *Stamm*, Die Prinzipien und Grundstrukturen des Zwangsvollstreckungsrechts, S. 523 ff.; *ders.*, NJW 2021, 2563, 2568; zur Anfechtungsklage: *Blomeyer*, Die Erinnerungsbefugnis Dritter in der Mobiliarzwangsvollstreckung, S. 26 ff., 34, 42 f.

Verwaltungsgerichtsordnung auf die in der Zwangsvollstreckung geltenden Klagearten wird in diesem Zusammenhang aber abgelehnt.[212]

Es ist nicht von der Hand zu weisen, dass die Vollstreckungserinnerung, mit der fehlerhafte, aber dennoch wirksame Vollstreckungshandlungen geltend gemacht werden können, Bezüge zu der für den Verwaltungsprozess geltenden Anfechtungsklage und der Verpflichtungsklage aufweist.[213] Führt man sich die Grundzüge des Zwangsvollstreckungsverfahrens vor Augen, wird jedoch deutlich, dass die Anwendung von Klagen der Verwaltungsgerichtsordnung auf die Zwangsvollstreckung zwischen Privatpersonen abzulehnen ist. Das Vollstreckungsorgan nimmt mit der Durchsetzung eines privatrechtlichen Anspruchs im Wege der Zwangsvollstreckung zwar das staatliche Gewaltmonopol wahr, die Dispositionsbefugnis über dieses Verfahren verbleibt jedoch beim Vollstreckungsgläubiger. Er allein bestimmt, ob die Zwangsvollstreckung überhaupt durchgeführt wird und kann sie jederzeit beenden. Die Dispositionsbefugnis, über die der Gläubiger im Erkenntnisverfahren verfügt, behält er auch im Zwangsvollstreckungsverfahren. Letzteres unterliegt zwar zwingenden Regelungen, gesetzlich geregelt ist aber auch das Erkenntnisverfahren. Genauso entsprechen die Darlegungs- und Beweisverpflichtungen des Vollstreckungsschuldners denjenigen, die er auch im Erkenntnisverfahren einzuhalten hatte. Nunmehr im Rechtsbehelfsverfahren die bis dahin geltenden Verfahrensmaximen aufzulösen und sie durch diejenigen einer anderen Gerichtsbarkeit zu ersetzen, würde einen systematischen Bruch darstellen. Die gleichzeitige Anwendung der ZPO auf die verwaltungsgerichtlichen Klagearten würde zu einer Aufspaltung des bestehenden Rechtsbehelfssystems in zwei unterschiedliche Verfahrensordnungen führen. Da der damit einhergehenden Vertiefung der Komplexität des Rechtsbehelfssystems kein erheblicher Nutzen gegenübersteht, kann die Einführung von öffentlich-rechtlichen Rechtsbehelfen in die geltenden Regelungen nicht befürwortet werden.

---

212 *Stamm*, Die Prinzipien und Grundstrukturen des Zwangsvollstreckungsrechts, S. 671 ff.

213 So auch: Wieczorek/Schütze/*Spohnheimer*, § 766 Rn. 2.

b) Vollstreckungsspezifische Klagen

aa) Vollstreckungsabwehrklage

Hinsichtlich der Rechtsnatur der Vollstreckungsabwehrklage ist die Auffassung herrschend[214], dass es sich um eine prozessuale Gestaltungsklage handelt. Diese nehme dem Titel die Vollstreckbarkeit.[215]

Andere[216] behandeln die Klage als Beseitigungs- und Unterlassungsklage. Dagegen wird vorgebracht, dass der beklagte Gläubiger die Vollstreckbarkeit nicht selbst aufheben könne. Erst die Vollstreckbarerklärung des der Klage stattgebenden Urteils habe die Wirkung des § 775 Nr. 1 ZPO.[217]

Ein neuer Begründungsansatz geht dahin, den Abwehranspruch aus § 241 Abs. 2 BGB abzuleiten.[218] Richtigerweise wird insoweit angenommen, dass sich aus dem Vollstreckungsverhältnis Schutzpflichten des Gläubigers gegen den Schuldner ergeben.[219] Es geht indes zu weit, aus der Vorschrift des § 241 Abs. 2 BGB vermögensschützende, einem Titel die Vollstreckbarkeit nehmende Abwehrrechte ableiten zu wollen. Das Vollstreckungsverhältnis besteht nur inter partes zwischen dem Gläubiger und dem Schuldner. Sich daraus ergebende Abwehrrechte vermögen kein Vollstreckungshindernis zu begründen. Vielmehr muss die Zwangsvollstreckung dafür i.S.v. § 775 Nr. 1 ZPO für unzulässig „erklärt werden". Das bedingt einen rechtsgestaltenden gerichtlichen Ausspruch.

---

214 RGZ 100, 98, 100 f.; 165, 374, 380; BGHZ 22, 54, 56; 85, 367, 371; 127, 146, 149; 176, 35, 40; *Fischer*, ZZP 43 (1913), 87, 92; *Lukes*, ZZP 72 (1959), 99, 115; *Lüke*, JuS 1969, 301, 302; *Braun*, ZZP 89 (1976), 93, 96; *Brehm*, ZIP 1983, 1420, 1421; *Thole*, ZZP 124 (2011), 45, 65; *Haberzettl*, NJOZ 2021, 289, 290; Musielak/Voit/*Lackmann*, § 767 Rn. 2; MünchKomm-ZPO/*K. Schmidt/Brinkmann*, § 767 Rn. 3; Stein/Jonas/*Münzberg*, § 767 Rn. 6; Prütting/Gehrlein/*Scheuch*, § 767 Rn. 1; Saenger/*Kindl*, § 767 Rn. 1; Wieczorek/Schütze/*Spohnheimer*, § 767 Rn. 5; *Baur/Stürner/Bruns*, Zwangsvollstreckungsrecht, Rn. 45.3; *Pohlmann/Schäfers*, Zwangsvollstreckungsrecht, Rn. 155.

215 RGZ 100, 98, 100; Anders/Gehle/*Hunke*, § 767 Rn. 2; Schuschke/Walker/Kessen/Thole/*Raebel*, § 767 Rn. 12; *Pohlmann/Schäfers*, Zwangsvollstreckungsrecht, Rn. 155.

216 *Blomeyer*, AcP 165 (1965), 481, 486 ff.; *ders.*, Zivilprozeßrecht, Vollstreckungsverfahren, S. 126 f.; die verschiedenen Funktionen miteinander kombinierend: *K. Schmidt* in FS 50 Jahre BGH, Bd. III, 491 f.

217 Schuschke/Walker/Kessen/Thole/*Raebel*, § 767 Rn. 12; eingehend dazu: *Kainz*, S. 131 ff.; kritisch dazu: *Windel*, ZZP 102 (1989), 175, 183 ff.

218 *Schmidt*, ZZP 132 (2019), 463, 478 ff.

219 *Schmidt*, ZZP 132 (2019), 463, 482 ff.

Nach einer weiteren Auffassung ist die Vollstreckungsabwehrklage als allgemeine Feststellungsklage einzuordnen.[220] Gegen die Gestaltungswirkung der Vollstreckungsgegenklage wird eingewendet, dass die rechtsgestaltende Wirkung durch das Vollstreckungsorgan selbst herbeigeführt werde, indem es nach §§ 775 Nr. 1, 776 S. 1 ZPO die Zwangsvollstreckung einstelle bzw. bereits ergangene Vollstreckungsmaßnahmen aufhebe. Das nach § 767 ZPO ergehende Urteil stelle nur materielle Einwendungen gegen den titulierten Anspruch fest.[221]

Dieser Zuordnung steht jedoch entgegen, dass die der Klage stattgebende Entscheidung nicht nur ein Recht oder ein Rechtsverhältnis bindend feststellt.[222] Die stattgebende Entscheidung nimmt dem angegriffenen Titel die Vollstreckbarkeit. Im Unterschied zu materiellen Gestaltungsurteilen tritt diese Wirkung nicht erst mit der Rechtskraft des Urteils, sondern bereits mit dessen Vollstreckbarerklärung ein. Einer richterlichen Untersagung der Fortsetzung der Zwangsvollstreckung bedarf es nicht, da nach § 775 Nr. 1 ZPO mit der Vorlage einer Ausfertigung der vollstreckbaren Entscheidung kraft Gesetzes eine entsprechende Anordnung an das Vollstreckungsorgan ergeht.[223]

bb) Drittwiderspruchsklage

Hinsichtlich der Drittwiderspruchsklage besteht ein ähnlich diverses Meinungsbild. Wie bei der Vollstreckungsabwehrklage ordnet die herrschende Meinung[224] die Drittwiderspruchsklage als prozessuale Gestaltungsklage ein. Auch hier wird aber die Ansicht vertreten, es handle sich um eine allgemeine Feststellungsklage.[225] Insbesondere ältere Auffassungen gehen dahin, die

---

220 *Stamm*, Die Prinzipien und Grundstrukturen des Zwangsvollstreckungsrechts, S. 555 ff.; *ders.*, NJW 2021, 2563, 2568.

221 *Stamm*, Die Prinzipien und Grundstrukturen des Zwangsvollstreckungsrechts, S. 556 f.

222 MünchKomm-ZPO/*K. Schmidt/Brinkmann*, § 767 Rn. 3; auch eine Anordnung des stattgebenden Urteils ablehnend: *Lüke*, JuS 1969, 301, 302.

223 Schuschke/Walker/Kessen/Thole/*Raebel*, § 767 Rn. 12.

224 BGHZ 58, 207, 212 ff.; 164, 176, 178; *Henckel*, AcP 174 (1974), 97, 109; *Lüke*, JuS 1969, 301, 302; Thomas/Putzo/*Seiler*, § 771 Rn. 1; MünchKomm/*K. Schmidt/ Brinkmann*, § 771 Rn. 3; BeckOK-ZPO/*Preuß*, § 771 Rn. 1; Stein/Jonas/*Münzberg*, § 771 Rn. 4; Wieczorek/Schütze/*Spohnheimer*, § 771 Rn. 1; Schuschke/Walker/Kessen/Thole/*Raebel/Thole*, § 771 Rn. 2; Prütting/Gehrlein/*Scheuch*, § 771 Rn. 1; näher zu den Wirkungen des der Klage stattgebenden Urteils: *Wieser*, ZZP 102 (1989), 261, 263.

225 *Stamm*, Die Prinzipien und Grundstrukturen des Zwangsvollstreckungsrechts, S. 586 ff., 592.

Drittwiderspruchsklage als Beseitigungs- und Unterlassungsklage[226] oder als eine gegen den Vollstreckungsgläubiger gerichtete Leistungsklage auf Herausgabe oder Freigabe des Vollstreckungsgegenstands zu verstehen.[227] Wegen ihres negatorischen Charakters wird aber auch dafür plädiert, die Drittwiderspruchsklage als gemischt materiell-prozessrechtliche Klageart zu begreifen.[228]

Obwohl die Drittwiderspruchsklage sich anerkanntermaßen auf einen bestimmten Vollstreckungsgegenstand beschränkt und damit keine umfassenden Auswirkungen auf das Vollstreckungsverhältnis zwischen dem Gläubiger und dem Schuldner hat, kommt einem stattgebenden Urteil Gestaltungswirkung zu. Diese wird etwa darauf bezogen, dass das angenommene Befriedigungsrecht des Gläubigers mit Wirkung für Jedermann verbindlich ausgeschlossen werde.[229] Überzeugender ist es jedoch, die gestaltende Wirkung in dem Normgeflecht des Zwangsvollstreckungsrechts zu suchen. Das der Drittwiderspruchsklage stattgebende Urteil wirkt gestaltend, da der Zwangsvollstreckung in den Gegenstand, an dem das Interventionsrecht des Dritten besteht, die Zulässigkeit aberkannt und auf diese Weise nach § 775 Nr. 1 ZPO qua Gesetzes ein Vollstreckungshindernis geschaffen wird.[230]

cc) Klage auf vorzugsweise Befriedigung

Weniger Meinungsverschiedenheiten bestehen in Bezug auf den Rechtscharakter der Klage auf vorzugsweise Befriedigung. Diese wird vornehmlich als prozessuale Gestaltungsklage eingeordnet.[231] Anders als bei der Drittwiderspruchsklage geht der Tenor des stattgebenden Urteils einer Klage nach § 805 ZPO nicht so weit, die Zwangsvollstreckung in einen Gegenstand gänzlich für unzulässig zu

---

226 *Schulz*, AcP 105 (1909), 1, 394; *Blomeyer*, AcP 165 (1965) 481, 486 ff.; *Bettermann* in FS Weber, 87, 88 ff.; *Picker*, JZ 2014, 431, 434 ff.

227 *Blomeyer*, AcP 165 (1965), 481, 491 f.

228 *Baur/Stürner/Bruns*, Zwangsvollstreckungsrecht, Rn. 46.2; *Prütting/Weth*, JuS 1988, 505, 506 f.

229 MünchKomm-ZPO/*K. Schmidt/Brinkmann*, § 771 Rn. 3.

230 BGHZ 58, 207, 212 ff.; Stein/Jonas/*Münzberg*, § 771 Rn. 4; Schuschke/Walker/Kessen/Thole/*Raebel/Thole*, § 771 Rn. 3.

231 *Geißler*, NJW 1985, 1865, 1872; Stein/Jonas/*Münzberg*, § 805 Rn. 15; Wieczorek/Schütze/*Spohnheimer*; Zöller/*Herget*, § 805 Rn. 7; Saenger/*Kemper*, § 805 Rn. 2; Musielak/Voit/*Flockenhaus*, § 805 Rn. 1; Anders/Gehle/*Vogt-Beheim*, § 805 Rn. 7; Pohlmann/*Schäfers*, Zwangsvollstreckungsrecht, Rn. 733; offengelassen, ob prozessuale Gestaltungsklage oder besondere Form der Feststellungsklage: BeckOK-ZPO/*Fleck*, § 805 Rn. 3; Schuschke/Walker/Kessen/Thole/*Walker/Loyal*, § 805 Rn. 2.

erklären. Vielmehr bezweckt diese Klageart die vorrangige Befriedigung des Klägers.[232]

dd) Zwischenergebnis

Zusammenfassend lässt sich festhalten, dass sämtliche der näher betrachteten vollstreckungsspezifischen Klagen überwiegend und auch überzeugend als prozessuale Gestaltungsklagen kategorisiert werden. Das dagegen angeführte Argument, das prozessbeendende Urteil selbst weise lediglich das Vollstreckungsorgan an, bestimmte Vollstreckungshandlungen auszuführen oder zu unterlassen,[233] verfängt nicht. Dass es einer Umsetzung des Urteils bedarf, nimmt diesem nicht die Gestaltungswirkung. Vielmehr ist dies dem Umstand geschuldet, dass das Vollstreckungsorgan für die praktische Umsetzung der gerichtlichen Entscheidung zuständig ist. Dieses Spezifikum des Vollstreckungsrechts ist nicht nur grundlegend für das Vollstreckungsverfahren, es setzt sich auch im Rechtsbehelfsverfahren fort.

2. Verfahrenspraktische Rechtsschutzziele

Dass diese Einordnung der im achten Buch der ZPO geregelten Klagearten der Systematik des Gesetzes entspricht, verdeutlichen die mit den jeweiligen Rechtsbehelfen verfolgten Rechtsschutzziele.

Mit der erfolgreichen Klage auf vorzugsweise Befriedigung erreicht der Kläger die vorrangige Erlösauskehr durch den Gerichtsvollzieher oder die Hinterlegungsstelle. Begehrt wird die Auszahlung des Reinerlöses, die nur gegen Vorlage einer Ausfertigung des der Klage stattgebenden Urteils stattfindet.[234]

Die der Vollstreckungsabwehrklage und der Drittwiderspruchsklage stattgebenden Urteile schaffen dagegen Vollstreckungshindernisse. Es handelt sich um vollstreckbare Entscheidungen nach § 775 Nr. 1 ZPO, aus deren Tenor sich ergibt, dass künftige Vollstreckungsmaßnahmen insgesamt, zum Teil,[235] oder beschränkt auf einen bestimmten Vollstreckungsgegenstand[236] unzulässig sind. Wird entgegen diesem Vollstreckungshindernis vollstreckt, bleibt die

---

232 Prütting/Gehrlein/*Schmaltz*, § 805 Rn. 1.

233 *Schlosser*, S. 100 f.

234 Schuschke/Walker/Kessen/Thole/*Walker/Loyal*, § 805 Rn. 23; Stein/Jonas/*Münzberg*, § 805 Rn. 24.

235 Bzgl. der Vollstreckungsabwehrklage: *Haberzettl*, NJOZ 2021, 289, 290; Wieczorek/Schütze/*Spohnheimer*, § 767 Rn. 93; Stein/Jonas/*Münzberg*, § 767 Rn. 51.

236 Bzgl. der Drittwiderspruchsklage: Stein/Jonas/*Münzberg*, § 771 Rn. 5.

Vollstreckungsmaßnahme zwar wirksam. Die rechtswidrige Vollstreckungs-handlung kann wegen des fehlerhaften Verhaltens des Vollstreckungsorgans aber wiederum mit der Vollstreckungserinnerung bzw. mit der sofortigen Beschwerde angefochten werden.[237] Dieser Verfahrensablauf verdeutlicht sehr eindrucksvoll das Zusammenspiel der Rechtsbehelfe untereinander.

Ex lege ergibt sich aus den die Vollstreckungsabwehrklage und die Drittwi-derspruchsklage beendenden Urteilen die Anordnung an das zuständige Voll-streckungsorgan, die Zwangsvollstreckung gem. § 775 Nr. 1 ZPO einzustellen und nach § 776 S. 1 ZPO zugleich die bereits getroffenen Vollstreckungsmaß-regeln aufzuheben. Hinsichtlich noch nicht erfolgter Vollstreckungsmaßnah-men nimmt das der Vollstreckungsabwehrklage stattgebende Urteil dem Titel die Vollziehbarkeit.[238] Im Falle der Drittwiderspruchsklage beschränkt sich diese Wirkung auf einen bestimmten Gegenstand.[239] Die Entscheidungen heben bereits getroffene Vollstreckungsmaßregeln dagegen nicht selbst auf. Ihre Gestaltungswirkung äußert sich aber darin, dass sie die Tatbestandsvorausset-zungen für den Eintritt des von dem Vollstreckungsorgan zu beachtenden Voll-streckungshindernisses schaffen.

Die Entscheidung über die Vollstreckungserinnerung und die sofortige Beschwerde unterscheidet sich von derjenigen über die Klagen im Vollstre-ckungsverfahren dadurch, dass im Rahmen dieser Rechtsbehelfsverfahren allein etwaige Verfahrensfehler des Vollstreckungsorgans geprüft werden. Das hat zur Folge, dass das für die Entscheidung zuständige Vollstreckungsgericht eine fehlerhafte Vollstreckungsmaßnahme nicht selbst aufhebt, sondern die kon-krete Vollstreckungsmaßnahme für unzulässig erklärt oder das Vollstreckungs-organ anweist, die Vollstreckungsmaßnahme selbst aufzuheben.[240] Erklärt das entscheidende Gericht die Vollstreckungsmaßnahme für unzulässig, hebt das Vollstreckungsorgan diese entsprechend § 775 Nr. 1 ZPO i.V.m. § 776 S. 1 ZPO auf.[241] Eine Aufhebungsbefugnis hat das Vollstreckungsgericht nur dann, wenn es über eine eigene Vollstreckungsmaßnahme entscheidet,[242] etwa über die

---

237 Wieczorek/Schütze/*Spohnheimer*, § 767 Rn. 93; Stein/Jonas/*Münzberg*, § 767 Rn. 51, § 771 Rn. 8.

238 Saenger/*Kindl*, § 767 Rn. 25.

239 Stein/Jonas/*Münzberg*, § 771 Rn. 5, 65.

240 Wieczorek/Schütze/*Spohnheimer*, § 766 Rn. 79; Schuschke/Walker/Kessen/Thole/ *Walker/Thole*, § 766 Rn. 40; Stein/Jonas/*Münzberg*, § 766 Rn. 44.

241 BGH MDR 2005, 648, 649; Prütting/Gehrlein/*Scheuch*, § 766 Rn. 26.

242 RGZ 84, 200, 203; BGHZ 66, 394, 395; Prütting/Gehrlein/*Scheuch*, § 766 Rn. 26; Wiec-zorek/Schütze/*Spohnheimer*, § 766 Rn. 79.

Rechtsmäßigkeit einer Forderungspfändung.[243] Dies hat verfahrenspraktische Gründe. So ist zum Beispiel ein von dem Gerichtsvollzieher nach § 808 Abs. 2 S. 2 ZPO angebrachtes Pfandsiegel zweckmäßigerweise vor Ort und von ihm selbst zu beseitigen.[244]

Denselben Grundsätzen entsprechend, weist das Vollstreckungsgericht im Falle der Stattgabe der Vollstreckungserinnerung nach § 766 Abs. 2 ZPO den Gerichtsvollzieher an, die von dem Vollstreckungsgläubiger beantragte Vollstreckungsmaßnahme durchzuführen oder es erklärt den Kostenansatz in einer bestimmten Höhe für unzulässig.[245]

V. Historische Entwicklung des Rechtsbehelfssystems

Für die Auswertung des Verbesserungspotenzials des derzeitigen Rechtsbehelfssystems der Zwangsvollstreckung ist die Betrachtung seiner Entstehung und Fortentwicklung sehr aufschlussreich. Anfänge finden sich in der Zivilprozessordnung von 1877, die nicht nur prägend, sondern bis heute das Modell für den Rechtsschutz in der Zwangsvollstreckung darstellt.

1. Die Intention des Gesetzgebers

Ein Blick auf die Ursprünge des Zwangsvollstreckungsrechts im Allgemeinen und die Vorschriften zu den Rechtsbehelfen in der Zwangsvollstreckung im Besonderen verdeutlicht, wie sorgfältig sich die Urväter der Zivilprozessordnung mit der Thematik beschäftigt haben.

Die Idee der Rechtsdurchsetzung durch den Staat anstelle der Selbsthilfe des Einzelnen setzte sich bereits im Mittelalter durch.[246]

Eine aus heutiger Sicht wünschenswerte Aufmerksamkeit erhielt der Zivilprozess im 19. Jahrhundert.[247] Auslöser war die Unzufriedenheit mit dem Gemeinen Zivilprozess. Dieser entstand aus der Rezeption des in Italien entwickelten italienisch-kanonischen Prozesses im 14. und 15. Jahrhundert. Das

243 Saenger/*Kindl*, § 766 Rn. 17; Schuschke/Walker/Kessen/Thole/*Walker*/*Thole*, § 766 Rn. 40; Stein/Jonas/*Münzberg*, § 766 Rn. 44.

244 Schuschke/Walker/Kessen/Thole/*Walker*/*Thole*, § 766 Rn. 40; Stein/Jonas/*Münzberg*, § 766 Rn. 44.

245 Wieczorek/Schütze/*Spohnheimer*, § 766 Rn. 78.

246 *Wetzell*, System des ordentlichen Cicilprozesses, S. 3 ff.; *Gaul*, ZZP 112 (1999), 135, 144; *Nesemann*, ZZP 119 (2006), 87.

247 *Nörr*, ZZP 87 (1974), 277.

schriftlich und unter Ausschluss der Öffentlichkeit geführte Verfahren galt im Deutschen Reich subsidiär neben der jeweiligen Territorialgesetzgebung. Wegen seiner Schwerfälligkeit prägte den Gemeinen Prozess der Begriff der Prozessverschleppung.[248] Er war bestimmt und gleichzeitig gelähmt von der Personalunion zwischen Richter und Vollstreckungsorgan. Anders als heute, sah die in vielen Gebieten des Deutschen Reiches bestehende Gesetzgebung vor, dass das Prozessgericht auch für die Leitung der Vollstreckung zuständig ist.[249] Es bestand eine Einheit von „Kognition und Zwang"[250]. Dies galt nicht nur für das Erkenntnisverfahren. Auch die Zwangsvollstreckung wurde als träge und wenig wirksam kritisiert.[251]

Gerade die zweite Hälfte des 19. Jahrhunderts prägte jedoch ein fortschreitender Liberalismus, der sich auch auf die Zwangsvollstreckung auswirkte.[252] Mit den Reichsjustizgesetzen, in deren Zuge die Civilprozessordnung in ihrer Fassung von 1877 (CPO) im Jahr 1879 in Kraft trat, wurde erstmalig ein einheitliches nationales Zivilprozessrecht geschaffen. Noch bevor das materielle Zivilrecht mit Einführung des Bürgerlichen Gesetzbuchs im Jahr 1900 vereinheitlicht wurde, erhielten weite Teile Deutschlands ein neues Zivilverfahren.[253] Dieses fand seine Grundlagen zwar in der Partikulargesetzgebung, schaffte jedoch erstmalig Rechtseinheit auf dem Gebiet des Zivilprozessrechts.[254]

Der Gesetzgeber erkannte, dass die Notwendigkeit, das Prozessgericht für jede einzelne Vollstreckungshandlung anzurufen, die Verfahrensdauer und die Komplexität der Vollstreckung erhöhte. Gleichzeitig erbrachte die richterliche Aufsicht über die einzelnen Vollstreckungsakte keinen diesem Aufwand entsprechenden Nutzen. Denn der Vollstreckungsbeamte führte auch damals schon die Vollstreckung unter der formalen Leitung des Gerichts selbstständig aus.[255]

Anstelle der zentralen Prozessleitung sollte die Zwangsvollstreckung daher dezentral unter Hinzuziehung unterschiedlicher Zwangsvollstreckungsorgane

---

248 Wieczorek/Schütze/*Prütting*, Einleitung Rn. 1; Stein/Jonas/*Brehm*, vor § 1 Rn. 128 f.
249 *Stürner*, ZZP 99 (1986), 291, 311.
250 *Wetzell*, System des ordentlichen Cicilprozesses, S. 515, 601, 633 ff., 985 f.; *Gaul*, ZZP 112 (1999), 135, 144.
251 *Nörr*, ZZP 87 (1974), 277, 283.
252 *Kern*, ZZP 80 (1967), 325, 326.
253 *Bettermann*, ZZP 91 (1978), 365, 367.
254 *Stürner*, ZZP 99 (1986), 291, 311.
255 *Hahn*, Materialien zur Zivilprozeßordnung, Bd. 2, Abt. 1, S. 422; *Stürner*, ZZP 99 (1986), 291, 311 f.

ausgestaltet werden.[256] Als Vorbild diente das französische Gerichtsvollzieher-
system. Neuartig war indes, dass die Aufgabenverteilung um ein weiteres Vollstreckungsorgan – das Vollstreckungsgericht – erweitert wurde.[257] So regelte die
mit dem heutigen § 753 Abs. 1 ZPO nahezu wortgleiche Vorschrift des § 674
S. 1 CPO ausdrücklich, dass die Zwangsvollstreckung durch den Gerichtsvollzieher erfolgt, soweit sie nicht den Gerichten zugewiesen ist.[258] Das Vollstreckungsgericht wurde mit § 684 CPO eingeführt.[259] Auch diese Regelung findet sich fast
inhaltsgleich in dem geltenden § 764 ZPO. Es verblieben aber auch originäre
Vollstreckungszuständigkeiten bei dem Prozessgericht.[260] Dabei handelte es sich
um die Zwangsvollstreckung zur Erwirkung von Handlungen und Unterlassungen nach §§ 773 ff. CPO.[261] Diese Kompetenzverteilung gilt bis heute.[262]

Zudem enthielt die CPO von 1877 bereits die bis in die Gegenwart bestehende Unterscheidung zwischen den verschiedenen Vollstreckungsgegenständen und den Ansprüchen, wegen derer vollstreckt wird. Exemplarisch seien
die Regelungen in den §§ 712 ff. CPO und den §§ 729 ff. CPO genannt, welche
die Zwangsvollstreckung wegen Geldforderungen in körperliche Sachen dem
Gerichtsvollzieher und die Zwangsvollstreckung in Forderungen und andere
Vermögensrechte dem Vollstreckungsgericht zuwiesen.[263]

Um die Zwangsvollstreckung durch nichtrichterliche Zwangsvollstreckungsorgane effektiv zu gestalten, entschied sich der historische Gesetzgeber für die
Abtrennung des Erkenntnisverfahrens von der Zwangsvollstreckung.[264] Zum
Zwecke einer schnellen und wirkungsvollen Vollstreckung durch nichtrichterliche Zwangsvollstreckungsorgane wurde auf die materielle Prüfung des
ihr zugrunde liegenden Anspruchs sowie die Klärung der Zugehörigkeit des

---

256 *Wendland*, ZZP 129 (2016), 351, 375.
257 *Hahn*, Materialien zur Zivilprozeßordnung, Bd. 2, Abt. 1, S. 422; *Gaul*, ZZP 112 (1999),
    135, 145 f.
258 *Hahn*, Materialien zur Zivilprozeßordnung, Bd. 2, Abt. 2, S. 1711.
259 *Hahn*, Materialien zur Zivilprozeßordnung, Bd. 2, Abt. 2, S. 1713.
260 *Gaul*, Rpfleger 1971, 81, 82.
261 *Hahn*, Materialien zur Zivilprozeßordnung, Bd. 2, Abt. 2, S. 1727 f.
262 Siehe §§ 887 ff. ZPO.
263 *Hahn*, Materialien zur Zivilprozeßordnung, Bd. 2, Abt. 2, S. 1721 ff.
264 *Hahn*, Materialien zur Zivilprozeßordnung, Bd. 2, Abt. 2, S. 433; *Wieczorek/Schütze/
    Paulus*, Vor § 704 Rn. 35 f.; *Gaul*, Rpfleger 1971, 81 f.; *Wendland*, ZZP 129 (2016),
    351, 370.

Vollstreckungsobjekts zum Schuldnervermögen im Rahmen des Zwangsvollstreckungsverfahrens verzichtet.[265]

Damit einher ging das Erfordernis, ein Rechtsbehelfssystem auszuarbeiten, das nicht nur Rechtsschutz gegen richterliche Entscheidungen gewährleistete, sondern auch beachtete, dass eine Vielzahl von Vollstreckungshandlungen von nichtrichterlichen Zwangsvollstreckungsorganen ausgeführt wurden.[266]

Mit der Einführung der Vollstreckungsgegenklage wollte der Gesetzgeber einen Ausgleich zwischen den verschiedenen Interessen des Gläubigers und des Schuldners als Parteien des Zwangsvollstreckungsverfahrens, aber auch zwischen ihnen und der Allgemeinheit schaffen. Die Zwangsvollstreckung sollte erleichtert, jedoch gleichzeitig dem Schuldner mit Instrumenten wie der Vollstreckungsgegenklage die Möglichkeit gewährt werden, bei Veränderungen der dem Vollstreckungstitel zu Grunde liegenden Umstände den staatlichen Zugriff zu verhindern.[267] Dass diese Ideen nicht neuartig waren, zeigt ein Blick in den Jüngsten Reichsabschied von 1654.[268] In dessen § 37 war kodifiziert, dass Einwendungen so bald als möglich vorzutragen sind.[269]

Auch die Drittwiderspruchsklage war im Jahr 1877 kein Novum. Ähnliche Vorschriften fanden sich bereits zuvor in der Territorialgesetzgebung wie zum Beispiel in § 583 der Allgemeinen bürgerlichen Proceß-Ordnung für das Königreich Hannover aus dem Jahr 1850. Mit der Drittwiderspruchsklage sollte, unabhängig von der Frage der Ausführung der Vollstreckung, über materielle Rechte Dritter entschieden werden können.[270]

2. Synopse

Die Gegenüberstellung der Vorschriften über die Rechtsbehelfe in der Zwangsvollstreckung aus der CPO von 1877 mit der heutigen Rechtslage verdeutlicht die an kaum einer anderen Stelle zu findende Deckungsgleichheit der Regelungen.

---

265 *Hahn*, Materialien zur Zivilprozeßordnung, Bd. 2, Abt. 2, S. 433 f.; *Gaul*, ZZP 112 (1999), 135, 145 f.

266 *Hahn*, Materialien zur Zivilprozeßordnung, Bd. 2, Abt. 2, S. 436 f.

267 *Hahn*, Materialien zur Zivilprozeßordnung, Bd. 2, Abt. 2, S. 436 ff.; *Wesser*, ZZP 113 (2000), 161, 181 f.

268 *Burgard*, ZZP 106 (1993), 23.

269 Sammlung der Reichsabschiede, Neudruck 1967 der Ausgabe von 1747, Theil 3, S. 648 f.

270 *Hahn*, Materialien zur Zivilprozeßordnung, Bd. 2, Abt. 2, S. 441 f.; *Francke*, ZZP 38 (1909), 361, 373 f.

Die Vollstreckungserinnerung war damals in § 685 CPO normiert.

§ 685 CPO[271]	§ 766 ZPO
Ueber Anträge, Einwendungen und Erinnerungen, welche die Art und Weise der Zwangsvollstreckung oder das bei derselben vom Gerichtsvollzieher zu beobachtende Verfahren betreffen, entscheidet das Vollstreckungsgericht. Dasselbe ist befugt, die in § 668 Abs. 2 bezeichneten Anordnungen [einstweilige Anordnungen] zu erlassen.	Über Anträge, Einwendungen und Erinnerungen, welche die Art und Weise der Zwangsvollstreckung oder das vom Gerichtsvollzieher bei ihr zu beobachtende Verfahren betreffen, entscheidet das Vollstreckungsgericht. Es ist befugt die in § 732 Abs. 2 bezeichneten Anordnungen [einstweilige Anordnungen] zu erlassen.
Dem Vollstreckungsgerichte steht auch die Entscheidung zu, wenn ein Gerichtsvollzieher sich weigert, einen Vollstreckungsauftrag zu übernehmen oder eine Vollstreckungshandlung dem Auftrage gemäß auszuführen, oder wenn in Ansehung der von dem Gerichtsvollzieher in Ansatz gebrachten Kosten Erinnerungen erhoben werden.	Dem Vollstreckungsgericht steht auch die Entscheidung zu, wenn ein Gerichtsvollzieher sich weigert, einen Vollstreckungsauftrag zu übernehmen oder eine Vollstreckungshandlung dem Auftrag gemäß auszuführen, oder wenn wegen der von dem Gerichtsvollzieher in Ansatz gebrachen Kosten Erinnerungen erhoben werden.

Außer redaktionellen Änderungen finden sich keinerlei Unterschiede zwischen dem damaligen Gesetzeswortlaut zur Vollstreckungserinnerung und dem heutigen.

Entsprechendes lässt sich auch hinsichtlich der vormals in der Vorschrift des § 701 CPO geregelten sofortigen Beschwerde feststellen.

§ 701 CPO[272]	§ 793 ZPO
Gegen Entscheidungen, welche im Zwangsvollstreckungsverfahren ohne vorgängige mündliche Verhandlung erfolgen können, findet sofortige Beschwerde statt.	Gegen Entscheidungen, die im Zwangsvollstreckungsverfahren ohne mündliche Verhandlung ergehen können, findet sofortige Beschwerde statt.

Die besonderen Vollstreckungsklagen wurden ebenfalls bereits mit der Civilprozessordnung von 1877 eingeführt. Nahezu wortgleich und lediglich unter einer

---

271 *Hahn*, Materialien zur Zivilprozeßordnung, Bd. 2, Abt. 2, S. 1713.
272 *Hahn*, Materialien zur Zivilprozeßordnung, Bd. 2, Abt. 2, S. 1716.

anderen Nummerierung finden sie sich in der heutigen Verfahrensordnung wieder.

§ 686 CPO[273]	§ 767 ZPO
Einwendungen, welche den durch das Urtheil festgestellten Anspruch selbst betreffen, sind von dem Schuldner im Wege der Klage bei dem Prozeßgericht erster Instanz geltend zu machen.	Einwendungen, die den durch das Urteil festgestellten Anspruch selbst betreffen, sind von dem Schuldner im Wege der Klage bei dem Prozessgericht des ersten Rechtszuges geltend zu machen.
Dieselben sind nur insoweit zulässig, als die Gründe, auf denen sie beruhen, erst nach dem Schlusse derjenigen mündlichen Verhandlung, in welcher Einwendungen in Gemäßheit der Bestimmungen dieses Gesetzes spätestens hätten geltend gemacht werden müssen, entstanden sind und durch Einspruch nicht mehr geltend gemacht werden können.	Sie sind nur insoweit zulässig, als die Gründe, auf denen sie beruhen, erst nach dem Schluss der mündlichen Verhandlung, in der Einwendungen nach den Vorschriften dieses Gesetzes spätestens hätten geltend gemacht werden müssen, entstanden sind und durch Einspruch nicht mehr geltend gemacht werden können.
Der Schuldner muß in der von ihm zu erhebenden Klage alle Einwendungen geltend machen, welche er zur Zeit der Erhebung der Klage geltend zu machen im Stande war.	Der Schuldner muss in der von ihm zu erhebenden Klage alle Einwendungen geltend machen, die er zur Zeit der Erhebung der Klage geltend zu machen imstande war.

§ 690 CPO[274]	§771 ZPO
Behauptet ein Dritter, daß ihm an dem Gegenstande der Zwangsvollstreckung ein die Veräußerung hinderndes Recht zustehe, so ist der Widerspruch gegen die Zwangsvollstreckung im Wege der Klage bei dem Gerichte geltend zu machen, in dessen Bezirke die Zwangsvollstreckung erfolgt.	Behauptet ein Dritter, dass ihm an dem Gegenstand der Zwangsvollstreckung ein die Veräußerung hinderndes Recht zustehe, so ist der Widerspruch gegen die Zwangsvollstreckung im Wege der Klage bei dem Gericht geltend zu machen, in dessen Bezirk die Zwangsvollstreckung erfolgt.

---

273 *Hahn*, Materialien zur Zivilprozeßordnung, Bd. 2, Abt. 2, S. 1713.
274 *Hahn*, Materialien zur Zivilprozeßordnung, Bd. 2, Abt. 2, S. 1714.

Wird die Klage gegen den Gläubiger und den Schuldner gerichtet, so sind beide als Streitgenossen anzusehen.	Wird die Klage gegen den Gläubiger und den Schuldner gerichtet, so sind diese als Streitgenossen anzusehen.
Auf die Einstellung der Zwangsvoll-streckung und die Aufhebung der bereits erfolgten Vollstreckungsmaßregen finden die Vorschriften der §§ 688, 689 [einst-weilige Anordnungen] entsprechende Anwendung. Die Aufhebung einer Vollstre-ckungsmaßregel ist auch ohne Sicherheits-leistung zulässig.	Auf die Einstellung der Zwangsvollstre-ckung und die Aufhebung der bereits getroffenen Vollstreckungsmaßregeln sind die Vorschriften der §§ 769, 770 [einstweilige Anordnungen] entspre-chend anzuwenden. Die Aufhebung einer Vollstreckungsmaßregel ist auch ohne Sicherheitsleistung zulässig.

§ 710 CPO[275]	**§ 805 ZPO**
Der Pfändung einer Sache kann ein Dritter, welcher sich nicht im Besitze der Sache befindet, auf Grund eines Pfand- oder Vor-zugsrechts nicht widersprechen; er kann jedoch seinen Anspruch auf vorzugsweise Befriedigung aus dem Erlöse im Wege der Klage geltend machen, ohne Rücksicht dar-auf, ob seine Forderung fällig ist oder nicht.	Der Pfändung einer Sache kann ein Dritter, der sich nicht im Besitz der Sache befindet, auf Grund eines Pfand- oder Vorzugsrechts nicht widersprechen; er kann jedoch seinen Anspruch auf vor-zugsweise Befriedigung aus dem Erlös im Wege der Klage geltend machen, ohne Rücksicht darauf, ob seine Forderung fällig ist oder nicht.
Die Klage ist bei dem Vollstreckungs-gericht und, wenn der Streitgegenstand zur Zuständigkeit der Amtsgerichte nicht gehört, bei dem Landgerichte zu erheben, in dessen Bezirke das Vollstreckungsgericht seinen Sitz hat.	Die Klage ist bei dem Vollstreckungs-gericht und, wenn der Streitgegenstand zur Zuständigkeit der Amtsgerichte nicht gehört, bei dem Landgericht zu erheben, in dessen Bezirk das Vollstreckungsge-richt seinen Sitz hat.
Wird die Klage gegen den Gläubiger und den Schuldner gerichtet, so sind beide als Streitgenossen anzusehen.	Wird die Klage gegen den Gläubiger und den Schuldner gerichtet, so sind diese als Streitgenossen anzusehen.

---

275 *Hahn*, Materialien zur Zivilprozeßordnung, Bd. 2, Abt. 2, S. 1717 f.

Wird der Anspruch glaubhaft gemacht, so hat das Gericht die Hinterlegung des Erlöses anzuordnen. Die Vorschriften der §§ 688, 689 [einstweilige Anordnungen] finden hierbei entsprechende Anwendung.	Wird der Anspruch glaubhaft gemacht, so hat das Gericht die Hinterlegung des Erlöses anzuordnen. Die Vorschriften der §§ 769, 770 [einstweilige Anordnungen] sind hierbei entsprechend anzuwenden.

Die Tatsache, dass die Vorschriften über die Rechtsbehelfe in der Zwangsvollstreckung - mit Ausnahme von redaktionellen Änderungen - seit fast 150 Jahren nicht fortentwickelt wurden, kann unterschiedlichste Gründe haben. Mangelnde Änderungsvorschläge haben eine Reform jedoch nicht verhindert. Dies zeigt ein Blick in die Vergangenheit. So wurden etwa schon anlässlich der Einführung des Bürgerlichen Gesetzbuchs einzelne Korrekturen gefordert. Im Hinblick auf die Rechtsbehelfe in der Zwangsvollstreckung erschöpften sich diese im Jahr 1896 allerdings darin, für den Fall eines Vergleichsabschluss über die Kostenentscheidung eine Ausnahme von dem Erfordernis einer Vollstreckungsgegenklage gegen den Kostenfestsetzungsbeschluss zuzulassen.[276] Für die Norm über die Drittwiderspruchsklage wurde die Streichung des letzten Satzes, der besagt, dass die Aufhebung einer Vollstreckungsmaßregel auch ohne Sicherheitsleistung zulässig sei, wegen rechtlicher Bedenken angeregt.[277] Diese Vorschläge konnten sich aber nicht durchsetzen.

Eine merkliche Veränderung erfuhren die Vorschriften über die Rechtbehelfe in der Zwangsvollstreckung durch die Vereinfachungs- und Beschleunigungsnovelle im Jahr 1898. Deren Bedeutung ist aber gering, da es sich insoweit nicht um inhaltliche Umgestaltungen der Vorschriften handelte, sondern sich lediglich ihre Nummerierung änderte. Im Zuge dessen wurde etwa § 686 CPO zur Vollstreckungsabwehrklage ohne inhaltliche Änderung in § 767 CPO übernommen und die Drittwiderspruchsklage, die einst in § 690 CPO geregelt war, in § 771 CPO verschoben.[278] Mit Wirkung vom 1. Januar 1903 wurde die CPO in „Zivilprozessordnung (ZPO)" umbenannt.[279]

Im Unterschied zu den kleineren Änderungsvorschlägen wurde ein umfassender Reformentwurf zur Zwangsvollstreckung zu einer Zeit veröffentlicht, in

---

276 *von Harder*, ZZP 22 (1896), 178, 194.
277 *von Harder*, ZZP 22 (1896), 178, 195 f.
278 Siehe die vergleichende Übersicht der Paragrafennummern in: ZZP 24 (1898), 538, 542 f.
279 Wieczorek/Schütze/*Prütting*, Einleitung Rn. 4.

der die Rechtsstaatlichkeit des deutschen Staates zum Erliegen gebracht werden sollte.

3. Der Entwurf 1931

Der sog. Entwurf 1931[280] wurde im Jahr 1931 als Entwurf einer Zivilprozessordnung durch das Reichsjustizministerium veröffentlicht. Er findet seine Anfänge in der Ausarbeitung einer Kommission, die im Jahr 1920 vom damaligen Reichsjustizministerium gebildet wurde.[281] In dem Entwurf werden drei Hauptziele genannt: „1. die Beschleunigung des Verfahrens, 2. die Vereinfachung und Rationalisierung der Prozeßeinrichtungen [und] 3. [die] Durchprüfung sämtlicher bestehender Bestimmungen zwecks Beseitigung von Unstimmigkeiten und Zweifelsfragen, vor allem aber zwecks sachlicher Umgestaltung von Vorschriften, die den Anschauungen und Bedürfnissen der Gegenwart nicht mehr entsprechen". Damit war nicht nur die Umgestaltung der Zivilprozessordnung, sondern die Neuorganisation des gesamten Zivilprozessrechts beabsichtigt.[282]

a) Vollstreckungsverfahren

Vorgesehen war auch eine grundlegende Reform des Zwangsvollstreckungsrechts.[283] Es wurde vorgeschlagen, die Rechtsstellung des Gerichtsvollziehers neutral auszugestalten und ihn von den Interessen des Gläubigers zu emanzipieren. Damit sollte ein hinreichender Schuldnerschutz gewährt werden.[284] Noch weitreichender war indes der Vorschlag, die gesamte Zwangsvollstreckung bei dem Vollstreckungsgericht zu zentralisieren und ihm umfassende Befugnisse einzuräumen.[285] Zum Zwecke der Verbesserung der Sachaufklärung in der Zwangsvollstreckung eröffnete der Entwurf dem Vollstreckungsgericht umfassende Ermittlungsbefugnisse. Das Vollstreckungsgericht sollte selbstständig und ohne von dem Gläubiger dazu beauftragt worden zu sein im Wege des

---

280 *Gaul*, ZZP 85 (1972), 262 ff.; auch Entwurf 31 genannt: *Kern*, ZZP 80 (1967), 329 ff.

281 Erläuterungen zum Entwurf einer Zivilprozessordnung 1931, S. 245; *Rosenberg*, ZZP 57 (1933), 185, 187.

282 *Kern*, ZZP 80 (1967), 325, 330.

283 Erläuterungen zum Entwurf einer Zivilprozessordnung 1931, S. 244; *Stadlhofer-Wissinger*, ZZP 105 (1992), 393, 395.

284 Erläuterungen zum Entwurf einer Zivilprozessordnung 1931, S. 244; *Kern*, ZZP 80 (1967), 325, 330.

285 Erläuterungen zum Entwurf einer Zivilprozessordnung 1931, S. 408 ff.; *Kern*, ZZP 80 (1967), 325, 330.

Offenbarungsverfahrens von dem Schuldner die Darlegung seiner Vermögens-
lage anordnen können.[286] Nach § 770 des Entwurfs war die Zwangsvollstreckung
zwar durch einen Antrag des Gläubigers anzustoßen, die Entscheidung über die
Art ihrer Durchführung sollte dagegen dem Vollstreckungsgericht vorbehalten
bleiben.[287] Damit verbunden war eine Weisungsbefugnis des Vollstreckungsgerichts gegenüber dem Gerichtsvollzieher sowie dessen Unterordnung unter das
Vollstreckungsgericht.[288] Dieses Offizialprinzip sollte jedoch nicht umfassend
gelten. Es war geplant, den Bereich der Immobiliarvollstreckung davon auszu-
nehmen und diese nur auf Antrag des Gläubigers durchzuführen.[289]

Mit der Unterordnung des Gerichtsvollziehers unter die Weisung des Vollstreckungsgerichts sollte gleichzeitig eine umfassende Vollstreckungsbefugnis
des Rechtspflegers Eingang in die Zivilprozessordnung finden.[290] Es war beabsichtigt, mit § 791 des Entwurfs[291] die Möglichkeit zu eröffnen, dem Rechtspfleger die Befugnisse des Vollstreckungsgerichts zu übertragen und in § 1023[292]
einen Richtervorbehalt für einzelne Geschäfte festzulegen. Die hervorgehobene
Stellung des Rechtspflegers sollte dadurch zum Ausdruck gebracht werden, dass
die Gültigkeit des Geschäfts unabhängig davon gelte, ob es von einem Richter
oder einem Rechtspfleger vorgenommen würde.[293]

Für das Zwangsvollstreckungsrecht selbst war die Idee essenziell, das Prioritätsprinzip zum Teil durch das Gleichheitsprinzip zu ersetzen. Grundsätzlich
sollten nach § 883 Abs. 2 S. 1 des Entwurfs alle Gläubiger, für die innerhalb der
ersten zehn Tage seit Entstehung des Pfändungspfandrechts bewegliches Vermögen des Schuldners gepfändet wird, einen anteilsgleichen Anspruch am Gegenstand der Pfändung erlangen.[294]

---

286 Entwurf einer Zivilprozessordnung 1931, S. 174.
287 Entwurf einer Zivilprozessordnung 1931, S. 172; *Klang*, ZZP 58 (1934), 19, 22.
288 § 873 des Entwurfs einer Zivilprozessordnung 1931, S. 201; *Rosenberg*, ZZP 57 (1933),
     185, 204.
289 Entwurf einer Zivilprozessordnung 1931, S. 219; *Klang*, ZZP 58 (1934), 19, 40.
290 *Klang*, ZZP 58 (1934), 19, 40; *Rosenberg*, ZZP 57 (1933), 185, 203 f.
291 Entwurf einer Zivilprozessordnung 1931, S. 178.
292 Entwurf einer Zivilprozessordnung 1931, S. 239 f.
293 Entwurf einer Zivilprozessordnung 1931, S. 178; *Rosenberg*, ZZP 57 (1933), 185, 204.
294 Entwurf einer Zivilprozessordnung 1931, S. 204; *Kern*, ZZP 80 (1967), 325, 333.

b) Rechtsbehelfssystem

Von besonderem Interesse für die Untersuchung ist, dass zum Zwecke der Zentralisierung der Zwangsvollstreckung bei dem Vollstreckungsgericht auch beabsichtigt war, die Rechtsbehelfe in der Zwangsvollstreckung einschneidenden Änderungen zu unterziehen. Dies äußerte sich zunächst darin, dass die Zwangsvollstreckungsvoraussetzungen in § 780 des Entwurfs differenziert wurden. Eine sog. „Rechtsvoraussetzung" sollte eine durch zwingende Vorschrift aufgestellte Vollstreckungsvoraussetzung sein, über die das Vollstreckungsgericht entscheidet. Andere Vollstreckungsvoraussetzungen sollten dagegen bloße „Ordnungsvoraussetzungen" darstellen, die nur im Vollstreckungsverfahren entschieden werden.[295] Als grundlegende Handlungsform des Vollstreckungsgerichts war nach § 782 Abs. 1 des Entwurfs die Verfügung vorgesehen. Der Differenzierung der Vollstreckungsvoraussetzungen folgend sollte nur über Rechtsvoraussetzungen oder aufgrund einer besonderen gesetzlichen Vorschrift durch Beschluss entschieden werden.[296]

Der Rechtsbehelf der „Erinnerung" wurde in dem Entwurf 1931 zwar vergleichbar mit dem heutigen § 766 ZPO ausgestaltet, im Detail lassen sich aber Unterschiede feststellen. Mit dem Rechtsbehelf sollten nach § 838 Abs. 1 S. 2 des Entwurfs die eingeführten Verfügungen des Vollstreckungsgerichts, aber auch solche des Gerichtsvollziehers angegriffen werden können.[297] Jedoch war geplant, dass diese Entscheidung – anders als heute die Entscheidungen gegen Vollstreckungserinnerungen – grundsätzlich nicht durch Beschluss ergeht. Die Entscheidungsform sollte vielmehr nach § 844 auch an dieser Stelle eine unanfechtbare Verfügung sein. Eine Entscheidung über die Erinnerung durch Beschluss war lediglich für den Fall beabsichtigt, dass das Gesetz die Beschlussform vorschreibt oder Gegenstand der Entscheidung eine Rechtsvoraussetzung der Vollstreckung ist.[298]

Das Rechtsbehelfssystem in der Zwangsvollstreckung hätte durch den Entwurf auch im Hinblick auf die besonderen Klageformen an Komplexität gewonnen. Es war ein gestuftes System vorgesehen. So war geplant, dem Vollstreckungsgericht nach § 781 des Entwurfs auch für Einwendungen, welche die Vollstreckungsabwehrklage oder die Drittwiderspruchsklage begründen, die Entscheidungsbefugnis zu übertragen. Dieses sollte nach Anhörung

---

295 Entwurf einer Zivilprozessordnung 1931, S. 204.
296 Entwurf einer Zivilprozessordnung 1931, S. 175 f.; *Klang*, ZZP 58 (1934), 19, 25.
297 Entwurf einer Zivilprozessordnung 1931, S. 191.
298 Entwurf einer Zivilprozessordnung 1931, S. 193.

der Beteiligten selbst bestimmen können, ob es den Rechtsbehelfsführer auf den Rechtsweg verweist.[299] Ein derartiger Beschluss sollte wiederum mit der „besonderen Vollstreckungsbeschwerde" nach §§ 842 f. innerhalb einer Beschwerdefrist von zwei Wochen anfechtbar sein.[300] Beabsichtigt war zudem, die Möglichkeit zu eröffnen, Beschlüsse des Vollstreckungsgerichts wegen Verstößen gegen „Ordnungsvoraussetzungen" mit der „Vollstreckungsbeschwerde" anzufechten, die nach § 840 Abs. 1 des Entwurfs lediglich innerhalb einer Notfrist von einer Woche nach Zustellung des Beschlusses einzulegen gewesen wäre.[301]

Die Befugnisse des Vollstreckungsgerichts sollten darüber hinaus durch eine neue Handlungsoption erweitert werden. Mit den §§ 857 ff. des Entwurfs war die Einführung eines sog. Rückrufs anfechtbar von dem Schuldner veräußerter Gegenstände durch das Vollstreckungsgericht vorgesehen.[302] Damit sollten Hindernisse beseitigt werden können, die der Beschlagnahme des Gegenstands infolge seiner Zugehörigkeit zu dem Vermögen eines Dritten oder wegen dessen Gewahrsam entgegenstehen. Jedoch war dies nicht uneingeschränkt, sondern nur unter den Voraussetzungen beabsichtigt, unter denen der Gläubiger zur Anfechtung einer Rechtshandlung des Schuldners außerhalb des Konkurses berechtigt ist.

Es war auch eine Neufassung der Vollstreckungsabwehrklage in § 845 des Entwurfs[303] geplant. Die Besonderheit dieser Fassung bestand darin, dass mit der Klage nunmehr nicht nur der fehlende Bestand des der Zwangsvollstreckung zu Grunde liegenden Anspruchs oder der Leistungspflicht des Schuldners geltend gemacht werden konnte, sondern auch davon nicht betroffene sog. Rechtsvoraussetzungen der Vollstreckung. Die damit einhergehende Erweiterung der Komplexität des Rechtsbehelfssystems sollte jedoch mit einer Definition der Einwendungen, die der Schuldner gegen die titulierte Forderung hätte vorbringen können, sowie einer Zusammenfassung seiner Rechtsbehelfsmöglichkeiten in einer weiteren Norm abgemildert werden.

---

299 Entwurf einer Zivilprozessordnung 1931, S. 175.
300 Entwurf einer Zivilprozessordnung 1931, S. 192.
301 Entwurf einer Zivilprozessordnung 1931, S. 191 f.
302 Entwurf einer Zivilprozessordnung 1931, S. 196 f.; *Gaul*, ZZP 85 (1972), 251, 275.
303 Entwurf einer Zivilprozessordnung 1931, S. 193 f.

§ 818 des Entwurfs[304] lautete:

Die Durchführung der Vollstreckung darf nicht begonnen und fortgesetzt werden, wenn feststeht, daß die Schuld nach dem Verhandlungsschluß, nach der Erlassung eines Zahlungsbefehls oder nach der Errichtung eines anderen Schuldtitels getilgt oder erlassen oder daß eine Stundung gewährt ist (vollstreckungsabwendende Umstände).

Soweit andere Einwendungen, die den zu vollstreckenden Anspruch selbst betreffen, zulässig sind, müssen sie auf dem Klageweg verfolgt werden.

Die Bestimmung über den einstweiligen Verfahrensaufschub und über die vorläufige Einstellung (§§ 839, 869) bleiben unberührt.

§ 819 des Entwurfs[305] war wie folgt gefasst:

Will der Schuldner einen vollstreckungsabwendenden Umstand geltend machen, so steht ihm hierfür, solange darüber noch kein Beschluß ergangen ist, die Erinnerung (§§ 838, 844), andernfalls die besondere Vollstreckungsbeschwerde (§§ 838, 842, 843) zu. Die Vorschriften über die Verweisung auf den Rechtsweg (§ 781) bleiben unberührt.

Ein vollstreckungsabwendender Umstand kann im Vollstreckungsverfahren nicht berücksichtigt werden, wenn ein rechtskräftiges oder vorläufig vollstreckbares Urteil entgegensteht oder wenn über ihn bereits ein gerichtliches Verfahren anhängig ist.

Die Drittwiderspruchsklage sollte dagegen gänzlich wegfallen. Die Interventionsrechte des Dritten hätten im Beschluss- und Beschwerdewege geltend gemacht werden können, soweit gleichzeitig der Gewahrsam eines Dritten verletzt wurde oder der Gläubiger den Gewahrsam hatte.[306]

§ 820 des Entwurfs[307] lautete insoweit:

Die Vollstreckung darf nicht in einen Gegenstand durchgeführt werden, an welchem einem Dritten ein die Veräußerung hinderndes Recht zusteht. Als ein solches Recht gilt auch ein Herausgabeanspruch.

Will ein Dritter sein entgegenstehendes Recht geltend machen, so steht ihm hierfür, solange darüber noch kein Beschluß ergangen ist, die Erinnerung (§§ 838, 844),

---

304 Entwurf einer Zivilprozessordnung 1931, S. 187.
305 Entwurf einer Zivilprozessordnung 1931, S. 187.
306 Erläuterungen zum Entwurf einer Zivilprozessordnung 1931, S. 425.
307 Entwurf einer Zivilprozessordnung 1931, S. 187.

andernfalls die besondere Vollstreckungsbeschwerde (§§ 838, 842, 843) zu. Die Vorschriften über die Verweisung auf den Rechtsweg (§ 781) bleiben unberührt.

Nur soweit der Schuldner selbst Gewahrsam an der Sache hatte, sollte das Vollstreckungsgericht dazu befugt sein, nicht selbst zu entscheiden, sondern den Dritten auf den Rechtsweg zu verweisen.[308]

§ 821 des Entwurfs[309] war wie folgt gefasst:

Befindet sich eine Sache im Gewahrsam des Schuldners, so darf die Vollstreckung in sie begonnen und fortgesetzt werden, solange das Recht des Dritten nicht feststeht.

Haftet der Schuldner nur beschränkt, so darf vorbehaltlich der Vorschrift des § 854 die Vollstreckung in eine Sache trotz seines Gewahrsams erst stattfinden, wenn feststeht, daß sie zu dem haftenden Vermögen gehört.

Die Bestimmungen über den einstweiligen Verfahrensaufschub und über die vorläufige Einstellung (§§ 839, 869) bleiben unberührt.

Auch die Klage auf vorzugsweise Befriedigung sollte entfallen und durch das vollstreckungsgerichtliche Beschluss- und Beschwerdeverfahren ersetzt werden.[310]

§ 886 des Entwurfs[311] lautete:

Die Pfändung eines Gegenstandes ist statthaft, auch wenn an ihm ein Pfand- oder Vorzugsrecht eines Dritten besteht; ist eine Sache zu pfänden, so gilt dies nur, wenn der Dritte sich nicht in ihrem Besitz befindet.

Das Recht des Dritten ist jedoch ohne Rücksicht darauf, ob seine Forderung fällig ist oder nicht, bei der Verteilung des Erlöses entsprechend zu berücksichtigen, wenn es durch einen Beschluß des Vollstreckungsgerichts anerkannt ist. Der Beschluss ist zu erlassen, wenn das Recht feststeht.

Das gleiche gilt für das Recht des nicht im unmittelbaren Besitz befindlichen Eigentümers, wenn der wirtschaftliche Zweck des Eigentumserwerbs oder -vorbehalts die Sicherung einer Forderung war und im Falle des Eigentumsvorbehalts die Tilgung der Schuld soweit fortgeschritten ist, daß bei verständiger Würdigung der Sachlage ein berechtigtes Bedürfnis des Eigentümers nach Aussonderung nicht

---

308 Erläuterungen zum Entwurf einer Zivilprozessordnung 1931, S. 425.
309 Entwurf einer Zivilprozessordnung 1931, S. 187 f.
310 Erläuterungen zum Entwurf einer Zivilprozessordnung 1931, S. 425.
311 Entwurf einer Zivilprozessordnung 1931, S. 187 f.

mehr anerkannt werden kann. Der Schuldner kann der Befriedigung des Eigentü-mers durch den Gläubiger nicht widersprechen. Ob der Entwurf 1931 seine Ziele[312] erreicht hätte, ist zweifelhaft. Die Zentra-lisierung der Zwangsvollstreckung bei dem Vollstreckungsgericht hätte weitrei-chende Folgen für das Rechtsbehelfssystem gehabt. Die Eröffnung des Klagewegs für die Vollstreckungsabwehrklage und die Drittwiderspruchsklage hätte eine bis dahin nicht gekannte Vorstufe zur Klageerhebung eingeführt. Der Wegfall der Drittwiderspruchsklage und der Klage auf vorzugsweise Befriedigung hätten das Rechtsbehelfssystem zwar entschlackt. Die Möglichkeit, den Dritten im Falle des Gewahrsams des Schuldners auf den Klageweg zu verweisen, sowie die Eröffnung des Beschluss- und Beschwerdeverfahrens hätten die beiden Klagen aber durch kompliziertere Regelungen ersetzt. Auch die Unterscheidung zwischen „Rechts-voraussetzungen" und „Ordnungsvoraussetzungen" und die daran anknüpfenden Rechtsschutzmöglichkeiten hätten das Rechtsbehelfssystem weder vereinfacht noch rationalisiert, sondern komplexer ausgestaltet.

Diese Erkenntnisse lassen sich für die Debatte um eine Reform der Rechtsbehelfe in der Zwangsvollstreckung nutzen. Der Entwurf 1931 zeigt die Wechselwirkungen von Vollstreckungs- und Rechtsbehelfsverfahren eindrucksvoll auf. Einerseits kann eine grundlegende Änderung des Zwangsvollstreckungsverfahrens weitreichende Folgen für das Rechtsbehelfssystem haben. Andererseits können Änderungen der Rechtsbehelfe nicht ohne Berücksichtigung der Grundsätze über das Zwangsvoll-streckungsverfahren gelingen.

c) Schuldnerschutz

Den Entwurf 1931 kennzeichnen aber auch die Bestimmungen zum Schuldner-schutz. In § 872 Abs. 1 S. 1 sollte geregelt werden, dass die Vornahme einer Voll-streckungshandlung unzulässig ist, wenn sie auch unter Berücksichtigung des Schutzbedürfnisses des Gläubigers eine mit den allgemeinen Sittlichkeitsbegrif-fen unvereinbare Härte bedeutet.[313] Damit war die Einführung eines weiteren Rechtsbehelfs beabsichtigt. Die §§ 950 ff. des Entwurfs sollten einzelne Schuld-nerschutzbestimmungen einführen.[314] In § 955 Abs. 2 des Entwurfs wurde zum Beispiel festgehalten, dass die Pfändung unpfändbarer Gegenstände zulässig sei,

---

312 Siehe dazu C.V.3.
313 Entwurf einer Zivilprozessordnung 1931, S. 201; *Klang*, ZZP 58 (1934), 19, 33.
314 Entwurf einer Zivilprozessordnung 1931, S. 221 ff.

wenn dem Schuldner für die gepfändete Sache ein Ersatzstück überlassen wird, das zur Erfüllung des geschützten Zwecks genügt.[315]

4. Bisherige Reformen

Die weitreichenden Ideen des sog. Entwurfs 1931 wurden nicht verwirklicht, sondern lediglich einzelne Reformvorschläge bezüglich des Vollstreckungsverfahrens umgesetzt. So wurde etwa im Jahr 1953[316] die jetzt in der Vorschrift des § 811a ZPO normierte Möglichkeit der Austauschpfändung aufgegriffen.[317] Der in § 765a ZPO geregelte Vollstreckungsschutzantrag, welcher ebenfalls mit dem Gesetz über die Maßnahmen auf dem Gebiet der Zwangsvollstreckung vom 28. August 1953 in die Zivilprozessordnung aufgenommen wurde,[318] ist auch auf § 872 Abs. 1 S. 1 des Entwurfs zurückzuführen.[319]

Die von den Autoren des Entwurfs 1931 beabsichtigen großen Reformen sind auf dem Gebiet des Zwangsvollstreckungsrechts jedoch bis heute ausgeblieben.

a) Änderungen mit Fokus auf dem Erkenntnisverfahren

Im Bereich des Erkenntnisverfahrens hat die Zivilprozessordnung dagegen deutlich stärkere Änderungen erfahren. Schon vor dem Entwurf 1931 hat etwa die Zivilprozessnovelle, die Teil der Emminger'schen Reformen war, im Jahr 1924 zu deutlichen Veränderungen des Erkenntnisverfahrens geführt. Bis dahin hatten die Parteien und ihre Vertreter wesentlichen Einfluss auf den Verfahrensablauf. Nunmehr wurde die Stellung des Richters im Prozess gestärkt.[320] Obwohl auch in dieser Zeit in Bezug auf die Zwangsvollstreckung ein Reformbedarf angemahnt

---

315 Entwurf einer Zivilprozessordnung 1931, S. 224.

316 Gesetz über Maßnahmen auf dem Gebiete der Zwangsvollstreckung vom 28.8.1953, BGBl. 1953 I 952, 953.

317 Im Zuge der mit Wirkung vom 1. Januar 2022 in Kraft getretenen Änderungen der unpfändbaren Gegenstände nach § 811 ZPO hat § 811a ZPO durch das Gesetz zur Verbesserung des Schutzes von Gerichtsvollziehern vor Gewalt sowie zur Änderung weiterer zwangsvollstreckungsrechtlicher Vorschriften und zur Änderung des Infektionsschutzgesetzes vom 7.5.2021, BGBl. 2021 I 850, 851 f., lediglich eine redaktionelle Berichtigung erfahren.

318 Gesetz über Maßnahmen auf dem Gebiete der Zwangsvollstreckung vom 28.8.1953, BGBl. 1953 I 952.

319 *Gerhardt*, ZZP 95 (1982), 467, 487 f.

320 *Kern*, ZZP 80 (1967), 325, 328.

wurde, hat die Verordnung vom 13. Februar 1924 insoweit keine nennenswerten Änderungen ergeben.[321]

Das nach Bekanntgabe des Entwurfs 1931 am 1. Januar 1934 in Kraft getretene Gesetz zur Änderung des Verfahrens in bürgerlichen Rechtsstreitigkeiten[322] hat eine Vielzahl von Maßnahmen zur Vereinfachung und Beschleunigung des Zivilprozesses aus dem Entwurf 1931 umgesetzt, die Reformvorschläge hinsichtlich des Zwangsvollstreckungsrechts jedoch außer Acht gelassen.[323] Es kam lediglich zu kleineren Änderungen der Vorschriften zur Zwangshypothek und zum Offenbarungseid.[324]

Nach dem Zusammenbruch der Rechtspflege im zweiten Weltkrieg wurde im Jahr 1950 die Rechtseinheit in der Bundesrepublik wiederhergestellt.[325] Die damit einhergehenden Änderungen führten dazu, dass die Zivilprozessordnung im Grundsatz inhaltlich wieder mit der Fassung aus dem Jahr 1933 übereinstimmte.[326]

In der Folge wurde das Rechtsbehelfsverfahren reformiert. Änderungen wie die Revisionsnovelle[327] aus dem Jahr 1975 oder auch die Reform des Berufungsverfahrens[328] im Jahr 2001 bezogen sich jedoch nur auf das Erkenntnisverfahren.

b) Änderungen der vollstreckungsrechtlichen Rechtsbehelfe

Eine vorübergehende Änderung erfuhr die heutige Regelung über die Statthaftigkeit der sofortigen Beschwerde. Mit Wirkung vom 1. April 1991 wurde die weitere Beschwerde und damit einhergehend ein weiterer Absatz in die Norm des § 793 ZPO eingefügt. In diesem hieß es: *„Hat das Landgericht über die Beschwerde entschieden, so findet, soweit das Gesetz nicht etwas anderes bestimmt, die sofortige weitere Beschwerde statt.“*[329] Die Vorschrift wurde

---

321 Dazu eingehend: *Fraeb*, ZZP 54 (1929), 257 ff.

322 Gesetz zur Änderung des Verfahrens in bürgerlichen Rechtsstreitigkeiten vom 27.10.1933, Reichsgesetzbl. 1933 I, 780 ff.

323 *Kern*, ZZP 80 (1967), 325, 328 f.; *Bettermann*, ZZP 91 (1978), 365, 395.

324 *Rosenberg*, ZZP 58 (1934), 283, 356.

325 Gesetz zur Wiederherstellung der Rechtseinheit auf dem Gebiete der Gerichtsverfassung, der bürgerlichen Rechtspflege, des Strafverfahrens und des Kostenrechts vom 12.9.1950, BGBl. 1950, 455, 468 ff.

326 Wieczorek/Schütze/*Prütting*, Einleitung Rn. 7.

327 Gesetz zur Änderung des Rechts der Revision in Zivilsachen vom 8.7.1975, BGBl. 1975, 1863 f.

328 Gesetz zur Reform des Zivilprozesses (Zivilprozessreformgesetz – ZPO-RG) vom 27.7.2001, BGBl. 2001 I, 1887, 1895 ff.

329 Rechtspflege-Vereinfachungsgesetz vom 17.12.1990, BGBl. 1990, 2847, 2852.

erforderlich, da § 568 Abs. 2 ZPO die Statthaftigkeit der weiteren Beschwerde im Falle einer gesetzlichen Bestimmung regelte.[330] Die Möglichkeit der weiteren Beschwerde wurde allerdings mit der ZPO-Reformnovelle im Jahr 2001 wieder abgeschafft.[331] Gleichzeitig wurde das Rechtsbehelfssystem in der Zwangsvollstreckung dahingehend geändert, dass mit der Rechtsbeschwerde gegen Entscheidungen des Beschwerdegerichts die Möglichkeit eröffnet wurde, den Bundesgerichtshof anzurufen.[332] Da die Rechtsbeschwerde für den Bereich der Zwangsvollstreckung nicht i.S.v. § 574 Abs. 1 Nr. 1 ZPO gesetzlich vorgesehen ist, gilt dies jedoch nur, wenn die Rechtsbeschwerde nach § 574 Abs. 1 Nr. 2 ZPO von dem Beschwerdegericht durch Beschluss zugelassen wird.[333] Die im achten Buch der ZPO geregelte Norm des § 793 ZPO gilt nunmehr wieder in ihrer ursprünglichen Form.

Die übrigen zwangsvollstreckungsrechtlichen Rechtsbehelfe haben seit ihrer Einführung keinerlei inhaltliche Änderungen erfahren.

5. Entwicklungen hinsichtlich der Vollstreckungsorgane

Der Gerichtsvollzieher als Vollstreckungsorgan weist genauso wie das Prozessgericht eine lange Geschichte auf. Vor dem 19. Jahrhundert wurde die Zwangsvollstreckung unter der Leitung des Prozessgerichts von gerichtlichen Hilfspersonen durchgeführt. Diese handelten nicht selbstständig.[334] Nach 1800 war das Prozessgericht in den meisten deutschen Territorien weiterhin allein für die Zwangsvollstreckung zuständig. In manchen Gebieten wie zum Beispiel in Bayern handelte der Gerichtsvollzieher aber nach französischem Vorbild als von dem Prozessgericht selbstständiges, freiberufliches Vollstreckungsorgan.[335]

Auch hinsichtlich des mit den Reichsjustizgesetzen im Jahr 1879 in Kraft getretenen Gerichtsverfassungsgesetzes orientierte man sich an den französischen

---

330 MünchKomm-ZPO/*K. Schmidt/Brinkmann*, § 793 Rn. 1.
331 Gesetz zur Reform des Zivilprozesses (Zivilprozessreformgesetz – ZPO-RG) vom 27.7.2001, BGBl. 2001 I 1887, 1906.
332 Gesetz zur Reform des Zivilprozesses (Zivilprozessreformgesetz – ZPO-RG) vom 27.7.2001, BGBl. 2001 I 1887, 1904.
333 *Steder*, MDR 2001, 1333, 1335; *Prütting/Stickelbrock*, Zwangsvollstreckungsrecht, S. 204.
334 *Nesemann*, ZZP 119 (2006), 87, 96.
335 Siehe §§ 837 ff. der Bayerischen Prozeßordnung vom 1.2.1869, abgedruckt in: Neudrucke zivilprozessualer Kodifikationen und Entwürfe des 19. Jahrhunderts, Bd. 4, Aalen 1975; *Nesemann*, ZZP 119 (2006), 87, 96 f. m.w.N.

hussiers.[336] Das Modell wurde aber nur eingeschränkt übernommen. Die Selbstständigkeit der Gerichtsvollzieher sollte nur dahingehend gewahrt bleiben, dass sie weiterhin von den Parteien unmittelbar beauftragt wurden. Zudem wurden ihre Prüfungskompetenzen auf rein formelle Prüfungen reduziert.[337] Nach der Vorstellung des Gesetzgebers sollte die Skepsis gegenüber dem Gerichtsvollzieher als nichtrichterlichem Vollstreckungsorgan damit überwunden werden, dass das Vollstreckungsgericht im Wege der Vollstreckungserinnerung jederzeit angerufen werden konnte[338] und eine Kontrolle durch die den Gerichtsvollzieher beauftragende Partei selbst[339] sowie eine disziplinarrechtliche Aufsicht[340] durch die Justizverwaltung gewährleistet war.[341] Die Dienst- und Geschäftsverhältnisse wurden zunächst nicht einheitlich, sondern von den einzelnen Ländern selbstständig geregelt.[342] Ob aus diesem Grund auf eine „Interessenlosigkeit"[343] des Gesetzgebers gegenüber dem Gerichtsvollzieher zu schließen ist, ist zweifelhaft. Die Einführung verschiedener Möglichkeiten zur Kontrolle der Vollstreckungstätigkeit des Gerichtsvollziehers zeigt, dass sich der Gesetzgeber eingehend mit seiner Stellung in der Zwangsvollstreckung auseinandergesetzt hat. Den einzelnen Ländern blieb lediglich die Regelung der Details zu seiner Amtstätigkeit vorbehalten.

Infolgedessen wies die Organisation des Gerichtsvollzieherwesens um 1900 territoriale Unterschiede auf. Einige Länder verblieben bei dem sog. Amtssystem, andere führten das Bezirksgerichtsvollziehersystem ein. Im 20. Jahrhundert wurde das Bezirksgerichtsvollziehersystem auf alle Länder ausgeweitet. Es sah zum Zwecke der Effizienz der Zwangsvollstreckung die Zuständigkeit von Gerichtsvollziehern für feste Bezirke vor. Das bis heute in diesen Grundzügen bestehende System beinhaltet zudem, dass sich die Entlohnung des Gerichtsvollziehers für seine Tätigkeit aus festen Bezügen und Gebührenanteilen zusammensetzt.[344]

---

336 *Kern*, ZZP 80 (1967), 325, 326.
337 *Hahn*, Materialien zum Gerichtsverfassungsgesetz, Bd. 1, Abt. 1, S. 163; *Gaul*, ZZP 87 (1974), 241, 245 ff.
338 *Hahn*, Materialien zum Gerichtsverfassungsgesetz, Bd. 1, Abt. 1, S. 164.
339 *Hahn*, Materialien zum Gerichtsverfassungsgesetz, Bd. 1, Abt. 1, S. 166.
340 *Hahn*, Materialien zur Zivilprozeßordnung, Bd. 2, Abt. 1, S. 437.
341 *Gaul*, ZZP 87 (1974), 241, 247 f.
342 *Nesemann*, ZZP 119 (2006), 87, 100.
343 So aber: *Gaul*, ZZP 87 (1974), 241.
344 *Nesemann*, ZZP 119 (2006), 87, 101 f.; siehe z.B. § 1 GVVergVO NRW.

Der Vorschlag aus dem Entwurf 1931, nach dem der Gerichtsvollzieher wie einst das Exekutionsorgan im Gemeinen Recht der Leitung durch das Vollstreckungsgericht unterworfen werden solle,[345] wurde nie verwirklicht.[346]

In Bezug auf die Zuständigkeitsverteilung zwischen den Vollstreckungsorganen ist die am 1. Januar 1999 in Kraft getretene zweite Zwangsvollstreckungsnovelle herauszustellen. Mit der Änderung des § 899 ZPO a.F. wurde die Zuständigkeit für die Abnahme der eidesstattlichen Versicherung vom Vollstreckungsgericht auf den Gerichtsvollzieher übertragen.[347]

Obwohl es seit dem Entwurf 1931 immer wieder Reformvorschläge zu den Aufgaben und der Rechtsstellung des Gerichtsvollziehers als Vollstreckungsorgan gab, hat es dahingehend keine weitreichenden Änderungen gegeben. Der Gerichtsvollzieherbund veröffentlichte im Jahr 1964 Vorschläge zur Reform der Zivilgerichtsbarkeit, welche die Übertragung der gesamten Zwangsvollstreckung auf den Gerichtsvollzieher vorsahen. Lediglich die Immobiliarvollstreckung sollte davon ausgenommen bleiben.[348] Zur grundlegenden Änderung der Rechtsstellung des Gerichtsvollziehers wurde zudem von den Ländern Niedersachsen, Baden-Württemberg, Hessen und Niedersachsen im Jahr 2007 ein Entwurf zu einem Gerichtsvollziehergesetz vorgelegt, nach dem zur Förderung des Wettbewerbs auf die beamtenrechtliche Stellung des Gerichtsvollziehers verzichtet und das Modell des „beliehene[n] Gerichtsvollzieher[s]"[349] eingeführt werden sollte.[350]

Diese grundsätzlichen statusrechtlichen Bestrebungen wurden nicht umgesetzt. Auch ein Gerichtsvollziehergesetz wurde nicht eingeführt. Vielmehr wurden dem Gerichtsvollzieher zur Steigerung der Effektivität der Zwangsvollstreckung Befugnisse eingeräumt, die es dem Gläubiger ermöglichen, die notwendigen Informationen über das Vermögen des Schuldners bereits vor dem Vollstreckungsbeginn einzuholen.[351]

---

345 Siehe § 873 des Entwurfs einer Zivilprozessordnung 1931, S. 201; *Rosenberg*, ZZP 57 (1933), 185, 204.

346 *Kern*, ZZP 80 (1967), 325, 333.

347 Zweites Gesetz zur Änderung zwangsvollstreckungsrechtlicher Vorschriften (2. Zwangsvollstreckungsnovelle) vom 17.12.1997, BGBl. 1997 I 3039, 3042; *Gaul*, ZZP 112 (1999), 135, 168.

348 *Kern*, ZZP 80 (1967), 325, 335.

349 BT-Drs. 150/07, 4.

350 Wieczorek/Schütze/*Paulus*, Vor § 704 Rn. 98; *Nesemann*, ZZP 119 (2006), 87.

351 Gesetz zur Reform der Sachaufklärung in der Zwangsvollstreckung vom 29.7.2009, BGBl. 2009 I 2258; Wieczorek/Schütze/*Paulus*, Vor § 704 Rn. 99.

Eine bedeutsame Änderung hat dagegen im Laufe der Zeit das Vollstreckungs-gericht erfahren. Seit Beginn des 20. Jahrhunderts waren Bestrebungen zur Ent-lastung des Richters durch die Übertragung richterlicher Aufgaben auf Beamte des gehobenen Dienstes zu verzeichnen.[352] Mit Inkrafttreten des Rechtspfleger-gesetzes im Jahr 1957 wurde für den Bereich der Zwangsvollstreckung festgelegt, dass der Rechtspfleger die Aufgaben des Vollstreckungsgerichts mit wenigen Ausnahmen selbstständig ausführt. Diese damals in § 19 Nr. 14 RPflG a.F.[353] und heute in § 20 Nr. 17 S. 1 RPflG geregelte funktionelle Zuständigkeit etablierte den Rechtspfleger als ein weiteres nichtrichterliches Organ der Zwangsvollstreckung.

VI. Diskussionen um die bestehenden Rechtsbehelfe

1. Vollstreckungserinnerung als Zwei-Parteien-Verfahren

Die Vollstreckungserinnerung weist bereits eine die Grundlagen des Rechtsbe-helfsverfahrens betreffende Kontroverse auf. Denn es stellt sich die elementare Frage, wer Partei des Erinnerungsverfahrens ist.

Was den Erinnerungsführer betrifft, ist dies noch recht eindeutig feststellbar. Insoweit muss jedoch zwischen § 766 Abs. 1 ZPO und § 766 Abs. 2 ZPO diffe-renziert werden.

Erinnerungsbefugt nach § 766 Abs. 1 ZPO ist jede Person, die den Ver-stoß einer Norm geltend machen kann, welche zumindest auch ihren Schutz bezweckt.[354] Danach kann nicht nur der Schuldner, sondern auch ein Dritter die Vollstreckungserinnerung einlegen. Voraussetzung ist, dass der Dritte die Verletzung von Vorschriften geltend macht, die wie § 809 ZPO[355] nur seinem Schutz dienen oder in deren Schutzzweck er zum Beispiel als Familienangehö-riger nach § 811 Abs. 1 ZPO[356] einbezogen ist.[357] Der Erinnerungsführer darf

---

352 *Kern*, ZZP 80 (1967), 325, 328.

353 Gesetz über Maßnahmen auf dem Gebiete der Gerichtsverfassung und des Verfah-rensrechts (Rechtspflegergesetz) vom 8.2.1957, BGBl. 1957 I 18, 23 f.

354 Saenger/*Kindl*, § 766 Rn. 10; Wieczorek/Schütze/*Spohnheimer*, § 766 Rn. 52.

355 Stein/Jonas/*Münzberg*, § 766 Rn. 36; Wieczorek/Schütze/*Spohnheimer*, § 766 Rn. 53; MünchKomm-ZPO/*K. Schmidt/Brinkmann*, § 766 Rn. 30; Prütting/Gehrlein/*Scheuch*, § 766 Rn. 24; Schuschke/Walker/Kessen/Thole/*Walker/Thole*, § 766 Rn. 25; Zöller/ *Herget*, § 766 Rn. 18.

356 Stein/Jonas/*Münzberg*, § 766 Rn. 36; Schuschke/Walker/Kessen/Thole/*Walker/Thole*, § 766 Rn. 25.

357 Schuschke/Walker/Kessen/Thole/*Walker/Thole*, § 766 Rn. 25.

seine Beeinträchtigung aber nicht allein aus der Verletzung des Rechts eines Dritten ableiten.[358]

Auch die Varianten des § 766 Abs. 2 ZPO sind hinsichtlich der Erinnerungs-befugnis zu unterscheiden. Die Einwendung, der Gerichtsvollzieher habe sich geweigert, den Vollstreckungsauftrag zu übernehmen oder ihn antragsgemäß auszuführen, kann der Gläubiger des Zwangsvollstreckungsverfahrens geltend machen. Die Erinnerung darf er jedoch erst dann einlegen, wenn der Gerichts-vollzieher den Antrag ablehnt.[359] Wenn es dagegen um die Entscheidung des Gerichtsvollziehers über den Kostenansatz geht, ist neben dem Gläubiger auch der Schuldner erinnerungsbefugt.[360]

Darüber hinaus wird vertreten, dass auch der Gerichtsvollzieher zur Einle-gung des Rechtsbehelfs berechtigt sei, sofern seine Gebührenbelange betroffen sind.[361] Die Gegenansicht verneint dessen Erinnerungsbefugnis und stellt inso-weit auf die Stellung des Gerichtsvollziehers als Organ der Rechtspflege ab.[362]

Zu der Frage, wer Gegner des Erinnerungsverfahrens ist, werden demgegen-über verschiedene Auffassungen vertreten.

Die Problematik wird deutlich, wenn man die Vorschrift des § 766 Abs. 1 ZPO mit der Regelung in § 766 Abs. 2 ZPO vergleicht. Die Normen unterscheiden sich insoweit, als gegen eine Vollstreckungsmaßnahme des Gerichtsvollziehers zum einen der Vollstreckungsgläubiger, der mit seinem Vollstreckungsauftrag die Vornahme der Zwangsvollstreckungshandlung veranlasst hat, zum ande-ren aber auch der Gerichtsvollzieher, der die Maßnahme durchgeführt hat, als Erinnerungsgegner in Betracht kommt. Bei der Weigerung des Gerichtsvollzie-hers, eine Vollstreckungsmaßnahme entsprechend dem Auftrag des Gläubigers durchzuführen, ist es denkbar, neben dem Gerichtsvollzieher den sich gegen die

---

358 RGZ 42, 343, 344; Prütting/Gehrlein/*Scheuch*, § 766 Rn. 20; *Brox/Walker*, Zwangs-vollstreckungsrecht, § 40 Rn. 57.

359 BGH NJW-RR 2008, 1163, 1164; Prütting/Gehrlein/*Scheuch*, § 766 Rn. 21; Schuschke/Walker/Kessen/Thole/*Walker/Thole*, § 766 Rn. 21.

360 Prütting/Gehrlein/*Scheuch*, § 766 Rn. 21.

361 OLG Düsseldorf Rpfleger 1978, 226; Wieczorek/Schütze/*Spohnheimer*, § 766 Rn. 62; zur Beschwerdebefugnis des Gerichtsvollziehers: OLG Karlsruhe DGVZ 1974, 114; *Geißler*, DGVZ 1985, 129, 130 f.

362 LG Frankfurt/Main DGVZ 1993, 74, 75; AG Leipzig DGVZ 2013, 138; Schuschke/Walker/Kessen/Thole/*Walker/Thole*, § 766 Rn. 26; Kindl/Meller-Hannich/*Sternal*, § 766 ZPO Rn. 42; zur fehlenden Beschwerdebefugnis des Gerichtsvollziehers: *Christ-mann*, DGVZ 1990, 19, 20 f.; LG Koblenz MDR 1978, 584; im Ergebnis ebenso: *Brox/Walker*, Zwangsvollstreckungsrecht, Rn. 76.

Zwangsvollstreckung wendenden Schuldner als Erinnerungsgegner zu wählen. Im Rahmen einer Erinnerung nach § 766 Abs. 2 2. Alt. ZPO ist es aber lediglich der Gerichtsvollzieher, der Erinnerungsgegner sein kann. Denn nur er hat die Kosten für die durchgeführte Vollstreckungsmaßnahme berechnet. Eine andere Partei kann nicht mit dem Rechtsbehelf belangt werden. Problematisch an dieser Sichtweise ist jedoch die damit einhergehende Folge, dass im Rahmen der Vollstreckungserinnerung nach § 766 Abs. 2 2. Alt. ZPO der Gerichtsvollzieher oder sein Dienstherr Partei des Erinnerungsverfahrens wäre und im Falle des Obsiegens des Erinnerungsführers die Kosten des Erinnerungsverfahrens tragen müsste.

Vor diesem Hintergrund wird von der herrschenden Meinung vertreten, dass es sich bei dem Erinnerungsverfahren grundsätzlich um ein Zwei-Parteien-Verfahren zwischen Gläubiger und Schuldner handle, der Gerichtsvollzieher aber nicht Partei sein könne.[363] Für die Erinnerung gegen den Kostenansatz des § 766 Abs. 2 2. Alt. ZPO bestehe daher kein Erinnerungsgegner.[364] Der BGH begründet dies recht knapp mit der Stellung des Gerichtsvollziehers im Verfahren als Organ der Zwangsvollstreckung.[365]

In der Literatur wird diese gesetzgeberische Konzeption teilweise scharf kritisiert. Die aus dem Erkenntnisverfahren abgeleitete Ausgestaltung als Zwei-Parteien-Verfahren wird als unpassend empfunden. Vermutet wird zudem, dass diese Vorgehensweise noch aus der privatrechtlichen Mandatstheorie herrühre.[366] Als weitere Argumente gegen das Zwei-Parteien-System werden die öffentlich-rechtlichen Bezüge des Zwangsvollstreckungsverfahrens und die Vergleichbarkeit der Vollstreckungserinnerung mit der verwaltungsgerichtlichen Anfechtungsklage nach § 42 VwGO genannt.[367] Insoweit wird befürwortet, den Betroffenen und das Vollstreckungsorgan, das eine fehlerhafte

---

363 BGH NJW 2004, 2979, 2981; NJW 2007, 1276; AG Wolfsburg DGVZ 1995, 62; Stein/Jonas/*Münzberg*, § 766 Rn. 2; Prütting/Gehrlein/*Scheuch*, § 766 Rn. 1; Musielak/Voit/*Lackmann*, § 766 Rn. 27; Eingehend zur Kostenentscheidung im Erinnerungsverfahren: Zöller/*Herget*, § 766 Rn. 34.

364 AG Augsburg DGVZ 1998, 122 ff.; Saenger/*Kindl*, § 766 Rn. 14; Schuschke/Walker/Kessen/Thole/*Walker/Thole*, § 766 Rn. 27.

365 BGH NJW 2004, 2979, 2981; NJW 2007, 1276.

366 MünchKomm-ZPO/*K. Schmidt/Brinkmann*, § 766 Rn. 3.

367 Musielak/Voit/*Lackmann*, § 766 Rn. 1.

Vollstreckungsmaßnahme vorgenommen hat, bzw. dessen Anstellungskörperschaft de lege ferenda zu Parteien des Erinnerungsverfahrens zu bestimmen.[368] Neben diesen rechtspolitischen Forderungen wird aber auch die Auffassung vertreten, dass es der Gesetzeswortlaut des § 766 ZPO bereits de lege lata ermögliche, die Vollstreckungserinnerung gegen den Gerichtsvollzieher bzw. seinen Dienstherrn zu richten. Zutreffend wird insoweit aufgeführt, dass die Vorschrift des § 766 ZPO gar keinen konkreten Erinnerungsgegner nenne.[369] Dass es richtig sei, den Gerichtsvollzieher und nicht den Vollstreckungsschuldner als Erinnerungsgegner zu wählen, wird insbesondere mit der Spezifität der Vollstreckungserinnerung begründet. Mit der Anfechtung von Vollstreckungsmaßnahmen habe die Erinnerung die Geltendmachung von Amtspflichtverletzungen des Vollstreckungsorgans zum Gegenstand. Sie richte sich gerade gegen die Vollstreckungstätigkeit des Gerichtsvollziehers, der weder Vertreter noch Erfüllungs- oder Verrichtungsgehilfe des Gläubigers sei. Nicht von der Hand zu weisen ist auch das Argument, dass eine Entscheidung zwischen dem Vollstreckungsschuldner bzw. dem Vollstreckungsgläubiger oder einem Dritten auf der einen Seite und dem Gerichtsvollzieher auf der anderen Seite gerade die Verfahrensbeteiligten mit Rechtskraftwirkung binden könnte, welche mit der Entscheidung erreicht werden sollen.[370]

Jedoch entspricht es nicht der Systematik des Rechtsbehelfssystems in der Zwangsvollstreckung, das Vollstreckungsorgan in das Rechtsbehelfsverfahren einzubeziehen. Trotz des offenen Wortlauts der Norm des § 766 ZPO würde die Manifestation des Gerichtsvollziehers oder seiner Anstellungskörperschaft als Erinnerungsgegner auch nach der letztgenannten Ansicht nur für den Fall des § 766 Abs. 2 2. Alt. ZPO gelten. Dies würde einen Bruch zu den übrigen Strukturen darstellen, was nach der geltenden Rechtslage gegen eine dahingehende Auslegung der Vorschrift spricht.

---

368 *Hein*, ZZP 69 (1956), 231, 245 ff.; *Stamm*, Die Prinzipien und Grundstrukturen des Zwangsvollstreckungsrechts, S. 531 f.; *K. Schmidt*, JuS 1992, 90, 91; Wieczorek/Schütze/*Spohnheimer*, § 766 Rn. 4 ff.; MünchKomm-ZPO/*K. Schmidt*, § 766 Rn. 3.
369 Wieczorek/Schütze/*Spohnheimer*, § 766 Rn. 6; *Stamm*, Die Prinzipien und Grundstrukturen des Zwangsvollstreckungsrechts, S. 531 f.
370 Wieczorek/Schütze/*Spohnheimer*, § 766 Rn. 6 f.

2. Abgrenzung zwischen Vollstreckungserinnerung und sofortiger Beschwerde

Ein noch weitgehenderer, schon lange währender Streit betrifft die Kriterien, mit denen die Vollstreckungserinnerung von der sofortigen Beschwerde abzugrenzen ist.

Schon in den ersten Jahren nach dem Inkrafttreten der Zivilprozessordnung stellte sich die Frage, ob mit der Vollstreckungserinnerung nur Maßnahmen des Gerichtsvollziehers geltend gemacht werden können oder auch solche anderer Vollstreckungsorgane. Daraus ergab sich schnell das Problem der mangelnden Abgrenzbarkeit zwischen Vollstreckungserinnerung und sofortiger Beschwerde.[371]

a) Abgrenzung nach dem Vollstreckungsorgan

Eine Auffassung sieht als Abgrenzungskriterium durchgängig das tätig werdende Vollstreckungsorgan an. Danach ist die Vollstreckungserinnerung nur gegen Vollstreckungshandlungen des Gerichtsvollziehers statthaft.[372] Nach einer anderen Ansicht sollen dagegen nur Vollstreckungsakte des Vollstreckungsgerichts mit der Vollstreckungserinnerung anfechtbar sein.[373] In dieses Meinungsspektrum ist auch die Auffassung einzuordnen, nach der die sofortige Beschwerde der Anfechtung von richterlichen Entscheidungen vorbehalten bleiben soll.[374]

b) Vollstreckungsmaßnahme oder Entscheidung

Die heute herrschende Meinung knüpft jedoch im Gegensatz dazu nicht mehr beim Vollstreckungsorgan, sondern bei der Art der Handlung an. Ausgehend vom Wortlaut des § 793 ZPO wird zwischen Entscheidungen, die mit der sofortigen Beschwerde angegriffen werden können, und Vollstreckungsmaßnahmen, gegen welche die Vollstreckungserinnerung nach § 766 ZPO statthaft sei, unterschieden. Die Abgrenzungsproblematik zwischen der sofortigen Beschwerde und der Vollstreckungserinnerung stellt sich hauptsächlich bezogen auf Vollstreckungshandlungen des Vollstreckungsgerichts.[375] Maßnahmen des Gerichtsvollziehers im Rahmen der Zwangsvollstreckung sind schon nach dem

---

371 Exemplarisch dazu: *Niedieck*, ZZP 18 (1893), 369, 372 f.
372 *Kunz*, S. 120 ff., 178; *Wieser*, ZZP 115 (2002), 157, 159.
373 *Baur/Stürner/Bruns*, Zwangsvollstreckungsrecht, Rn. 43.4.
374 *Stamm*, Die Prinzipien und Grundstrukturen des Zwangsvollstreckungsrechts, S. 670.
375 Wieczorek/Schütze/*Spohnheimer*, § 793 Rn. 5; Saenger/*Kindl*, § 766 Rn. 6.

Wortlaut des § 766 ZPO, der ausdrücklich das „vom Gerichtsvollzieher bei ihr zu beobachtende Verfahren" nennt, nur mit der Vollstreckungserinnerung angreifbar.[376] Wird dagegen das Prozessgericht als Vollstreckungsorgan tätig, ist das Meinungsbild schon weniger einheitlich. Nach überwiegender Auffassung ist gegen Vollstreckungshandlungen des Prozessgerichts ausschließlich die sofortige Beschwerde statthaft.[377]

Teilweise wird aber auch insoweit an der Unterscheidung zwischen Vollstreckungsmaßnahmen und Entscheidungen festgehalten, allerdings mit dem Unterschied, dass im Falle von Vollstreckungsmaßnahmen die Entscheidung über die Vollstreckungserinnerung dem Prozessgericht vorbehalten bleibe.[378]

aa) Rechtliches Gehör als Merkmal der Entscheidung

Wann indes eine Vollstreckungsmaßnahme und wann eine Entscheidung vorliegt, wird unterschiedlich beurteilt. Nach der herrschenden Meinung[379] kommt es auf die Art und Weise des Zustandekommens der Vollstreckungshandlung in tatsächlicher Hinsicht an. Wenn eine Würdigung des Parteivorbringens im Wege einer Interessenabwägung stattgefunden hat, soll es sich um eine Entscheidung handeln, andernfalls um eine Vollstreckungsmaßnahme.[380] Danach ist Merkmal einer Entscheidung, dass der von ihr betroffenen Partei rechtliches Gehör gewährt wurde. Ist die Anhörung des Betroffenen unterblieben, soll es sich um eine Vollstreckungsmaßnahme handeln.

376　Prütting/Gehrlein/*Scheuch*, § 766 Rn. 2.

377　RGZ 18, 341, 433; MünchKomm-ZPO/*K. Schmidt/Brinkmann*, § 766 Rn. 14; Schuschke/Walker/Kessen/Thole/*Walker/Thole*, § 766 Rn. 5; Zöller/*Herget*, § 766 Rn. 4; Prütting/Gehrlein/*Scheuch*, § 766 Rn. 13; Kindl/Meller-Hannich/*Sternal*, § 766 ZPO Rn. 20; Saenger/*Kindl*, § 766 Rn. 4; *Gaul/Schilken/Becker-Eberhard*, Zwangsvollstreckungsrecht, § 37 Rn. 37.

378　*Baur/Stürner/Bruns*, Zwangsvollstreckungsrecht, § 43 Rn. 43.5; Wieczorek/Schütze/*Spohnheimer*, § 766 Rn. 28.

379　BGHZ 187, 132, 134 ff.; BGH NZI 2004, 447 f.; OLG Köln NJW-RR 1992, 894; Zöller/*Herget*, § 766 Rn. 2; Stein/Jonas/*Münzberg*, § 766 Rn. 7; Kindl/Meller-Hannich/*Sternal*, § 766 ZPO Rn. 20; Saenger/*Kindl*, § 766 Rn. 6; Schuschke/Walker/Kessen/Thole/*Walker/Thole*, § 766 Rn. 7; *von Sachsen Gessaphe*, Zwangsvollstreckungsrecht, Rn. 499; im Grundsatz auch MünchKomm-ZPO/*K. Schmidt/Brinkmann*, § 766 Rn. 19; Musielak/Voit/*Lackmann*, § 766 Rn. 11; die Vollstreckungsmaßnahme auch als bloßen Vollstreckungsakt bezeichnend: Anders/Gehle/*Voigt-Beheim*, § 793 Rn. 4; die Vollstreckungsmaßnahme als Vollstreckungshandlung bezeichnend: *Prütting/Stickelbrock*, Zwangsvollstreckungsrecht, S. 190 f.

380　RGZ 16, 317, 321 f.

Dem im Grundsatz entsprechend wird auch vertreten, die Abgrenzung nicht nur anhand des tatsächlichen Zustandekommens der Vollstreckungshandlung vorzunehmen, sondern auch die gesetzlichen Vorschriften zu berücksichtigen. Danach soll es für die Statthaftigkeit der sofortigen Beschwerde grundsätzlich auf die Anhörung des Betroffenen ankommen, diese aber auch dann zu bejahen sein, wenn die Anhörung zwar nicht erfolgt ist, aber vorgeschrieben war.[381] Ein entsprechendes Erfordernis ist etwa in § 844 Abs. 2 ZPO geregelt. Danach ist der Antragsgegner anzuhören, wenn eine Partei eine andere Verwertungsart beantragt hat. Genauso ist dem Schuldner vor Vollstreckungshandlungen des Prozessgericht gem. § 891 S. 2 ZPO rechtliches Gehör zu gewähren.[382] Nach letztgenannter Auffassung ist es aber auch möglich, von dem Inhalt eines Beschlusses auf das Vorliegen einer Entscheidung zu schließen.[383] In ähnlicher Weise wird angenommen, dass eine Entscheidung auch ohne Anhörung des Betroffenen vor der Vollstreckungshandlung vorliege, wenn das Gesetz eine umfassende Subsumtion oder eine Ermessensentscheidung von dem zuständigen Vollstreckungsorgan verlangt.[384] Noch komplexer wird es, wenn man einer weitergehenden Ansicht folgt. Diese grenzt die sofortige Beschwerde von der Vollstreckungserinnerung nach der tatsächlichen Anhörung des Betroffenen und der gesetzlichen Anordnung einer Anhörung ab, jedoch mit der Ausnahme, dass dem Schuldner auch die Option gewährt werden soll, Vollstreckungserinnerung einzulegen, wenn er zwar tatsächlich angehört worden ist, diese Anhörung aber etwa nach § 834 ZPO nicht geboten war.[385]

bb) Abwägung als Merkmal der Entscheidung

Eine dogmatisch überzeugendere und auch praktikablere Lösung ist dagegen die Abgrenzung zwischen einer Vollstreckungsmaßnahme und einer mit der sofortigen Beschwerde anfechtbaren Entscheidung allein anhand des Erfordernisses der Abwägung.[386] Nach dieser Auffassung kommt es für die Annahme einer Entscheidung nicht auf die tatsächliche Anhörung des Betroffenen an. Ausschlaggebend sei allein, dass eine Würdigung des Sachverhalts und eine Abwägung der

---

381 *Gaul/Schilken/Becker-Eberhard*, Zwangsvollstreckungsrecht, § 37 Rn. 26; Stein/Jonas/ *Münzberg*, § 766 Rn. 8.

382 Stein/Jonas/*Münzberg*, § 766 Rn. 8.

383 Stein/Jonas/*Münzberg*, § 766 Rn. 8

384 OLG Hamm NJW 1984, 1972; Musielak/Voit/*Lackmann*, § 766 Rn. 14.

385 MünchKomm-ZPO/*K. Schmidt/Brinkmann*, § 766 Rn. 20; *K. Schmidt*, JuS 1992, 90, 94.

386 Wieczorek/Schütze/*Spohnheimer*, § 766 Rn. 24.

widerstreitenden Interessen bei richtiger Gesetzesanwendung erforderlich sind. Dem Argument, dass eine Abwägung nur bei tatsächlicher Anhörung der Beteiligten erfolgen könne, wird entgegengehalten, dass eine gerichtliche Abwägung der widerstreitenden Interessen zwar intensiver ausfallen müsse, wenn nur eine Seite angehört wurde, aber auch eine Abwägung notwendig sein kann, etwa bei § 758a ZPO, ohne dass eine Anhörung erforderlich ist.[387]

cc) Folgen der Abgrenzung

Wie weitreichend diese Abgrenzungsproblematik ist, zeigen die sich daran anschließenden Diskussionen. Die herrschende Ansicht, nach der gänzlich oder zumindest auch auf die Art des Zustandekommens des Vollstreckungsaktes abzustellen ist, birgt Folgeprobleme. So wird überwiegend auch im Hinblick auf die Rechtsbehelfsmöglichkeiten des Gläubigers vertreten, dass dieser gegen die Ablehnung seines Vollstreckungsantrags nur mit der sofortigen Beschwerde vorgehen könne, da sein Vorbringen bei der Antragsablehnung bereits gewürdigt worden sei.[388] Schwieriger wird es bereits, wenn der Antrag nur zum Teil abgelehnt wurde. In dieser Situation hat sowohl der Gläubiger ein Interesse daran, gegen die teilweise Ablehnung seines Antrags vorzugehen als auch der Schuldner, sich gegen den durchgeführten Vollstreckungsakt zur Wehr zu setzen. Insoweit ist es nur konsequent, weiterhin auf die Anhörung des jeweiligen Betroffenen abzustellen. Danach soll für den Gläubiger gegen die teilweise Ablehnung seines Antrags die sofortige Beschwerde und für den Schuldner, der vor der Vollstreckungsmaßnahme nicht angehört wurde, die Vollstreckungserinnerung möglich sein.[389] Diese Konstruktion führt zu einer Aufspaltung der Vollstreckungsmaßnahme in zwei Teile, die mit unterschiedlichen Rechtsbehelfen angreifbar sind.

Man kann aber auch dann zu unterschiedlichen Rechtsbehelfen gegen denselben Vollstreckungsakt gelangen, wenn zwei Personen im Vollstreckungsverfahren auf derselben Seite stehen. Ob der zuvor angehörte Drittschuldner die sofortige Beschwerde erheben kann und sich der vor der Zwangsvollstreckung nicht beteiligte Schuldner gleichzeitig mit der Vollstreckungserinnerung wehren können soll oder wegen der Anhörung des Drittschuldners für beide

---

387 Wieczorek/Schütze/*Spohnheimer*, § 766 Rn. 21, § 793 Rn. 6.

388 OLG Hamm Rpfleger 1957, 24, 25; MünchKomm-ZPO/*K. Schmidt/Brinkmann*, § 766 Rn. 18; Stein/Jonas/*Münzberg*, § 766 Rn. 11; Zöller/*Herget*, § 766 Rn. 2; Saenger/*Kindl*, § 766 Rn. 6; a.A.: Kindl/Meller-Hannich/*Sternal*, § 766 ZPO Rn. 27; *Baur/Stürner/ Bruns*, Zwangsvollstreckungsrecht, § 44 Rn. 44.2.

389 Musielak/Voit/*Lackmann*, § 766 Rn. 14.

Rechtsbehelfsführer nur die sofortige Beschwerde statthaft ist, wird im Rahmen der Forderungspfändung diskutiert.[390]

Stellt man für die Qualifikation einer Entscheidung i.S.v. § 793 ZPO dagegen darauf ab, ob das Gesetz eine Abwägung fordert, wäre im vorgenannten Fall nur der einheitliche Rechtsbehelf der sofortigen Beschwerde statthaft.[391]

3. Präklusion nach § 767 Abs. 2 ZPO

Nach § 767 Abs. 2 ZPO kann eine Vollstreckungsabwehrklage nur Erfolg haben, wenn der Schuldner mit seinen Einwendungen nicht präkludiert ist. Die Vorschrift erklärt Einwendungen des Schuldners nur dann für zulässig, wenn die Gründe, auf denen sie beruhen, erst nach dem Schluss der mündlichen Verhandlung, in der Einwendungen spätestens hätten geltend gemacht werden müssen, entstanden sind und durch Einspruch nicht mehr geltend gemacht werden können. Der zeitliche Ausschluss bestimmter Einwendungen wirft Fragen auf. Diese beschränken sich nicht nur auf den Anwendungsbereich der Norm. Sie reichen bis hin zu dem systematischen Verhältnis der Vorschrift des § 767 ZPO, die in ihrem dritten Absatz einen weiteren Einwendungsausschluss regelt.

a) Normzweck

Bereits der Zweck, den die Präklusionsvorschrift des § 767 Abs. 2 ZPO erfüllen soll, wird nicht einheitlich beurteilt. Präklusion bedeutet, dass für eine Partei ab einem bestimmten Zeitpunkt eine Prozesshandlung qua Gesetz nicht mehr wirksam möglich ist.[392] Der Wortlaut der Norm macht deutlich, dass der Schuldner nicht beliebige Einwendungen in die Vollstreckungsabwehrklage einbringen kann, sondern dazu veranlasst werden soll, bereits bestehende Einwände im Erkenntnisverfahren geltend zu machen. Gleichzeitig werden die Möglichkeiten des Schuldners begrenzt, die Zwangsvollstreckung aus dem im Erkenntnisverfahren geschaffenen Titel zu verhindern. Deshalb wird überwiegend vertreten, dass die Vorschrift dem Schutz der materiellen Rechtskraft diene.[393] Dieser Normzweck ist auch in der Begründung

---

390 Für die Rechtsbehelfsspaltung: LG Bochum Rpfleger 1084, 278; Zöller/*Herget*, § 766 Rn. 2; Thomas/Putzo/*Seiler*, § 829 Rn. 55; für die sof. Beschwerde: OLG Bamberg NJW 1978, 1389; Musielak/Voit/*Lackmann*, § 766 Rn. 14; Gaul/Schilken/Becker-Eberhard, Zwangsvollstreckungsrecht, § 37 Rn. 27.

391 So: Wieczorek/Schütze/*Spohnheimer,* § 766 Rn. 26.

392 *Otto*, Die Präklusion, S. 17.

393 RGZ 24, 368, 371; BGHZ 85, 64, 74; 125, 351, 353; 131, 82, 83; 157, 47, 52; 225, 44, 49; BGH NJW-RR 2012, 304, 305; Wieczorek/Schütze/*Spohnheimer,* § 766 Rn. 73; MünchKomm-ZPO/*K. Schmidt/Brinkmann,* § 767 Rn. 77; Saenger/*Kindl,* § 767

des Entwurfs zur CPO angedeutet. Darin wird die Zulassung von Einwendungen in der Zwangsvollstreckung, die den durch das Urteil festgesetzten Anspruch selbst betreffen, als „Mittelweg" unter bereits bestehenden Rechtsordnungen beschrieben, die zum Teil streng an der Wirkung der rechtskräftigen Entscheidung festhielten.[394]

Gerade in der jüngeren Zeit geht das Verständnis der Norm aber dahin, sie als Schutzvorschrift für den Gläubiger zu betrachten. Danach dient die Norm der Vermeidung von Einwendungen des Schuldners, die das Vollstreckungsverfahren verschleppen, und gleichzeitig der Beschleunigung der Zwangsvollstreckung.[395] Die Vertreter dieser Auffassung berufen sich nicht nur auf eine Entscheidung des Reichsgerichts, in der ausgeführt wurde, dass die Vorschrift „offenbar darauf abziele [], im Interesse eines energischen Fortgangs der Vollstreckung Schikanen und Verzögerungen des Schuldners möglichst entgegenzutreten"[396]. Auch sie finden gerade in der Gesetzesbegründung zur CPO Bestätigung.[397] Danach ist „[d]ie richtige Behandlung der von dem Schuldner in der Zwangsvollstreckung geltend zu machenden Einwendungen [] ein dringendes Bedürfnis [], damit nicht nutzlose Chikanen und Verzögerungen zur Kraftlosigkeit des Exekutionsverfahrens führen"[398].

Diese divergierende Betrachtungsweise ist nicht unberechtigt, zumal die Annahme, dass der Normzweck der Vorschrift des § 767 Abs. 2 ZPO in dem Schutz der materiellen Rechtskraft bestehe, zunächst eine Definition der materiellen Rechtskraft erfordert. Allein zu der Frage, was Rechtskraft in diesem Zusammenhang bedeutet, bestehen unterschiedliche Auffassungen.[399]

Vorzugswürdig erscheint es, beide Schutzzwecke zu vereinen.[400] Es ist nicht ersichtlich, worin der Widerspruch bestehen sollte, mit der Regelung einerseits den im Rahmen der Vollstreckungsgegenklage berücksichtigungsfähigen Einwendungen des Schuldners zeitliche Grenzen zu setzen und damit andererseits der Endgültigkeit einer Entscheidung zur Wirksamkeit zu verhelfen. Versteht man die

---

Rn. 19; Prütting/Gehrlein/*Scheuch*, § 767 Rn. 37; im Ergebnis auch: *Burgard*, ZZP 106 (1993), 23, 38.

394 *Hahn*, Materialien zur Zivilprozeßordnung, Bd. 2, Abt. 1, S. 437 f.

395 *Thomale*, ZZP 132 (2019), 139, 147, 160 f.; Schuschke/Walker/Kessen/Thole/*Raebel*, § 767 Rn. 32.

396 RGZ 64, 228, 230; *Thomale*, ZZP 132 (2019), 139, 147; Schuschke/Walker/Kessen/ Thole/*Raebel*, § 767 Rn. 32.

397 *Thomale*, ZZP 132 (2019), 139, 148.

398 *Hahn*, Materialien zur Zivilprozeßordnung, Bd. 2, Abt. 1, S. 436.

399 Beispiele aus der neueren Zeit: *Thole*, ZZP 124 (2011), 45, 46 ff., 70 f., *Wesser*, ZZP 113 (2000), 161, 167 ff., 173 ff.

400 Ähnlich, aber die Norm im Ergebnis als Grenze zwischen Erkenntnis- und Vollstreckungsverfahrens verstehend: Wieczorek/Schütze/*Spohnheimer*, § 767 Rn. 73.

Vorschrift weniger als Schutz eines zu definierenden Begriffs der Rechtskraft von Titeln, sondern die Rechtskraft als Vehikel zur Schaffung von Rechtsfrieden[401] als übergeordneten, untechnischen Zweck, widersprechen sich die genannten Positionen nicht. Die Beschleunigung der Zwangsvollstreckung tritt ohne Weiteres neben den Schutz der Rechtskraft. Ist ein Titel wegen der Präklusionswirkung des § 767 Abs. 2 ZPO nicht mit der Vollstreckungsgegenklage anfechtbar, werden unweigerlich Verzögerungen der Zwangsvollstreckung durch eine Vollstreckungsgegenklage verhindert.

b) Anwendungsbereich der Vorschrift

Lässt man den Schutz der materiellen Rechtskraft zumindest auch als Normzweck zu, kann spiegelbildlich der Anwendungsbereich des § 767 Abs. 2 ZPO festgelegt werden.

Dieser beschränkt sich in seinem direkten Anwendungsbereich auf Titel, die der Rechtkraft fähig sind. Dabei handelt es sich vor allem um vollstreckbare Urteile, aber auch um Beschlüsse. Letztere können zumindest formell rechtskräftig werden. Sie sind über die Vorschrift des § 795 S. 1 ZPO von der Präklusionswirkung umfasst. Konsequenterweise wird die Norm aber dann nicht angewendet, wenn in dem Verfahren, das zum Erlass des Titels geführt hat, materielle Einwendungen gegen den titulierten Anspruch selbst nicht geltend gemacht werden können.[402] Dies gilt etwa für Kostenfestsetzungsbeschlüsse nach §§ 104 ff. ZPO.[403] Unanwendbar ist die Vorschrift zudem auf Titel, welche von Natur aus der Rechtskraft nicht fähig sind.[404] Geregelt ist dies in § 797 Abs. 4 ZPO für vollstreckbare Urkunden. Entsprechendes gilt aber auch für Prozessvergleiche[405] oder Anwaltsvergleiche[406].

---

401 Auf den Rechtfrieden und die Rechtssicherheit als Zweck der Vorschrift abstellend: *Thran*, JuS 1995, 1111, 1113.

402 BGH MDR 1976, 914; Schuschke/Walker/Kessen/Thole/*Raebel*, § 767 Rn. 36.

403 BVerwG NJW 2005, 1962; BGH NJW 1994, 3292; Saenger/*Kindl*, § 767 Rn. 20.1.

404 Saenger/*Kindl*, § 767 Rn. 20 f.

405 BVerfG NJW-RR 2018, 695 f.; BGH NJW 1953, 345; NJW-RR 1987, 1022, 1023; Zöller/*Herget*, § 767 Rn. 20; Thomas/Putzo/*Seiler*, § 767 Rn. 25; Saenger/*Kindl*, § 767 Rn. 20.1.; Wieczorek/Schütze/*Spohnheimer*, § 767 Rn. 74; Prütting/Gehrlein/*Scheuch*, § 767 Rn. 38.

406 BVerfG NJW-RR 2018, 695 f.; Zöller/*Herget*, § 767 Rn. 20; Thomas/Putzo/*Seiler*, § 767 Rn. 25; a.A. Prütting/Gehrlein/*Scheuch*, § 767 Rn. 40; Wieczorek/Schütze/*Spohnheimer*, § 767 Rn. 74.

c) Versäumnisurteil und Vollstreckungsbescheid

Wann die Präklusion eintritt, wenn dem Schuldner die Zwangsvollstreckung aus einem Versäumnisurteil droht, regelt das Gesetz ausdrücklich. In § 767 Abs. 2 ZPO ist normiert, dass Einwendungen des Schuldners nur insoweit zulässig sind, als die Gründe, auf denen sie beruhen, erst nach dem Schluss der mündlichen Verhandlung, in der die Einwendungen spätestens hätten geltend gemacht werden müssen, entstanden sind und durch Einspruch nicht mehr geltend gemacht werden können.

Aus der Vorschrift ergibt sich, dass der Schuldner mit Einwendungen, die nach dem Ablauf der Einspruchsfrist entstanden sind, nicht präkludiert ist. Denn diese können nach Ablauf der zweiwöchigen Notfrist des § 339 ZPO durch einen Einspruch gegen das Versäumnisurteil nicht mehr in das Erkenntnisverfahren eingebracht werden.

Missverständlich ist der Gesetzeswortlaut allerdings insoweit, als er neben dem Zeitpunkt, in dem Einwendungen nicht mehr mithilfe des Einspruchs in das Verfahren eingebracht werden können, in demselben Satz auch den Schluss der mündlichen Verhandlung als Bezugspunkt für den Einwendungsausschluss nennt. Daran schließt sich unweigerlich die Frage an, wie Einwendungen gegen einen in einem Versäumnisurteil titulierten Anspruch zu behandeln sind, die zwar nach dem Schluss der mündlichen Verhandlung, aber noch vor dem Ablauf der Einspruchsfrist entstanden sind.

Dieselbe Problematik stellt sich über die Vorschrift des § 796 Abs. 2 ZPO auch für den Vollstreckungsbescheid.[407]

Zum Teil wird insoweit vertreten, dass die Einwendungen, die zwischen dem Schluss der mündlichen Verhandlung und dem Ablauf der Einspruchsfrist entstanden sind, nicht nach § 767 ZPO präkludieren.[408]

Die herrschende Auffassung in Rechtsprechung[409] und Literatur[410] lässt dagegen nur solche Einwendungen in der Vollstreckungsgegenklage zu, die

---

407 Prütting/Gehrlein/*Scheuch*, § 767 Rn. 46; Musielak/Voit/*Lackmann*, § 767 Rn. 38; Wieczorek/Schütze/*Spohnheimer*, § 767 Rn. 78; Schuschke/Walker/Kessen/Thole/ *Raebel*, § 767 Rn. 35; MünchKomm-ZPO/*K. Schmidt/Brinkmann*, § 767 Rn. 16.

408 Stein/Jonas/*Münzberg*, § 767 Rn. 40; *Otto*, Die Präklusion, S. 69 ff., 72; *ders.*, JA 1981, 649.

409 RGZ 40, 352, 353; 55, 187, 190 ff.; BGH NJW 1982, 1812; vermittelnd für den Fall der Erfüllung des Schuldners: OLG Hamm NJW-RR 2000, 659, 660; offengelassen: BGH NJW-RR 2012, 304, 305.

410 Wieczorek/Schütze/*Spohnheimer*, § 767 Rn. 79; Thomas/Putzo/*Seiler*, § 767 Rn. 21a; Anders/Gehle/*Hunke*, § 767 Rn. 56; MünchKomm-ZPO/*K. Schmidt/Brinkmann*, § 767

nicht mehr mit dem Einspruch gegen das Versäumnisurteil geltend gemacht werden können.[411] Die Einwendung müsse nach dem Ablauf der Einspruchsfrist entstanden sein.[412] Damit geht eine Verschärfung der Präklusionsgrenze bei Versäumnisurteilen einher. Folgt man der herrschenden Meinung, muss der Schuldner Einwendungen gegen den im Versäumnisurteil titulierten Anspruch im Einspruchsverfahren geltend machen, sofern diese nach dem Erlass des Urteils, aber noch innerhalb der Einspruchsfrist entstehen.

Für die Gegenauffassung spricht neben Gesichtspunkten des Schuldnerschutzes, dass die Vorschrift des § 767 Abs. 2 ZPO nicht nur den Fall des in einem Versäumnisurteil titulierten Anspruchs regelt, sondern insbesondere den Grundfall des Urteils, welches ohne Säumnis der Parteien das Erkenntnisverfahren beendet. Bezieht man die Präklusionsgrenze des Schlusses der mündlichen Verhandlung auf diesen Grundfall im Allgemeinen und die Grenze des Ablaufs der Einspruchsfrist auf das Versäumnisurteil im Besonderen, lässt sich anhand des Wortlauts der Norm gut vertreten, dass es bei einem Versäumnisurteil für die Präklusion nicht auf den Schluss der mündlichen Verhandlung ankommt.

Erschwerend kommt hinzu, dass der Schuldner im Falle der Erfüllung nach dem Erlass des Versäumnisurteils, aber noch vor dem Ablauf der Einspruchsfrist, gezwungen wäre, Einspruch einzulegen, um seine Einwendung im Einspruchsverfahren geltend zu machen.[413]

Die strenge Auslegung der Vorschrift findet ihre Begründung in dem Schutz der materiellen Rechtskraft des Versäumnisurteils.[414] Es wird vereinzelt auch auf das mangelnde Rechtsschutzbedürfnis einer Vollstreckungsabwehrklage abgestellt, sofern die Einwendung im Einspruchsverfahren berücksichtigt werden kann.[415] Schließlich wird auch die Konzentrationsfunktion der Norm angebracht, nach der alle Einwendungen, soweit möglich, noch im Erkenntnisverfahren behandelt werden sollen.[416]

Rn. 15; Prütting/Gehrlein/*Scheuch*, § 767 Rn. 46; Zöller/*Herget*, § 767, Rn. 18; Saenger/ *Kindl*, § 767 Rn. 21.1; *Brox/Walker*, Zwangsvollstreckungsrecht, § 44 Rn. 67; *Baur/ Stürner/Bruns*, Zwangsvollstreckungsrecht, Rn. 45.17; *Gaul/Schilken/Becker-Eberhard*, Zwangsvollstreckungsrecht, § 40 Rn. 86; *Blomeyer*, Zivilprozeßrecht, Vollstreckungsverfahren, S. 139.

411 Schuschke/Walker/Kessen/Thole/*Raebel*, § 767 Rn. 34.
412 Anders/Gehle/*Hunke*, § 767 Rn. 56.
413 OLG Hamm NJW-RR 2000, 659 f.; Stein/Jonas/*Münzberg*, § 767 Rn. 40.
414 RGZ 40, 352, 353; 55, 187, 190 ff.
415 MünchKomm-ZPO/*K. Schmidt/Brinkmann*, § 767 Rn. 15.
416 Wieczorek/Schütze/*Spohnheimer*, § 767 Rn. 79.

Ausgehend vom Wortlaut der Vorschrift als Grenze der Auslegung, ist festzustellen, dass diese von der herrschenden Auffassung nicht überschritten wird.
Denn die Verbindung der Zeitpunkte des Einwendungsausschlusses mit dem
Wort „und" weist darauf hin, dass für die Zulassung der Einwendungen beide
Tatbestandsmerkmale – die Entstehung der Einwendung nach dem Schluss der
mündlichen Verhandlung und die fehlende Möglichkeit, diese durch einen Einspruch geltend zu machen – in Kumulation vorliegen müssen.

d) Geltendmachung von Gestaltungsrechten

Für die Frage, bis wann Einwendungen nach § 767 Abs. 2 ZPO hätten geltend
gemacht werden können, werden allein objektive Maßstäbe angelegt und eine
Präklusion unabhängig von einem Verschulden der verspäteten Geltendmachung der Einwendung angenommen.[417]
  Ob dies auch für die Kenntnis der Einwendung gilt, wird dagegen unterschiedlich beurteilt. Diese differenzierten Ansichten werden bedeutsam, wenn die Einwendung des Schuldners in der Ausübung eines Gestaltungsrechts besteht.
  Die strenge Linie der dargestellten[418] vorherrschenden Auffassung wird teilweise konsequent weiterverfolgt. Insbesondere die höchstrichterliche Rechtsprechung stellt auf die objektive Gestaltungslage ab. Danach ist der Schuldner mit
seiner Einwendung bereits dann präkludiert, wenn er Gestaltungsrechte wie die
Aufrechnung[419], die Anfechtung[420] oder die ordentliche Kündigung eines Miet-
verhältnisses[421] nicht vor dem in § 767 Abs. 2 ZPO genannten Zeitpunkt geltend
macht, obwohl er dazu aus objektiver Sicht in der Lage gewesen wäre. Maßgeblich sei der Zeitpunkt der Entstehung des Gestaltungsrechts und die Möglichkeit seiner Ausübung. Demnach komme es nicht darauf an, ob der Schuldner
die Gestaltungserklärung noch im Erkenntnisverfahren habe geltend machen
können, sondern ob zum Zeitpunkt der Schlusses der mündlichen Verhandlung
oder zu einem nach § 767 Abs. 2 ZPO gleichgestellten Zeitpunkt, der Schuldner das Gestaltungsrecht bereits hätte ausüben können. Begrenzt wird diese

---

417 BGH NJW-RR 2010, 1598; OLG Koblenz MDR 2002, 475; Zöller/*Herg*et, § 767 Rn. 14;
       Saenger/*Kindl*, § 767 Rn. 21.2; Prütting/Gehrlein/*Scheuch*, § 767 Rn. 47; Wieczorek/
       Schütze/*Spohnheimer,* § 767 Rn. 81; Thomas/Putzo/*Seiler,* § 767 Rn 21a; *Pohlmann/*
       Schäfers, Zwangsvollstreckungsrecht, Rn. 632.
418 Siehe C.VI.3.c).
419 BGHZ 34, 274, 279; 125, 351, 353; BGH NJW 2009, 1671 f.; NJW 2014, 2045, 2047.
420 BGHZ 42, 37, 40 f.
421 BGH NJW-RR 2006, 229, 230 f.

strikte Vorgehensweise aber auf gesetzliche Gestaltungsrechte wie ordentliche Kündigungsrechte.[422]

Anders sieht es die Rechtsprechung im Falle eines vertraglich gewährten Optionsrechts, dem die Befugnis zur Wahl des Ausübungszeitraums immanent ist. In diesem Fall sei die Wahlmöglichkeit des Schuldners zeitlich nicht zu verkürzen und für die Frage der Präklusion auf den Zeitpunkt der Ausübung des Gestaltungsrechts abzustellen.[423]

Der Bundesgerichtshof geht aber nicht so weit, dem Schuldner aufzuerlegen, die Gestaltungslage selbst herbeizuführen. Dieser habe bei gesetzlichen Gestaltungsrechten nicht die Pflicht, die Voraussetzungen für die Aufrechnungslage zu schaffen. Im Werkvertragsrecht etwa könne der Schuldner den Gläubiger in den Verzug mit der Mangelbeseitigung setzen, um sein Leistungsverweigerungsrecht in einen Zahlungsanspruch umzuwandeln und zu erreichen, dass sich Geldforderungen aufrechenbar gegenüberstehen. Eine dahingehende Verpflichtung des Schuldners bestehe aber nicht.[424]

Diese objektive Betrachtungsweise der Rechtsprechung stößt in der Literatur auf starke Kritik. Da die Gestaltungswirkung erst mit Ausübung des Gestaltungsrechts eintritt, wird das Abstellen auf die objektive Gestaltungslage als verfehlt erachtet.[425] Der Fokus der Ablehnung richtet sich gegen die Folgen der vorgenannten Ansicht. Diese gingen über das Prozessrecht hinaus, und führten zu einer Verkürzung der materiellrechtlichen Ausschlussfristen.[426] Hinsichtlich des Gestaltungsrechts der Aufrechnung sei dies besonders gravierend, da die Entscheidung über eine erfolglose Aufrechnung nach § 322 Abs. 2 ZPO in Rechtskraft erwachse.[427] Der Gefahr der Verschleppung der Zwangsvollstreckung könne durch eine analoge Anwendung der §§ 296, 531 Abs. 2, 533 ZPO entgegengetreten werden.[428]

---

422 BGH NJW 2016, 230 f.
423 BGHZ 94, 29, 33 ff.; BGH NJW-RR 2006, 229, 231.
424 BGHZ 163, 339, 343.
425 *Schellhammer*, Zivilprozess, Rn. 233.
426 Musielak/Voit/*Lackmann*, § 767 Rn. 37; *Brox/Walker*, Zwangsvollstreckungsrecht, § 44 Rn. 78; *Gaul/Schilken/Becker-Eberhard*, Zwangsvollstreckungsrecht, § 40 Rn. 62 ff.; *Prütting/Stickelbrock*, Zwangsvollstreckungsrecht, S. 227; *Pohlmann/Schäfers*, Zwangsvollstreckungsrecht, Rn. 634.
427 Stein/Jonas/*Münzberg*, § 767 Rn. 37.
428 Stein/Jonas/*Münzberg*, § 767 Rn. 38; Musielak/Voit/*Lackmann*, § 767 Rn. 37; *Prütting/Stickelbrock*, Zwangsvollstreckungsrecht, S. 227.

Es besteht aber auch eine beträchtliche Anzahl an Stimmen in der Literatur, die für die Frage der Präklusion auf das Entstehen der Gestaltungslage abstellen.[429]

Innerhalb des Kreises dieser Vertreter wird zum Teil eine differenzierende Betrachtung angestellt. Anders als nach der Ansicht des Bundesgerichtshofs, soll unabhängig von der gesetzlichen oder vertraglichen Rechtsgrundlage danach unterschieden werden, ob das Gestaltungsrecht eigenmächtig und ohne Berufung auf einen bestimmten Tatbestand ausgeübt werden kann. Darunter werden neben Optionsrechten auch ordentliche Rücktrittsreche sowie ordentliche Kündigungsrechte gefasst. Für letztgenannte Gestaltungsrechte soll nicht auf die Gestaltungslage, sondern auf den Zeitpunkt der Gestaltungserklärung abgestellt werden.[430]

Diese Betrachtungsweise führt zu dem Problem, wie mit den im BGB in Umsetzung europäischen Verbraucherrechts[431] geregelten Widerrufsrechten umzugehen ist. Entsprechend der vorgenannten Argumentation werden auch Widerrufsrechte wie solche Gestaltungsrechte behandelt, deren Ausübung nicht von dem Vorliegen bestimmter Tatbestandsvoraussetzungen abhängt. Ein Teil des Schrifttums stellt daher für die Bestimmung des Zeitpunkts der Präklusion nach § 767 Abs. 2 ZPO auf die Ausübung des Widerrufsrechts ab.[432] Aber selbst die Befürworter einer Differenzierung der Gestaltungsrechte dahingehend, ob nach der gesetzlichen Wertung der Gläubiger mit seinem Interesse an einer raschen Vollstreckung oder der Schuldner mit der Befugnis über die Ausübung des Gestaltungsrechts zu entscheiden, schutzwürdiger ist, kommen zu diesem

---

429 So etwa: Zöller/*Herget*, § 767 Rn. 14; Thomas/Putzo/*Seiler*, § 767 Rn. 22a; Prütting/Gehrlein/*Scheuch*, § 767 Rn. 49; MünchKomm-ZPO/*K. Schmidt/Brinkmann*, § 767 Rn. 86; Schuschke/Walker/Kessen/Thole/*Raebel*, § 767 Rn. 33; BeckOK-ZPO/*Preuß*, § 767 Rn. 47.1; *Henckel*, ZZP 74 (1961), 165, 173 f.; *Ernst*, NJW 1986, 401; *Geißler*, NJW 1985, 1865, 1867 f.

430 BGH ZZP 119 (2006), 225 ff. mit krit. Anm. *Münzberg*, ZZP 119 (2006), 232 f.; MünchKomm-ZPO/*K. Schmidt/Brinkmann*, § 767 Rn. 86; Prütting/Gehrlein/*Scheuch*, § 767 Rn. 49; BeckOK-ZPO/*Preuß*, § 767 Rn. 47.1; versch. Mängelrechte differenzierend: *Klimke*, ZZP 126 (2013), 53 ff.

431 Gesetz zur Umsetzung der Verbraucherrechterichtlinie und zur Änderung des Gesetzes zur Regelung der Wohnungsvermittlung vom 20.9.2013, BGBl. 2013 I 3642.

432 MünchKomm/*K. Schmidt/Brinkmann*, § 767 Rn. 86; Prütting/Gehrlein/*Scheuch*, § 767 Rn. 49; BeckOK-ZPO/*Preuß*, § 767 Rn. 47.1; *K. Schmidt*, JuS 2000, 1096, 1098 f.; *Baur/Stürner/Bruns*, Zwangsvollstreckungsrecht, Rn. 45.16; *Prütting/Stickelbrock*, Zwangsvollstreckungsrecht, S. 228 f.

Ergebnis, da sie den Schuldner in seiner Eigenschaft als Verbraucher als schutzwürdiger ansehen.[433]

In einer Entscheidung aus dem Jahre 2020 hat sich der XI. Senats des Bun-
desgerichthofs mit dieser Thematik befasst.[434] In konsequenter Fortführung der
bisherigen Rechtsprechung hat er ausgeführt, dass es auch im Hinblick auf das
Widerrufsrecht für die Frage der Präklusion allein auf die objektive Möglichkeit
zu dessen Ausübung ankommt. Der Senat erkennt dabei, dass die Entscheidungsfreiheit des Verbrauchers mit den prozessualen Auswirkungen einer Präklusion nach § 767 Abs. 2 ZPO eingeschränkt wird, er hält diese Einschränkung
aber zum Schutze der materiellen Rechtskraft für gerechtfertigt.[435] Dies macht
noch einmal deutlich, wie bedeutsam die Zweckrichtung des § 767 Abs. 2 ZPO
für die aktuelle Diskussion ist. Die Freiheit des Verbrauchers, den Vertrag zu
widerrufen, sei lediglich eine „Nebenfolge"[436] des mit dem Widerruf eigentlich
Bezweckten. Das Ziel der Widerrufsmöglichkeit bestehe darin, dem Verbraucher Entscheidungsfreiheit hinsichtlich des Abschlusses des Rechtsgeschäfts zu
sichern. Obwohl es in dem entschiedenen Fall nicht darauf ankam, äußert sich
der Bundesgerichthof auch zur Unionsrechtskonformität dieser Entscheidung.
Das Gericht bewertet die nationale Regelung des § 767 Abs. 2 ZPO als eine pro-
zessrechtliche Vorschrift, für die es keine unionsrechtlichen Regelungen gebe.[437]

Ob die damit einhergehende strenge Handhabung der Präklusion von Widerrufsrechten tatsächlich nicht gegen Unionsrecht verstößt, lässt sich durchaus
bezweifeln. Sie kann zur zeitlichen Verkürzung der Widerrufsrechte von Ver-
brauchern führen. Andererseits ist diese Folge nicht immer zu befürchten, sondern nur in der Konstellation, dass gerichtlich über einen Anspruch entschieden
wird und die Ausübung eines Widerrufsrechts zu dessen Erlöschen führt.

Diese jüngste Entscheidung des Bundesgerichtshofs zu der behandelten Thematik macht das eigentliche Problem sehr deutlich. Es besteht in den Auswirkungen der prozessrechtlichen Regelung des § 767 Abs. 2 ZPO auf das materielle
Recht. Interessant ist in diesem Zusammenhang ein schon lange vor diesem
Urteil geäußertes Argument. Danach komme es auf die objektive Möglichkeit

---

433 Wieczorek/Schütze/*Spohnheimer*, § 767 Rn. 86; auf die Belehrung über das Wider-
     rufsrecht abstellend: *Schwab*, JZ 2006, 170, 175 f.; dies ebenfalls bis zur Grenze der
     rechtsmissbräuchlichen Ausübung des Widerrufsrechts einschränkend: *von Sachsen
     Gessaphe*, Zwangsvollstreckungsrecht, Rn. 535.
434 BGHZ 225, 44 ff.
435 BGHZ 225, 44, 48 f.
436 BGHZ 225, 44, 50.
437 BGHZ 225, 44, 51.

der Ausübung des Gestaltungsrechts an, da die Vorschrift des § 767 Abs. 2 ZPO *vor* der Normierung der Aufrechnung als einseitige Gestaltungserklärung im BGB erlassen wurde.[438]

Letztlich lässt sich feststellen, dass die Norm des § 767 Abs. 2 ZPO in ihrer bis heute geltenden Fassung in beide Richtungen hin verstanden werden kann. Der Grund für das Gestaltungsrecht kann bereits mit der Gestaltungslage entstehen – so wie es der Bundesgerichthof sieht – mit dem Gesetzeswortlaut lässt sich aber auch argumentieren, dass der Grund, auf dem die Einwendung des Schuldners beruht, erst dann entsteht, wenn die Gestaltungswirkung mit der Ausübung des Gestaltungsrechts eintritt.[439]

4. Konzentrationsgebot des § 767 Abs. 3 ZPO

Auch der Gehalt der Regelung des § 767 Abs. 3 ZPO erschließt sich nicht ohne Weiteres. Nach dem Dargestellten[440] ergibt sich bereits aus dem zweiten Absatz des § 767 ZPO, dass der Schuldner im Rahmen der Vollstreckungsabwehrklage alle Einwendungen erheben muss, zu deren Geltendmachung er imstande ist. Demgegenüber stellt die Vorschrift des § 767 Abs. 3 ZPO mit dem Zeitpunkt der Klageerhebung auf ein anderes Datum ab. Daraus schließt die herrschende Meinung, dass die Norm einen Einwendungsausschluss für den Fall mehrerer aufeinander folgender Vollstreckungsabwehrklagen regelt.[441]

Entgegen dem Gesetzeswortlaut wird darüber hinaus angenommen, dass die Einwendungen nicht bereits sämtlich in der Klageschrift, sondern – vergleichbar mit der Präklusionsvorschrift des § 767 Abs. 2 ZPO – bis zum Schluss der

---

438 *Henckel*, ZZP 74 (1961), 165, 172.

439 Die Widerrufserklärung als „neue Tatsache" i.S.d. § 767 Abs. 2 ZPO bezeichnend: *Fischer*, VuR 2004, 322, 326.

440 Siehe C.VI.3.c), d).

441 RGZ 55, 101, 104; RG ZZP 61, 142; BGHZ 124, 164, 172 f.; 167, 150, 153; BGH NJW 1991, 2280, 2281; *Gilles*, ZZP 83 (1970), 61, 107; Wieczorek/Schütze/*Spohnheimer*, § 767 Rn. 74, 102; Stein/Jonas/*Münzberg*, § 767 Rn. 52, 55; Prütting/Gehrlein/*Scheuch*, § 767 Rn. 51; Saenger/*Kindl*, § 767 Rn. 23, 20.1; Musielak/Voit/*Lackmann*, § 767 Rn. 41; BeckOK-ZPO/*Preuß*, § 767 Rn. 49; Schuschke/Walker/Kessen/Thole/*Raebel*, § 767 Rn. 44; näher dazu: *Burgard*, ZZP 106 (1993), 23 ff., 50; a.A. MünchKomm/ *K. Schmidt/Brinkmann*, § 767 Rn. 90; *Schmidt*, JR 92, 89, 92 ff.; den deklaratorischen Charakter der Vorschrift betonend: *Münch*, S. 343.

mündlichen Verhandlung geltend gemacht werden müssen.[442] Das Abstellen auf den Schluss der mündlichen Verhandlung ist zweckmäßig, da das Moment der Einreichung der Klageschrift verfrüht wäre, um Einwendungen des Klägers auszuschließen. Gerade im Parteiprozess hat die Hinweispflicht des Gerichts aus § 139 ZPO besondere Bedeutung. Hinweise des Gerichts würden obsolet, wenn dem Schuldner die Möglichkeit des Nachschiebens geeigneter Einwände genommen wäre, weil er bereits zum Zeitpunkt der Einreichung der Klageschrift sämtliche Einwendungen vorbringen müsste.

a) Intention des Gesetzgebers

Die Konzentrationswirkung des § 767 Abs. 3 ZPO soll einer Vereitelung der Zwangsvollstreckung durch die wiederholte Erhebung von Vollstreckungsgegenklagen vorbeugen. Der Bundesgerichtshof spricht insoweit von einer „Häufung von Vollstreckungsgegenklagen"[443], die vermieden werden soll. Stattdessen sind alle bestehenden Einwendungen in einer Vollstreckungsabwehrklage geltend zu machen. Auch bei dieser Regelung ging es dem Gesetzgeber darum, die Schlagkraft der Zwangsvollstreckung zu wahren.[444]

Da die Vorschrift anders als die Präklusionsnorm des § 767 Abs. 2 ZPO keine Wirkungen auf die materielle Rechtskraft des der Vollstreckung zugrunde liegenden Titels hat, ist das Gebot, alle Einwendungen in einer Vollstreckungsabwehrklage geltend zu machen, nicht auf der Rechtskraft fähige Titel beschränkt.[445]

b) Maßgeblicher Zeitpunkt für die Präklusionswirkung

Eine Parallele zu der Diskussion um die Vorschrift des § 767 Abs. 2 ZPO ergibt sich bei der Frage nach dem maßgeblichen Zeitpunkt für die Präklusionswirkung. Streitig ist auch insoweit, ob es auf die objektive Möglichkeit der Geltendmachung der Einwendungen im Rahmen der vorausgegangenen

---

442 RG JW 1905, 53; RGZ 55, 101, 104; RG ZZP 61, 142, 144 f.; OLG Celle MDR 1963, 932 f.; Wieczorek/Schütze/*Spohnheimer*, § 767 Rn. 107; *Gaul/Schilken/Becker-Eberhard*, Zwangsvollstreckungsrecht, § 40 Rn. 114.

443 BGHZ 124, 164, 172 f.

444 *Hahn*, Materialien zur Zivilprozeßordnung, Bd. 2, Abt. 2, S. 437; BVerfG NJW-RR 2018, 694, 697; Saenger/*Kindl*, § 767 Rn. 23; Stein/Jonas/*Münzberg*, § 767 Rn. 5; Prütting/Gehrlein/*Scheuch*, § 767 Rn. 51.

445 BGHZ 61, 25, 27; Prütting/Gehrlein/*Scheuch*, § 767 Rn. 52; Schuschke/Walker/Kessen/Thole/*Raebel*, § 767 Rn. 44; dies als „rechtskraftfremde Präklusion" bezeichnend: *Lakkis*, ZZP 119 (2006), 435, 443.

Vollstreckungsabwehrklage ankommt oder eine Präklusion nur in Betracht kommt, wenn der Schuldner die subjektive Möglichkeit hatte, den Einwand im vorausgegangenen Klageverfahren nach § 767 ZPO zu erheben. Von der höchstrichterlichen Rechtsprechung[446], aber auch von Stimmen in der Literatur[447] wird allein auf die objektive Möglichkeit abgestellt.

Nach der Gegenauffassung ist der Schuldner nur dann mit einer Einwendung ausgeschlossen, wenn er von dieser gewusst und sie schuldhaft nicht geltend gemacht hat.[448] Letztgenannte Ansicht vermag sich auf den Wortlaut der Norm zu stützten. Danach müssen alle Einwendungen geltend gemacht werden, die der Schuldner zurzeit der Klageerhebung „geltend zu machen imstande war".

5. Umstrittene Interventionsrechte

Auch die Drittwiderspruchsklage nach § 771 ZPO wirft in ihrer praktischen Umsetzung Fragen auf. Die zentrale Prüfung im Rahmen der Begründetheit der Klage ist darauf gerichtet, ob dem Kläger ein Interventionsrecht gegen den Vollstreckungsgläubiger zusteht.

Welche Rechte „ein die Veräußerung hinderndes Recht" des Dritten darstellen, wird im Einzelnen anhand einer Vielzahl von Rechten diskutiert. Eine Betrachtung des Diskurses zeigt erstaunliche Kontinuitäten[449], aber auch neue Problemfelder.

a) Sicherungseigentum

Ausgangspunkt der Drittwiderspruchsklage ist der Fall eines Dritten, der das Eigentumsrecht aus § 903 BGB an einem gepfändeten und zur Versteigerung anstehenden Gegenstand geltend macht. Im Rechtsbehelfsverfahren können die Folgen, die mit der schnellen Zwangsvollstreckung einhergehen, eine Korrektur

---

446 BGHZ 61, 25, 26 f.; BGH NJW-RR 1987, 59.

447 Zöller/*Herget*, § 767 Rn. 22; Schuschke/Walker/Kessen/Thole/*Raebel*, § 767 Rn. 44; Anders/Gehle/*Hunke*, § 767 Rn. 58; Prütting/Gehrlein/*Scheuch*, § 767 Rn. 53; *Geißler*, NJW 1985, 1865, 1868; *Prütting/Stickelbrock*, Zwangsvollstreckungsrecht, S. 229 f.

448 BGZ ZZP 74 (1961), 187 ff. mit krit. Anm. *Zeuner*, ZZP 74 (1961), 190, 192; *K. Schmidt* in FS 50 Jahre BGH, Bd. III, 491, 512; *Baumgärtel/Scherf*, JR 1968, 368, 370; *Blomeyer*, Zivilprozeßrecht, Vollstreckungsverfahren, S. 133 f.; *Otto*, JA 1981, 606, 609; *Burgard*, ZZP 106 (1993), 23, 44 f.; Stein/Jonas/*Münzberg*, § 767 Rn. 52; Musielak/Voit/*Lackmann*, § 767 Rn. 42; Saenger/*Kindl*, § 767 Rn. 24; *Brox/Walker*, Zwangsvollstreckungsrecht; § 44 Rn. 96; *Pohlmann/Schäfers*, Zwangsvollstreckungsrecht, Rn. 642.

449 Zur Diskussion um Interventionsrechte bereits: *Francke*, ZZP 38 (1909), 361, 364 ff.

finden. Erhebt der wahre Rechtsinhaber die Drittwiderspruchsklage und macht sein Eigentum geltend, wird die materielle Rechtslage im Rahmen des sich anschließenden Erkenntnisverfahrens geprüft.

An die Vorstellung des Gesetzgebers von dem Eigentum als dem „die Veräußerung hindernden Recht" schlechthin schließt sich ein klassischer, bis in die heutige Zeit fortwährender Streit an. Dieser rankt sich um die Frage, ob das Sicherungseigentum genauso wie das Volleigentum an einem Gegenstand zu behandeln ist.

Ein systematischer Vergleich mit der Gesamtzwangsvollstreckung spricht gegen die Anerkennung des Sicherungseigentums als Interventionsrecht i.S.v. § 771 Abs. 1 ZPO.[450] Die Vorschrift des § 51 Nr. 1 InsO regelt das Sicherungseigentum als Absonderungsrecht und nicht als Aussonderungsrecht.[451] In der Insolvenz ermöglicht das Sicherungseigentum dem Gläubiger daher gerade nicht die Befriedigung außerhalb des Vollstreckungsverfahrens. Vielmehr wird der Absonderungsberechtigte bevorzugt aus der Insolvenzmasse befriedigt.[452] Die Verwertung des Gegenstandes kann er dagegen nicht verhindern. Gerade diese Absicht hat aber der Dritte, der eine Drittwiderspruchsklage erhebt.

Dennoch ist die herrschende Gegenauffassung[453], die sowohl dem Sicherungseigentümer für den Zeitraum des Bestehens des zu sichernden Anspruchs als auch dem Sicherungsgeber bis zur Vollstreckungsreife ein Interventionsrecht zuspricht, überzeugender. Ihre Vertreter weisen zu Recht darauf hin, dass es sich bei Sicherungseigentum um ein vollwertiges Eigentumsrecht handelt.[454] Dies ist

---

450 Anders/Gehle/*Hunke*, § 771 Rn. 25; *Weiß*, NJW 1951, 143; Schuschke/Walker/Kessen/Thole/*Raebel/Thole*, § 771 Rn. 21; noch zur Konkursordnung: LG Bielefeld MDR 1950, 750; LG Berlin JR 1952, 249 f. m. Anm. *Wagner*; differenzierend: *Paulus*, ZZP 64 (1951), 169, 200 ff.

451 Andres/Leithaus/*Leithaus*, § 51 Rn. 2.

452 Braun/*Bäuerle*, Vorb. vor §§ 49–52, Rn. 1, 3.

453 BGHZ 12, 232, 234; 72, 141, 146; 100, 95, 105 f.; *Renkl*, JuS 1981, 666, 668 f.; *Geißler*, NJW 1985, 1865, 1870; Stein/Jonas/*Münzberg*, § 771 Rn. 30 f.; Wieczorek/Schütze/*Spohnheimer*, § 771 Rn. 19 f.; Musielak/Voit/*Lackmann*, § 771 Rn. 18 f.; BeckOK-ZPO/*Preuß*, § 771 Rn. 17 f.; Prütting/Gehrlein/*Scheuch*, § 771 Rn. 17 ff.; Zöller/*Herget*, § 771 Rn. 14.25; *von Sachsen Gessaphe*, Zwangsvollstreckungsrecht, Rn. 581; *Pohlmann/Schäfers*, Zwangsvollstreckungsrecht, Rn. 687 ff.; zwischen Sicherungsnehmer und Sicherungsgeber differenzierend: MünchKomm-ZPO/*K. Schmidt/Brinkmann*, § 771 Rn. 29 f.

454 *Renkl*, JuS 1981, 666, 668 f.; Prütting/Gehrlein/*Scheuch*, § 771 Rn. 19; BeckOK-ZPO/*Preuß*, § 771 Rn. 18.

im Hinblick auf die wirtschaftliche Bedeutung des Sicherungseigentums, welches das in den §§ 1205 ff. BGB geregelte Faustpfandrecht wegen dessen geringer Praktikabilität abgelöst hat,[455] sachgerecht. Zudem hinkt der Vergleich mit der Behandlung des Sicherungseigentums im Insolvenzverfahren. Bei allen anzuerkennenden Gemeinsamkeiten zwischen der Einzelzwangsvollstreckung und der Gesamtzwangsvollstreckung ist ein wesentlicher Unterschied zu berücksichtigen. Während es bei der Einzelzwangsvollstreckung um die Befriedigung eines bestimmten Gläubigers geht, ist das Insolvenzverfahren auf die Verwertung des schuldnerischen Vermögens insgesamt und die gleichmäßige Befriedigung aller Gläubiger ausgerichtet.[456] Diese divergierende Zielrichtung rechtfertigt es, das Sicherungseigentum in der Einzelzwangsvollstreckung anders zu behandeln als im Insolvenzverfahren.

b) Anfechtungsrecht nach dem AnfG

Auch in Hinblick auf ein weiteres Recht wird zum Teil in Anlehnung an die Insolvenzordnung argumentiert. Rechtshandlungen, die vor der Eröffnung des Insolvenzverfahrens vorgenommen worden sind und die Insolvenzgläubiger benachteiligen, können nach § 129 Abs. 1 InsO von dem Insolvenzverwalter angefochten werden. Als Rechtsfolge der Anfechtung regelt die Norm des § 143 Abs. 1 S. 1 InsO, dass dasjenige zur Insolvenzmasse zurückgewährt werden muss, was durch anfechtbare Handlung aus dem Vermögen des Schuldners gelangt ist. Der Gedanke wird auf das Anfechtungsrecht nach dem Anfechtungsgesetz übertragen. Dieses gewährt gem. § 11 Abs. 1 S. 1 AnfG grundsätzlich einen Anspruch auf Duldung der Zwangsvollstreckung.[457] Überwiegend wird dem nach dem Anfechtungsgesetz Anfechtungsberechtigten die Möglichkeit der Drittwiderspruchsklage eingeräumt.[458] Diese Auffassung bestätigt der Bundesgerichtshof[459], wenn er bei dem sich aus einer erfolgreichen Insolvenzanfechtung

---

455 Näher dazu: *Arens-Lüke*, JuS 1984, 263, 264 f.

456 Siehe § 1 InsO; ähnlich: Wieczorek/Schütze/*Spohnheimer*, § 771 Rn. 20.

457 Kindl/Meller-Hannich/*Haertlein*, § 771 ZPO Rn. 3.

458 *K. Schmidt*, JZ 1987, 889, 891; Anders/Gehle/*Hunke*, § 771 Rn. 14; Prütting/Gehrlein/ *Scheuch*, § 771 Rn. 37; Zöller/*Herget*, § 771 Rn. 14.3; Musielak/Voit/*Lackmann*, § 771 Rn. 29; noch zu § 37 KO: KG NJW 1958, 914; a.A. Schuschke/Walker/Kessen/Thole/ *Raebel*/*Thole*, § 771 Rn. 34; Wieczorek/Schütze/*Spohnheimer*, § 771 Rn. 31; Pohlmann/ *Schäfers*, Zwangsvollstreckungsrecht, Rn. 713; differenzierend: Stein/Jonas/*Münzberg*, § 771 Rn. 40; eingehend dazu: *Gaul* in FS K. Schmidt, 425, 426 ff.

459 BGHZ 156, 350, 358 ff.; 178, 171, 176.

ergebenden Rückgewähranspruch aus § 143 InsO ein Aussonderungsrecht zuerkennt, nur auf den ersten Blick. Denn das Argument, das Anfechtungsgesetz sei genauso wie die Insolvenzordnung auf die Duldung der Zwangsvollstreckung gerichtet,[460] verfängt nicht. Auch insoweit stehen grundlegende Wesensmerkmale des Insolvenzverfahrens der Gleichsetzung mit der Geltendmachung von Ansprüchen nach dem Anfechtungsgesetz entgegen.

c) Besitz

Da bereits nicht einheitlich beurteilt wird, ob jegliches Eigentum zur Erhebung der Drittwiderspruchsklage berechtigt, verwundert es nicht, dass auch streitig ist, ob der bloße Besitz an einer beweglichen Sache ein Interventionsrecht i.S.v. § 771 ZPO darstellt.[461] Zu Recht wird darauf hingewiesen, dass der Dritte den unmittelbaren Besitz, den der Gerichtsvollzieher nach §§ 808 f. ZPO schon im Vollstreckungsverfahren zu prüfen hat, mit der Vollstreckungserinnerung nach § 766 ZPO geltend machen kann.[462] Jedoch bleibt die Frage offen, ob der besitzende Dritte nicht nur Vollstreckungserinnerung, sondern auch Drittwiderspruchsklage erheben kann. Die Rechtsprechung erkennt den Besitz als Interventionsrecht an.[463] Eine im Vordringen befindliche Auffassung nimmt ein Interventionsrecht dagegen nur an, wenn ein Recht zum Besitz besteht.[464] Begründet wird dies damit, dass sich aus der tatsächlichen Sachherrschaft gem. § 854 BGB nicht ergebe, dass der betroffene Gegenstand in das Schuldnervermögen falle.

---

460 Musielak/Voit/*Lackmann*, § 771 Rn. 29.
461 Bejahend: RGZ 105, 413, 414; BGHZ 2, 164, 168; wohl auch: Prütting/Gehrleich/ *Scheuch*, § 771 Rn. 30; verneinend: *Stamm*, ZZP 124 (2011), 317, 321; Musielak/Voit/ *Lackmann*, § 771 Rn. 24; MünchKomm-ZPO/*K. Schmidt/Brinkmann*, § 771 Rn. 39; Thomas/Putzo/*Seiler*, § 771 Rn. 21; Saenger/*Kindl*, § 771 Rn. 10; Wieczorek/Schütze/ *Spohnheimer*, § 771 Rn. 25; *Jäckel*, JA 2010, 357, 360; wohl auch: Stein/Jonas/*Münzberg*, § 771 Rn. 35.
462 *Stamm*, ZZP 124 (2011), 317, 321, 337 f.; *Brox/Walker*, Zwangsvollstreckungsrecht, § 45 Rn. 44.
463 RGZ 105, 413, 414; BGHZ 2, 164, 168.
464 *Jäckel*, JA 2010, 357, 360; Stein/Jonas/*Münzberg*, § 771 Rn. 35; Wieczorek/Schütze/ *Spohnheimer*, § 771 Rn. 25; Zöller/*Herget*, § 771 Rn. 14.5; MünchKomm-ZPO/*K. Schmidt/Brinkmann*, § 771 Rn. 39; Musielak/Voit/*Lackmann*, § 771 Rn. 24; Thomas/ Putzo/*Seiler*, § 771 Rn. 21; Schuschke/Walker/Kessen/Thole/*Raebel/Thole*, § 771 Rn. 29; *Pohlmann/Schäfers*, Zwangsvollstreckungsrecht, Rn. 701; a.A. *Stamm*, ZZP 124 (2011), 317, 337 f.

Ähnlich verhält es sich mit dem mittelbaren Besitz. Zudem wird der obligatorische Herausgabeanspruch größtenteils als Interventionsrecht anerkannt. Vorausgesetzt wird allerdings, dass der Schuldner nicht Eigentümer des herauszugebenden Gegenstands ist.[465]

d) Obligatorische Rechte

Interventionswirkung haben aber nicht jegliche schuldrechtlichen Ansprüche. Vielmehr stellt die Zulassung der Drittwiderspruchsklage bei diesen die Ausnahme dar. Kein Recht i.S.v. § 771 ZPO wird etwa Verschaffungsansprüchen zuerkannt.[466] Es wird insoweit nachvollziehbar differenziert, dass Verschaffungsansprüche im Gegensatz zu Herausgabeansprüchen keine bestehende Rechtsposition des Dritten beinhalten würden und der Gegenstand, an dem sie bestehen, nicht dem Vermögen des Dritten, sondern dem des Schuldners zuzuordnen sei.[467]

Zwar können auch faktische Rechtspositionen Vermögenswerte aufweisen, dennoch stellt sich in der Zusammenschau ein homogenes und mit dem Sinn und Zweck der Drittwiderspruchsklage vereinbares Bild dar. Soll der Rechtsbehelf gerade die Brüche zwischen den von der Zwangsvollstreckung geschaffenen tatsächlichen Gegebenheiten und der materiellen Rechtslage korrigieren, ist es schlüssig, nur vermögenswerte, dem Rechtskreis des Dritten bereits zugefallene Rechte als Drittwiderspruchsrechte anzuerkennen.

---

465 RGZ 84, 214, 216; Stein/Jonas/*Münzberg*, § 771 Rn. 36; Wieczorek/Schütze/*Spohnheimer*, § 771 Rn. 26; Zöller/*Herget*, § 771 Rn. 14.14; MünchKomm-ZPO/*K. Schmidt/ Brinkmann*, § 771 Rn. 41; Musielak/Voit/*Lackmann*, § 771 Rn. 25; Saenger/*Kindl*, § 771 Rn. 11; Prütting/Gehrlein/*Scheuch*, § 771 Rn. 32; BeckOK-ZPO/*Preuß*, § 771 Rn. 30; a.A. *Stamm*, ZZP 124 (2011), 318, 337 f.

466 RGZ 84, 214, 216; Stein/Jonas/*Münzberg*, § 771 Rn. 38; Wieczorek/Schütze/*Spohnheimer*, § 771 Rn. 27; Zöller/*Herget*, § 771 Rn. 14.14; MünchKomm-ZPO/*K. Schmidt/ Brinkmann*, § 771 Rn. 40; Schuschke/Walker/Kessen/Thole/*Walker/Raebel/Thole*, § 771 Rn. 30; Musielak/Voit/*Lackmann*, § 771 Rn. 25; Thomas/Putzo/*Seiler*, § 771 Rn. 18; *von Sachsen Gessaphe*, Zwangsvollstreckungsrecht, Rn. 583; Pohlmann/*Schäfers*, Zwangsvollstreckungsrecht, Rn. 706.

467 *Prütting/Weth*, JuS 1988, 505, 511; Zöller/*Herget*, § 771 Rn. 14.14; BeckOK-ZPO/ *Preuß*, § 771 Rn. 30; Wieczorek/Schütze/*Spohnheimer*, § 771 Rn. 27; Thomas/Putzo/ *Seiler*, § 771 Rn. 18; Pohlmann/*Schäfers*, Zwangsvollstreckungsrecht, Rn. 706.

e) Neue vermögenswerte Rechtspositionen

Mit der fortschreitenden Digitalisierung der Gesellschaft und der rechtlichen Einordnung von Innovationen durch den Gesetzgeber eröffnen sich immer weitere Spannungsfelder. Die Neuerungen können an die hergebrachten Grundsätze anknüpfen, bedürfen insoweit aber einer Implementierung in die digitale Gegenwart.

Ein anschauliches Beispiel stellen die längst in den Alltag der allermeisten Bürger und ihren Vermögensbestand integrierten Datenträger dar. Diese heute kaum noch wegzudenkenden Hilfsmittel haben in vielen Bereichen Papierquellen ersetzt. Die Zwangsvollstreckung in Daten wird daher in Zukunft sicherlich zunehmen. Dabei sind drei Situationen zu unterscheiden. Entweder der Titel lautet auf Herausgabe des Datenträgers, auf dem die Daten gespeichert sind, oder dem Gläubiger wurde ein Anspruch auf Übertragung von Daten zuerkannt, der nun durchgesetzt werden soll. Es kann aber auch wegen einer titulierten Geldforderung in Daten vollstreckt werden.

Der erste Fall kann ohne Weiteres mit den vorhandenen Instrumenten der ZPO gelöst werden. Ist ein Anspruch auf Herausgabe des Datenträgers tituliert, ist dieser Herausgabeanspruch nach §§ 883 ff. ZPO durch den Gerichtsvollzieher vollstreckbar.[468]

Schwieriger ist der Fall, dass der Titel auf Übertragung von Daten lautet. Das Vollstreckungsziel beinhaltet dabei nicht nur eine Handlung, sondern drei. Die Daten müssen kopiert werden und die reproduzierten Daten sind anschließend herauszugeben. Zur vollständigen Übertragung bedarf es dann noch der Löschung der ursprünglichen Daten.[469] Eine Herausgabevollstreckung nach §§ 883 ff. ZPO ist nicht möglich, da Daten keine beweglichen Sachen i.S.v. § 90 BGB darstellen.[470] Vielmehr kommt eine Zwangsvollstreckung nach § 887 ZPO oder § 888 ZPO in Betracht. Welche Form einschlägig ist, wird unterschiedlich beurteilt, je nachdem, ob die vorgenannten Handlungen als vertretbare oder als unvertretbare Handlungen behandelt werden.[471]

---

468 *Völzmann-Stickelbrock* in FS Taeger, 749, 756; *Steinrötter/Bohlsen*, ZZP 133 (2020), 439, 461.
469 *Steinrötter/Bohlsen*, ZZP 133 (2020), 439, 461.
470 BGH MDR 2018, 227, 228; *Völzmann-Stickelbrock* in FS Taeger, 749, 756 f.
471 Für § 887 ZPO: *Steinrötter/Bohlsen*, ZZP 133 (2020), 439, 462; Musielak/Voit/*Lackmann*, § 883 Rn. 4; Zöller/*Seibel*, § 883 Rn. 2; auf das Interesse des Gläubigers an der Leistung des Schuldners in Person abstellend: *Völzmann-Stickelbrock* in FS Taeger, 749, 757.

Stellen Daten das Vollstreckungsobjekt dar, kommt eine Zwangsvollstreckung in Daten mittels eines Pfändungs- und Überweisungsbeschlusses nach § 857 Abs. 1 ZPO i.V.m. §§ 828 ff. ZPO in Betracht. Daten kann grundsätzlich ein Vermögenswert zukommen. Problematisch ist aber, dass für die Pfändbarkeit nach § 857 Abs. 1 ZPO ein Recht verlangt wird, dessen Verwertung zur Befriedigung des Geldanspruchs des Gläubigers führen kann. Faktische Verhältnisse reichen dafür nicht aus.[472] Mangels Körperlichkeit sind Daten keine Sachen im Sinne des § 90 BGB. Bei der Inhaberschaft von Daten handelt es sich nach der derzeitigen Rechtslage nicht um ein absolutes Recht. Daher ist § 857 Abs. 1 ZPO für die Zwangsvollstreckung in Daten nur dann anwendbar, wenn das sonstige vermögenswerte Recht nicht mit einem absoluten Recht gleichgesetzt wird. Dogmatisch lässt sich dies erreichen, indem man als Vermögensrecht auch andere vermögenswerte Rechtspositionen ansieht, die zur Befriedigung der Geldforderung des Gläubigers führen können und diese im Wege einer teleologischen Reduktion unter § 857 Abs. 1 ZPO fasst.[473] Zu dem gleichen Ergebnis kommt auch eine analoge Anwendung der Vorschrift auf Datenbestände.[474]

Das bestehende System kann also auch auf die Zwangsvollstreckung in Daten angewendet werden. Spiegelbildlich dazu müsste aber auch der Schuldnerschutz gewährleistet sein. An dieser Stelle lässt sich eine Rechtsschutzlücke feststellen. Sofern es sich nicht um reine Roh- oder Maschinendaten handelt, werden diese vielfach sensible personenbezogene Informationen des Schuldners enthalten. Gelangen diese Informationen im Wege der Verwertung an den Gläubiger, kann dies zu Eingriffen in das allgemeine Persönlichkeitsrecht des Schuldners führen. Da die Vorschrift des § 811 ZPO nur für die Zwangsvollstreckung wegen Geldforderungen in bewegliche Sachen und nicht für die Vollstreckung in Daten gilt, erfahren die Persönlichkeitsrechte des Schuldners nach der derzeitigen Rechtslage im Vollstreckungsverfahren keinen Schutz.[475]

Eine Zwangsvollstreckung wegen eines Herausgabeanspruchs am Datenträger oder in die Daten selbst kann aber auch weitreichende Folgen für nicht

---

472 BGH NJW 2005, 3353; Musielak/Voit/*Flockenhaus*, § 857 Rn. 2a.

473 *Völzmann-Stickelbrock* in FS Taeger, 749, 755 f.; im Ergebnis ebenso: *Steinrötter/Bohlsen*, ZZP 133 (2020), 439, 467 f.

474 Für die analoge Anwendung von § 857 ZPO auf die Pfändung in Bitcoins, jedoch mit Zweifeln an der Praxistauglichkeit: *Effer-Ehe*, ZZP 131 (2018), 513, 524 ff.; *Badstuber*, DGVZ 2019, 246, 250 f.

475 *Völzmann-Stickelbrock* in FS Taeger, 749, 760 ff.; a.A. mit der Berücksichtigung der Personenbezogenheit der Daten über § 851 ZPO: *Steinrötter/Bohlsen*, ZZP 133 (2020), 439, 468 f.

an dem vorausgegangenen Erkenntnisverfahren beteiligte Dritte haben. Auch der Dritte ist im Rahmen des Vollstreckungsverfahrens nicht geschützt. Anders als bei beweglichen Gegenständen wird der Gerichtsvollzieher bei der Herausgabevollstreckung eines Datenträgers kein evidentes Dritteigentum feststellen können, da die Berechtigung an den Daten und das Eigentum an dem Datenträger auseinanderfallen können. Ein Verfahrensfehler, den der Dritte mit der Vollstreckungserinnerung nach § 766 Abs. 1 ZPO geltend machen könnte, liegt also nicht vor.[476]

Es verbleibt für den Dritten dann nur die Möglichkeit, ein Interventionsrecht an den Daten nach § 771 ZPO geltend zu machen. Welche Rechte des Dritten an Daten zur Drittwiderspruchsklage berechtigen, lässt sich anhand der Kriterien klären, die auch „außerhalb der digitalen Welt" angewendet werden. Hat der Dritte einen Herausgabeanspruch an den Daten, stellt dies ein Interventionsrecht dar, handelt es sich dagegen um einen bloßen Verschaffungsanspruch, ist der Dritte nicht zur Intervention berechtigt.[477]

6. Einwendungen des nach § 771 ZPO beklagten Gläubigers

Von dem Normtext des § 771 ZPO ist nicht erfasst, dass der Vollstreckungsgläubiger, gegen den sich die Drittwiderspruchsklage richtet, die Möglichkeit hat, Einwendungen zu erheben.

Es kann sich insoweit um die Negation der Entstehung des Interventionsrechts selbst, aber auch um rechtsvernichtende oder rechtshemmende Einwendungen handeln.[478] Da mit Hilfe der Drittwiderspruchsklage die materielle Berechtigung an dem Vollstreckungsgegenstand geklärt werden soll, stellt der Einwand des Gläubigers, er habe ein Pfändungspfandrecht an diesem erworben, keine wirksame Einwendung dar.[479] Dagegen ist der Einwand, ein besseres, also

---

476 *Steinrötter/Bohlsen*, ZZP 133 (2020), 459, 470; ähnlich: *Völzmann-Stickelbrock* in FS Taeger, 749, 753.

477 *Steinrötter/Bohlsen*, ZZP 133 (2020), 459, 470; auf die Zugehörigkeit des Vollstreckungsgegenstands zum Schuldnervermögen abstellend: *Völzmann-Stickelbrock* in FS Taeger, 749, 753.

478 Prütting/Gehrlein/*Scheuch*, § 771 Rn. 39; MünchKomm-ZPO/*K. Schmidt/Brinkmann*, § 771 Rn. 47; BeckOK-ZPO/*Preuß*, § 771 Rn. 35; Stein/Jonas/*Münzberg*, § 771 Rn. 56; Schuschke/Walker/Kessen/Thole/*Walker/Raebel/Thole*, § 771 Rn. 37; *von Sachsen Gessaphe*, Zwangsvollstreckungsrecht, Rn. 584.

479 Stein/Jonas/*Münzberg*, § 771 Rn. 56; Schuschke/Walker/Kessen/Thole/*Walker/Raebel/Thole*, § 771 Rn. 38.

früher entstandenes Pfandrecht an dem Vollstreckungsgegenstand zu haben, zulässig.[480]

Eine sehr bedeutsame Einwendung des Gläubigers ist die Mithaftung des Dritten. Dabei ist zwischen der Mithaftung des Vollstreckungsgegenstands und der „schuldrechtlichen"[481] Mithaftung des Dritten zu unterscheiden. Erstere kann sich aus Vorschriften wie § 9 AnfG und § 11 AnfG ergeben.[482] Diese regeln die Einrede der Anfechtbarkeit einer Rechtshandlung des Schuldners außerhalb des Insolvenzverfahrens, die wiederum zur Unwirksamkeit des Rechtserwerbs des Dritten vom Schuldner führen kann.

Als weitere Kategorie ist die eigene materiellrechtliche Haftung des Dritten aus § 242 BGB anerkannt, mit der der Gläubiger die unzulässige Rechtsausübung des Dritten geltend machen kann.[483] Ein klassisches Beispiel ist die Haftung des Gesellschafters für die Verbindlichkeiten einer offenen Handelsgesellschaft nach § 128 HGB.[484] Problematisch ist, ob die von dem Vollstreckungsgläubiger geltend gemachte persönliche Mithaftung des Dritten tituliert sein muss. Wegen der andernfalls möglichen Zwangsvollstreckung des Gläubigers ohne einen Titel wird argumentiert, dass der beklagte Gläubiger die persönliche Mithaftung des Dritten im Wege der Widerklage einbringen müsse.[485] Aufgrund der Komplexität der materiellrechtlichen Bewertung dieses Dreieckverhältnisses zwischen Drittem, Schuldner und Gläubiger wird in derartigen Situationen eine Anwendung des Einwands der unzulässigen Rechtsausübung nach § 242 BGB vereinzelt auch abgelehnt.[486]

---

480 *Geißler*, NJW 1985, 1865, 1871; vgl. auch: Stein/Jonas/*Münzberg*, § 771 Rn. 62; Wieczorek/Schütze/*Spohnheimer*, § 771 Rn. 54.

481 MünchKomm-ZPO/*K. Schmidt/Brinkmann*, § 771 Rn. 50; Wieczorek/Schütze/*Spohnheimer*, § 771 Rn. 55.

482 BGHZ 98, 6, 10; OLG Hamm NJW-RR 1998, 1567, 1568; Musielak/Voit/*Lackmann*, § 771 Rn. 32; Prütting/Gehrlein/*Scheuch*, § 771 Rn. 39; Schuschke/Walker/Kessen/ Thole/*Walker/Raebel/Thole*, § 771 Rn. 37, 39.

483 RG JW 1921, 1246; RGZ 143, 275, 277 f.; BGHZ 80, 296, 303; 118, 201, 207; BGH LM ZPO, § 771 Nr. 2; Schuschke/Walker/Kessen/Thole/*Walker/Raebel/Thole*, § 771 Rn. 40; BeckOK-ZPO/*Preuß*, § 771 Rn. 37; Musielak/Voit/*Lackmann*, § 771 Rn. 33; *Prütting/ Stickelbrock*, Zwangsvollstreckungsrecht, S. 249.

484 Stein/Jonas/*Münzberg*, § 771 Rn. 61; Prütting/Gehrlein/*Scheuch*, § 771 Rn. 39; Schuschke/Walker/Kessen/Thole/*Walker/Raebel/Thole*, § 771 Rn. 42; BeckOK-ZPO/ *Preuß*, § 771 Rn. 37.

485 Wieczorek/Schütze/*Spohnheimer*, § 771 Rn. 56; MünchKomm-ZPO/*K. Schmidt/Brinkmann*, § 771 Rn. 50; a.A. *Brox/Walker*, Zwangsvollstreckungsrecht, § 45 Rn. 72.

486 *Stamm*, ZZP 126 (2013), 427, 431.

Der Hinweis auf das Fehlen eines gegen den mithaftenden Dritten ergangenen Titels findet seine Grundlage im Gesetz. In § 129 Abs. 4 HGB ist geregelt, dass für eine Zwangsvollstreckung gegen einen Gesellschafter ein Vollstreckungstitel gegen die Gesellschaft nicht genügt. Jedoch ist die Geltendmachung einer Einwendung im Wege einer Klage nicht mit dem Zwangsvollstreckungsverfahren gleichzusetzen. Zu den gesetzlichen Regelungen, welche die Vornahme von Zwangsvollstreckungsmaßnahmen mit geringem Prüfungsaufwand ermöglichen, gehört auch das in § 750 Abs. 1 ZPO geregelte Erfordernis der Vorlage der vollstreckbaren Ausfertigung eines Titels gegen den Schuldner. Demgegenüber ist die Möglichkeit der Geltendmachung materiellrechtlicher Einwendungen des Beklagten dem Erkenntnisverfahren immanent. Aus diesen Überlegungen folgt das Argument, der Schuldner habe sich mit der Drittwiderspruchsklage eigenständig auf die Ebene des materiellen Rechts begeben.[487] Dass es auch der Prozessökonomie dient, wenn die Mithaftung des Gesellschafters in dem Prozess über die Drittwiderspruchsklage geltend gemacht werden kann und es insoweit keiner Widerklage bedarf,[488] ist augenscheinlich. Das über die Drittwiderspruchsklage erkennende Gericht hat die Einwendungen des Beklagten im Rahmen der Begründetheit der Klage in materiellrechtlicher Hinsicht umfassend zu prüfen. Mithin vermögen auch Erwägungen, die auf einen umfassenden Rechtsschutz des Dritten gerichtet sind, das Erfordernis der Erhebung einer Widerklage durch den Beklagten nicht zu begründen.

7. Anwendungsbereich der Klage auf vorzugsweise Befriedigung

Anknüpfend an die vorgenannten[489] Bezüge zur Insolvenzordnung, wird auch die Unterscheidung zwischen der Klage auf vorzugsweise Befriedigung und der Drittwiderspruchsklage an die Systematik der Gläubigerrechte im Insolvenzverfahren angelehnt. Rechte, die in der Insolvenz gem. § 47 InsO zur Aussonderung des Gegenstands berechtigen, sollen danach mit der Drittwiderspruchsklage geltend gemacht werden können.[490] Die Geltendmachung von Absonderungsrechten i.S.v. § 50 InsO und § 51 InsO sei dagegen der sog. „Vorzugsklage"[491]

---

487 Saenger/*Kindl*, § 771 Rn. 20; *Brox/Walker*, Zwangsvollstreckungsrecht, § 45 Rn. 72.
488 BGHZ 80, 296, 302; 98, 6, 10; BeckOK-ZPO/*Preuß*, § 771 Rn. 38.1.; Saenger/*Kindl*, § 771 Rn. 20; MünchKomm-ZPO/*K. Schmidt/Brinkmann*, § 771 Rn. 50.
489 Siehe C.VI.5.a).
490 Prütting/Gehrlein/*Scheuch*, § 771 Rn. 1; Schuschke/Walker/Kessen/Thole/*Raebel/ Thole*, § 771 Rn. 17.
491 Anders/Gehle/*Vogt-Beheim*, § 805 Rn. 1.

vorbehalten.[492]

Neben den bereits angebrachten[493] Unterschieden zwischen Einzel- und Gesamtzwangsvollstreckung ist die Gesetzessystematik zu beachten. Die Klage auf vorzugsweise Befriedigung ist im zweiten Abschnitt des achten Buchs der ZPO und dort im zweiten Titel normiert. Ihr Anwendungsbereich ist im Vergleich zur Drittwiderspruchsklage, die in den allgemeinen Vorschriften des achten Buchs der ZPO geregelt ist, enger. Die Klage auf vorzugsweise Befriedigung betrifft ausschließlich die Zwangsvollstreckung wegen Geldforderungen in das bewegliche Vermögen.

Die Vorschrift des § 805 ZPO bestimmt, dass mit der Klage auf vorzugsweise Befriedigung ein Pfand- oder Vorzugsrecht an einem Gegenstand geltend gemacht werden kann, welcher der Mobiliarzwangsvollstreckung unterliegt. Dazu zählen auch Grundpfandrechte an Gegenständen, die nicht von der Immobiliarzwangsvollstreckung erfasst werden.[494] Die Norm berechtigt einen Dritten, der sich nicht im Besitz der Sache befindet, zur Klage auf vorzugsweise Befriedigung. Dem Wortlaut entsprechend werden typischerweise besitzlose Pfandrechte wie das Vermieterpfandrecht nach § 562 BGB an einer Sache, die der Vermieter noch nicht zwecks Verwertung besitzt, als Anwendungsbeispiele genannt.[495] Spiegelbildlich zu der Diskussion um das Interventionsrecht nach § 771 ZPO wird von den Vertretern, die das Anfechtungsrecht des Gläubigers nach dem Anfechtungsgesetz als Interventionsrecht ablehnen, die Klage auf vorzugsweise Befriedigung für statthaft gehalten.[496]

Der Terminus der Vorzugsrechte ist im Gesetz nicht näher erläutert. Auch insoweit wird auf die Insolvenzordnung zurückgegriffen. Abgesehen von dem streitigen Sicherungseigentum werden vornehmlich die in § 51 InsO geregelten Absonderungsrechte unter den Begriff gefasst.[497]

---

492 Schuschke/Walker/Kessen/Thole/*Raebel/Thole*, § 771 Rn. 17; Prütting/Gehrlein/*Schmaltz*, § 805 Rn. 2.

493 Siehe C.VI.5.a).

494 Prütting/Gehrlein/*Schmaltz*, § 805 Rn. 2.

495 Schuschke/Walker/Kessen/Thole/*Walker/Loyal*, § 805 Rn. 9; Stein/Jonas/*Münzberg*, § 805 Rn. 5; Prütting/Gehrlein/*Schmaltz*, § 805 Rn. 2; eingehend dazu: *Bruns*, NZM 2019, 46, 54.

496 Schuschke/Walker/Kessen/Thole/*Walker/Loyal*, § 805 Rn. 18; Wieczorek/Schütze/*Spohnheimer*, § 771 Rn. 31; *Pohlmann/Schäfers*, Zwangsvollstreckungsrecht, Rn. 713.

497 Zöller/*Herget*, § 805 Rn. 4 f.; Schuschke/Walker/Kessen/Thole/*Walker/Loyal*, § 805 Rn. 14; Wieczorek/Schütze/*Spohnheimer*, § 771 Rn. 19; Saenger/*Kemper*, § 805 Rn. 7; MünchKomm-ZPO/*Gruber*, § 805 Rn. 13.

Wie weit man das Rechtsbehelfssystem durchdrungen haben muss, um die richtige Klageart zu wählen, zeigt das Beispiel zweier Pfandrechtsgläubiger, die aus dem Versteigerungserlös befriedigt werden wollen. Reicht der Erlös zur Befriedigung beider Gläubiger nicht aus, wird im Rahmen einer Klage nach § 805 ZPO nicht entschieden, welchem Gläubiger der Versteigerungserlös zu welchem Teil zusteht. Vielmehr müssen beide ihre Rechte im Verteilungsverfahren nach §§ 872 ff. ZPO geltend machen.[498] Denn ein vorrangiges Pfändungspfandrecht an dem Versteigerungsobjekt ist in dem Verteilungsverfahren geltend zu machen. Die Klage auf vorzugsweise Befriedigung ist nicht statthaft.[499] Wird der Gläubiger im Verteilungsverfahren nicht oder nicht hinreichend berücksichtigt, kann er Widerspruchsklage nach § 878 ZPO erheben.[500]

8. § 805 ZPO als mindere Drittwiderklage

Die Vorschrift des § 805 ZPO spricht von einem aktivlegitimierten Dritten, der sich nicht im Besitz der Sache befindet. Um zur Anwendung des richtigen Rechtsbehelfs zu gelangen, ist zu beachten, dass auch der besitzende Dritte sein Pfandrecht an der Sache mit der Klage auf vorzugsweise Befriedigung geltend machen kann.[501] Ihm steht es in dieser Situation frei, sein Pfand- oder Vorzugsrecht im Wege der Drittwiderspruchsklage einzuwenden, um die Unzulässigkeit der Zwangsvollstreckung in den belasteten Gegenstand zu erreichen oder mit der Klage auf vorzugsweise Befriedigung den Versteigerungserlös zu begehren. Besteht gleichzeitig Gewahrsam an der Sache, kann der Dritte im Rahmen der Vollstreckungserinnerung nach § 766 Abs. 1 ZPO auch seine fehlende Herausgabebereitschaft, die der Gerichtsvollzieher nach § 809 ZPO hätte beachten müssen, geltend machen. Mithin bestehen in diesem Fall sogar drei alternative Rechtsbehelfsmöglichkeiten.[502]

---

498 Wieczorek/Schütze/*Lüke*, § 805 Rn. 6.

499 Anders/Gehle/*Vogt-Beheim*, § 805 Rn. 4; Wieczorek/Schütze/*Lüke*, § 805 Rn. 6; MünchKomm-ZPO/*Gruber*, § 805 Rn. 22; Kindl/Meller-Hannich/*Kindl*, § 805 Rn. 6; Musielak/Voit/*Flockenhaus*, § 805 Rn. 4.

500 Schuschke/Walker/Kessen/Thole/*Walker/Loyal*, § 805 Rn. 3.

501 Saenger/*Rainer/Kemper*, § 805 Rn. 4; Wieczorek/Schütze/*Lüke*, § 805 Rn. 6; Stein/Jonas/*Münzberg*, § 805 Rn. 16; *Gaul/Schilken/Becker-Eberhard*, Zwangsvollstreckungsrecht, § 42 Rn. 13.

502 Stein/Jonas/*Münzberg*, § 805 Rn. 3.

Der besitzende Dritte kann Interventionsrechte, die ihn zur Klage nach § 771 ZPO berechtigen, auch mit der Klage nach § 805 ZPO geltend machen.[503] Da dies aber umgekehrt nicht gilt, wird die Klage auf vorzugsweise Befriedigung als „Minus"[504], oder „Minderes"[505] gegenüber der Drittwiderspruchsklage bzw. als „mindere Widerspruchsklage"[506] bezeichnet.

Daraus folgt, dass dem Beklagten im Rahmen der Klage auf vorzugsweise Befriedigung dieselben Einwendungen zustehen, die ihm auch gegen eine Drittwiderspruchsklage möglich sind.[507]

9. Rechtsbehelfe gegen Vollstreckungsvereinbarungen

Die Frage, mit welchem Rechtsbehelf ein Verstoß des Vollstreckungsorgans gegen Vereinbarungen des Schuldners und des Gläubigers über die Zwangsvollstreckung, geltend gemacht werden kann, verdeutlicht die Schwierigkeit der Abgrenzung der einzelnen Rechtsbehelfe in der Zwangsvollstreckung im besonderen Maße. Denn in diesem Fall sind mit der Vollstreckungserinnerung nach § 766 Abs. 1 ZPO, der sofortigen Beschwerde sowie einer direkten oder analogen Anwendung von § 767 ZPO eine Vielzahl von Rechtsbehelfen in Betracht zu ziehen.[508] Geht es um die Zugehörigkeit des Gegenstands zur Vollstreckungsmasse, ist auch die Drittwiderspruchsklage zu erwägen.[509]

Vollstreckungsvereinbarungen können zum einen den vollstreckbaren Anspruch zum Gegenstand haben. Sie können sich aber auch auf die Zwangsvollstreckung als solche beziehen und die Form eines Vollstreckungshindernisses oder einer Vollstreckungsbeschränkung einnehmen.

Finden Einigungen zwischen Gläubiger und Schuldner zu dem im Erkenntnisverfahren festgestellten materiellen Anspruch statt, können diese vom

---

503 Prütting/Gehrlein/*Schmaltz*, § 805 Rn. 2; Zöller/*Herget*, § 805 Rn. 5; MünchKomm-ZPO/*Gruber*, § 805 Rn. 26; Musielak/Voit/*Flockenhaus*, § 805 Rn. 6; Schuschke/Walker/Kessen/Thole/*Walker/Loyal*, § 805 Rn. 3; *Jäckel*, JA 2010, 357, 360.

504 Musielak/Voit/*Flockenhaus*, § 805 Rn. 6; Wieczorek/Schütze/*Lüke*, § 805 Rn. 6; *Jäckel*, JA 2010, 357, 360; a.A. Prütting/Gehrlein/*Scheuch*, § 771 Rn. 4.

505 Stein/Jonas/*Münzberg*, § 805 Rn. 16; ähnlich: Zöller/*Herget*, § 805 Rn. 5.

506 Anders/Gehle/*Vogt-Beheim*, § 805 Rn. 1.

507 Schuschke/Walker/Kessen/Thole/*Walker/Loyal*, § 805 Rn. 19; *Jäckel*, JA 2010, 357, 361; *Pohlmann/Schäfers*, Zwangsvollstreckungsrecht, Rn. 745.

508 Wieczorek/Schütze/*Spohnheimer*, § 766 Rn. 38.

509 Stein/Jonas/*Münzberg*, § 766 Rn. 28.

Schuldner mit der Vollstreckungsgegenklage nach § 767 ZPO geltend gemacht werden.[510]

Zu Vollstreckungsvereinbarungen, die nicht den titulierten Anspruch, sondern die Art und Weise der Zwangsvollstreckung betreffen, besteht dagegen ein differenziertes Meinungsspektrum. Die obergerichtliche Rechtsprechung[511] tendierte zunächst zu einer direkten Anwendung von § 767 ZPO. Hinsichtlich zeitlicher Vollstreckungsausschlüsse wurde aber auch vertreten, dass nur die Vollstreckungserinnerung nach § 766 Abs. 1 ZPO anwendbar wäre.[512]

Der Bundesgerichtshof unterscheidet zwischen Vollstreckungsvereinbarungen, welche die gesamte Zwangsvollstreckung zum Gegenstand haben, und solchen zeitlicher und gegenständlicher Art. Sind zeitliche Vollstreckungsvereinbarungen getroffen worden, soll die Vollstreckungsgegenklage direkt anwendbar sein.[513] Beziehen sie sich dagegen auf einen bestimmten Gegenstand, sei eine analoge Anwendung von § 767 ZPO geboten.[514] Begründet wird dies damit, dass Verträge zwischen dem Schuldner und dem Gläubiger, die zumindest zeitweise die Zwangsvollstreckung in Gänze betreffen, materiellrechtlichen Einwendungen gegen den titulierten Anspruch gleichkämen. Hingegen bestehe bei Vollstreckungsvereinbarungen, welche auf einen oder bestimmte Gegenstände der Zwangsvollstreckung beschränkt sind, eine Regelungslücke, die mit dem Regelungsgehalt der Vorschrift des § 767 Abs. 1 ZPO geschlossen werden könne.[515]

Auch in der Literatur besteht die Ansicht, dass die Vollstreckungsabwehrklage der richtige Rechtsbehelf sei.[516] Nicht von der Hand zu weisen ist das in diesem Zusammenhang angebrachte Argument, die Beurteilung der Vollstreckungsvereinbarung sei eine typische richterliche Tätigkeit.[517] Gerade in der Mobiliarvollstreckung, die bei dem Schuldner vor Ort stattfindet, ist eine

---

510 OLG Hamm Rpfleger 1999, 231; Zöller/*Seibel*, Vorbemerkungen zu §§ 704–945b Rn. 25; Stein/Jonas/*Münzberg*, § 766 Rn. 23, 28.

511 OLG Köln NJW-RR 1995, 576; OLG Karlsruhe NJW-RR 1999, 941, 942.

512 OLG Karlsruhe WuM 1975, 78; *Emmerich*, ZZP 82 (1969), 413, 436 f.; offengelassen, ob § 767 ZPO daneben anwendbar: OLG Hamm MDR 1977, 675.

513 BGH NJW 1991, 2295, 2296.

514 BGH NJW 2017, 2202, 2203 f.; im Ergebnis ebenso: BGH NJW 1968, 700 f.

515 BGH NJW 2017, 2202, 2204.

516 Schuschke/Walker/Kessen/Thole/*Walker/Thole*, § 766 Rn. 16; Kindl/Meller-Hannich/ *Sternal*, § 766 Rn. 13; Zöller/*Herget*, § 767 Rn. 12.40; *Hein*, ZZP 69 (1956), 231, 260 f.; *Gaul*, JuS 1971, 347, 349; *Kohler*, AcP 80 (1893), 141, 195 f.; wohl auch *Gilles*, ZZP 83 (1970), 61, 91 ff.

517 Schuschke/Walker/Kessen/Thole/*Raebel*, § 767 Rn. 27.

eingehende rechtliche Überprüfung von Vollstreckungsvereinbarungen oder gar eine Beweisaufnahme nicht denkbar. Beizupflichten ist der Ansicht dahingehend, dass richterliche Prüfungskompetenzen nicht auf die Vollstreckungsorgane übertragen werden können.

Deshalb beschränkt eine andere Auffassung den Anwendungsbereich der Vollstreckungserinnerung auf zeitliche und gegenständliche Vollstreckungsvereinbarungen und erachtet die Vollstreckungsabwehrklage nicht nur im Falle von Vereinbarungen, die den materiellen Anspruch betreffen, für statthaft, sondern auch bei Streit über die Auslegung und die Tragweite der Vollstreckungsvereinbarung.[518] Nach dem Inhalt des Vollstreckungsvertrags differenziert auch die Ansicht, die eine Vollstreckungserinnerung für statthaft hält, wenn sich der gültige Abschluss und der Inhalt des Vollstreckungsvertrags problemlos feststellen lassen, und andernfalls die Vollstreckungsgegenklage zulässt.[519]

Vermittelnd wird ein „Sowohl-als-auch-Konzept"[520] vertreten. Danach soll dem Schuldner zur Geltendmachung von Vollstreckungsvereinbarungen immer die Klage analog § 767 ZPO offenstehen, er könne aber auch die Vollstreckungserinnerung nach § 766 ZPO wählen, wenn die Vollstreckungsvereinbarung seines Erachtens nur die Art und Weise der Zwangsvollstreckung betrifft.[521]

Die Darstellung der vertretenen Auffassungen zu dem Streitpunkt, mit welchem Rechtsbehelf Vollstreckungsvereinbarungen von dem Schuldner geltend zu machen sind, zeigt, wie unterschiedlich Vereinbarungen über die Art und Weise der Zwangsvollstreckung in das bestehende Rechtsbehelfssystem eingeordnet werden können. Fragt man nach den Hintergründen dieser Diversität, drängt sich erneut die Formalisierung der Zwangsvollstreckung als Begründungsansatz auf. Zwar ist das Prüfungsprogramm des Vollstreckungsorgans beschränkt, den Parteien des Vollstreckungsverfahrens steht es aber frei, Vereinbarungen über Umstände in der Zwangsvollstreckung treffen, die im Rahmen von Vollstreckungshandlungen nicht von Amts wegen geprüft werden.[522] Zudem wirken Vereinbarungen zwischen dem Schuldner und dem Vollstreckungsgläubiger

---

518 Stein/Jonas/*Münzberg*, § 766 Rn. 23, 16 ff.; Musielak/Voit/*Lackmann*, § 766 Rn. 7.

519 *von Sachsen Gessaphe*, Zwangsvollstreckungsrecht, Rn. 499.

520 MünchKomm-ZPO/*K. Schmidt/Brinkmann*, § 766 Rn. 38.

521 Im Ergebnis ebenso für vollstreckungsbeschränkende Vereinbarungen: Prütting/Gehrlein/*Scheuch*, § 766 Rn. 9; Zöller/*Seibel*, § Vorbemerkungen zu §§ 704–945b Rn. 25.

522 BGH NJW 1968, 700.

grundsätzlich nur inter partes.[523] Ihre Berücksichtigung durch das Vollstreckungsorgan ist daher nicht zwingend.[524]

Doch gerade der Umstand, dass Vollstreckungsvereinbarungen Aspekte erfassen können, die das Vollstreckungsorgan ohnehin prüfen muss, lässt sich für eine differenzierte Betrachtung fruchtbar machen. Dies zeigt ein weiterer, sehr strukturierter Lösungsansatz. Danach ist § 766 ZPO anzuwenden, wenn eine abweichende Vereinbarung zu einem Gesichtspunkt der Zwangsvollstreckung getroffen wurde, die als Voraussetzung für die Vollstreckungshandlung von dem Prüfungsumfang des Vollstreckungsorgans umfasst ist. Zu denken ist etwa an eine Vereinbarung zwischen den Parteien des Vollstreckungsverfahrens, mit der die Unpfändbarkeit eines bestimmten Gegenstands aus dem Schuldnervermögen bestimmt wird. Einen Ausweg findet diese Ansicht auch für die Fälle, in denen das Vollstreckungsorgan die Vereinbarung im Rahmen der Zwangsvollstreckung nicht berücksichtigen muss und die Auseinandersetzung zwischen dem Gläubiger und dem Schuldner stattfindet. Insoweit soll § 767 ZPO analog angewendet werden.[525] Dieser Ansatz lässt sich erweitern, indem die Klagemöglichkeit nach § 767 ZPO wahlweise auch für die erstgenannten Vollstreckungsvereinbarungen über Umstände, welche das Vollstreckungsorgan zu prüfen hat, eröffnet wird. Auf diese Weise kann der Schuldner auch dann geeigneten Rechtsschutz erlangen, wenn eine die Vollstreckungshandlung betreffende Vollstreckungsvereinbarung beweisbedürftige Auslegungsschwierigkeiten aufwirft.

10. Rechtsbehelfe gegen unwirksame Vergleiche

Ein weiteres Problem, das die essenzielle Frage nach dem statthaften Rechtsbehelf betrifft, ist die Frage, wie die Zwangsvollstreckung wegen eines Anspruchs, der in einem Vergleich tituliert wurde, verhindert werden kann.

Der fehlende normative Anknüpfungspunkt erschwert die Lösung und ist sicherlich auch ein Grund für das mangelnde Problembewusstsein mancher Praktiker[526], obgleich das Thema schon lange im Schrifttum diskutiert wird.[527]

---

523 BGH NJW-RR 2016, 319 f.; Saenger/*Kindl*, Vorbemerkung zu § 704–945 Rn. 9.
524 Ähnlich: *Gaul*, Rpfleger 1971, 81, 91.
525 Wieczorek/Schütze/*Spohnheimer*, § 766 Rn. 39; dagegen für eine generelle Anwendung von § 766 ZPO, wenn das Vollstreckungsorgan die Vollstreckungsvereinbarung nicht beachtet: *Bürck*, ZZP 85 (1972), 391, 405.
526 So auch *Kaiser*, NJW 2014, 364, 365.
527 Wie die verschiedenen Einwendungen gegen Prozessvergleiche geltend zu machen sind, diskutierte etwa schon: *Heldmann*, ZZP 44 (1914), 449 ff.

Die Vorschrift des § 794 Abs. 1 Nr. 1 ZPO erklärt den gerichtlich protokollierten Vergleich zu einem vollstreckungsfähigen Titel. Nach der Generalverweisung in § 795 S. 1 ZPO findet auf gerichtliche Vergleiche grundsätzlich auch die Vorschrift des § 767 ZPO Anwendung. Für die Zwangsvollstreckung aus notariellen Urkunden, besteht eine weitere, implizite Regelung in § 797 Abs. 4 ZPO. Diese Norm erklärt die Präklusionsregelung in § 767 Abs. 2 ZPO auf in notariellen Urkunden titulierte Ansprüche für unanwendbar. Trotz der einhelligen Auffassung, dass § 767 Abs. 2 ZPO nicht auf Vergleiche anzuwenden sei,[528] hat die Legislative von einer entsprechenden Kodifizierung bislang abgesehen.

Eine eingehendere Befassung mit der Thematik zeigt, warum die Zwangsvollstreckung aus Vergleichen in dem bestehenden Rechtsbehelfssystem bislang ein Schattendasein führt. Der Vergleich weist Gemeinsamkeiten, aber auch Unterschiede sowohl zum Urteil als auch zur notariellen Urkunde i.S.v. § 794 Abs. 1 Nr. 5 ZPO auf. Der in § 794 Abs. 1 Nr. 1 ZPO genannte Vergleich kommt wie ein Urteil unter gerichtlicher Mitwirkung im Laufe eines anhängigen Erkenntnisverfahrens zustande. Das ist bei der Errichtung einer notariellen Urkunde nicht der Fall. Sie bedarf keiner Mitwirkung der Judikative.

Der Vergleich stellt kraft seiner Doppelnatur[529] sowohl eine auf Verfahrensbeendigung gerichtete Prozesshandlung, vor allem aber auch ein materielles Rechtsgeschäft zwischen den Parteien des Rechtsstreits dar.[530] Insoweit handelt es sich um eine Einigung, die den Streit oder die Ungewissheit über ein Rechtsverhältnis im Wege des gegenseitigen Nachgebens i.S.v. § 779 Abs. 1 BGB beseitigt. Vor diesem Hintergrund wird zwischen zwei Situationen unterschieden: Bezieht sich die von dem Vollstreckungsschuldner geltend gemachte Einwendung auf solche Gründe, die der anfänglichen Wirksamkeit des Vergleichs entgegenstehen oder auf jene, welche die Wirksamkeit des Vergleichs nachträglich entfallen lassen?

Je nach Beantwortung dieser Frage, sind zwei ganz unterschiedliche Wege zu bestreiten. Im erstgenannten Fall muss das Prozessgericht mit dem Antrag angerufen werden, das Verfahren wegen der Unwirksamkeit des Vergleichs

---

528 BVerfG NJW-RR 2018, 695 f.; BGH NJW 1953, 345; NJW-RR 1987, 1022, 1023; Zöller/*Herget*, § 767 Rn. 20; Thomas/Putzo/*Seiler*, § 767 Rn. 25; Saenger/*Kindl*, § 767 Rn. 20.1.; Wieczorek/Schütze/*Spohnheimer,* § 767 Rn. 74; Prütting/Gehrlein/*Scheuch*, § 767 Rn. 38.

529 BGHZ 28, 171, 172; 41, 310, 311; 46, 277, 278; BAGE 4, 84, 85.

530 BGHZ 86, 184, 186; 46, 277, 278; Schuschke/Walker/Kessen/Thole/*Raebel*, § 767 Rn. 29.

fortzusetzen.[531] Im Falle des nachträglichen Wegfalls des Vergleichs wird dagegen die Vorschrift des § 767 ZPO direkt angewendet. Dogmatisch begründet
wird diese unterschiedliche Handhabung mit dem für eine Vollstreckungsgegenklage erforderlichen Rechtsschutzbedürfnis. Dieses soll nach ständiger
Rechtsprechung[532] und der herrschenden Meinung in der Literatur[533] im Falle
der Geltendmachung der anfänglichen Unwirksamkeit eines Prozessvergleichs
wegen der Möglichkeit der Fortsetzung des Ausgangsverfahrens nicht bestehen.
Da der unwirksame Vergleich von Anfang an keine verfahrensrechtliche Wirkung habe, sei die Rechtshängigkeit des Ausgangsverfahrens nie beendet worden. Letztlich zeigt sich hier das für das gesamte Zivilverfahren geltende Prinzip
der Prozessökonomie in seiner vollen Ausprägung. Anstelle einer neuen Klage
muss das ursprüngliche Verfahren, in dem die gerichtlichen Ressourcen mangels
einer abschließenden Entscheidung noch nicht ausgeschöpft wurden, weiterverfolgt werden.[534]

Diese naheliegende Überlegung kann jedoch nicht über die Probleme hin-
wegtäuschen, welche diese Differenzierung mit sich bringt. Zum einen ist die
Möglichkeit der Fortsetzung des Verfahrens nach einem Vergleichsschluss in
dem Dickicht der vollstreckungsspezifischen Rechtsbehelfsarten mit keinem
Wort erwähnt. Ob es – wie es der Bundesgerichtshof formuliert – wirklich dem
„natürlichen Rechtsempfinden"[535] entspricht, das Verfahren fortzusetzen, wenn
sich die Frage nach der Unwirksamkeit des gerichtlichen Vergleichs stellt, ist
zweifelhaft. Zum anderen fällt die richtige Unterscheidung schwer. Während
verfahrensrechtliche Defizite beim Vergleichsschluss[536] oder rechtshindernde
Einwendungen, wie zum Beispiel die Geschäftsunfähigkeit einer Partei beim
Abschluss des Vergleichs[537], als anfängliche Unwirksamkeitsgründe geläufig

---

531 BGHZ 86, 184, 187 f.; BGH NJW 1967, 2014; OLG-Hamm NJW-RR 2021, 1002;
   BeckOK-ZPO/*Preuß*, § 767 Rn. 67.

532 BGHZ 28, 171, 174 ff.; 41, 310, 311 ff.; 46, 277, 278; 86, 184, 187 f.; 142, 253, 255; BGH
   NJW 1966, 1658 f.; NJW 1971, 467 f.; NJW 1972, 159 f.; NJW 1977, 583; OLG Düsseldorf NJW 1966, 2367; FamRZ 1999, 721; LAG Hessen NZA-RR 2004, 158, 159.

533 MünchKomm-ZPO/*K. Schmidt/Brinkmann*, § 767 Rn. 13; Wieczorek/Schütze/*Spohn-
   heimer*, § 767 Rn. 9; Musielak/Voit/*Lackmann*, § 767 Rn. 18; Saenger/*Kindl*, § 767
   Rn. 5; BeckOK-ZPO/*Preuß*, § 767 Rn. 67; a.A. *Pecher*, ZZP 97 (1984), 139, 167; *Kühne*,
   NJW 1967, 1115, 1116.

534 BGHZ 28, 171, 174; BGH NJW 1977, 583; OLG Düsseldorf NJW 1966, 2367.

535 BGHZ 28, 171, 174.

536 OLG Hamm NJW-RR 2016, 1412, 1413; Schuschke/Walker/Kessen/Thole/*Raebel*,
   § 767 Rn. 29.

537 BGHZ 86, 184, 188 f.

sind, ist der in der Praxis täglich vorkommende Fall der Geltendmachung eines Widerrufsvorbehalts schon nicht mit dieser Eindeutigkeit zu bewerten. Ein solcher wird nach dem Abschluss des Vergleichs ausgeübt, seine Wirkungen reichen aber so weit, dem geschlossenen Vergleich die Wirksamkeit *ex tunc* zu nehmen. Wird ein Vergleich unter einer auflösenden Bedingung geschlossen, soll bei Bedingungseintritt die Fortsetzung des Verfahrens möglich sein.[538] Entsprechendes gilt nach § 142 BGB auch für die Anfechtung einer Erklärung, die zum Vergleichsschluss führte.[539] Ein vergleichbares Problem ergibt sich bei der Ausübung eines Rücktrittsrechts. Insoweit wird wegen der Rücktrittswirkungen, die in der Umwandlung des Rechtsverhältnisses in ein Rückgewährschuldverhältnis bestehen, auf die Statthaftigkeit der Vollstreckungsgegenklage geschlossen.[540] Von dem Bundesarbeitsgericht wurde aber auch die Gegenansicht vertreten und argumentiert, dass die prozessuale Form des Vergleichs bei Wegfall des materiellrechtlichen Inhalts ihren Sinn verliere.[541]

Mit materiellen Rechtsfolgen wird ebenfalls argumentiert, wenn der Wegfall der Geschäftsgrundlage wegen der Anpassung des bestehenden Vertrags an die gegenwärtigen Verhältnisse in den Anwendungsbereich des § 767 ZPO gefasst wird,[542] obwohl die Geltendmachung des Vertrags nachträglich erfolgt. Konsequenterweise soll die Frage nach der Auslegung des Inhalts des Prozessvergleichs mit Blick darauf, dass sich der Kläger insoweit nicht auf die anfängliche Unwirksamkeit des Vergleichs beruft, im Rahmen der Vollstreckungsgegenklage zu klären sein.[543]

Zusammenfassend lässt sich daraus schließen, dass letztlich nur die den Bestand des Vergleichs in Frage stellende, anfängliche Unwirksamkeit im Rahmen der Fortsetzung des Verfahrens geltend zu machen ist. Zu diesem wichtigen Differenzierungskriterium schweigt das Gesetz jedoch.

VII. Titelgegenklage

Eine weitere ungeregelte Konstellation tut sich auf, wenn der Schuldner anstelle von Einwendungen, die sich auf den titulierten Anspruch beziehen, solche

---

538 BGH NJW 1972, 159 f.
539 BGHZ 142, 253, 254; OLG Hamm NJW-RR 2021, 1002.
540 BGHZ 16, 388, 392 f.; Schuschke/Walker/Kessen/Thole/*Raebel*, § 767 Rn. 29.
541 BAGE, 4, 84, 85 f.; 3, 43, 44.
542 BGH NJW 1972, 159 f.; Schuschke/Walker/Kessen/Thole/*Raebel*, § 767 Rn. 29.
543 BGH NJW 1977, 543 f.; BVerwG NJW 1992, 191, 192; Schuschke/Walker/Kessen/ Thole/*Raebel*, § 767 Rn. 29; kritisch: Thomas/Putzo/*Seiler*, § 767 Rn. 5.

Einwände geltend macht, welche die Wirksamkeit des Titels selbst betreffen. Dies ist von der gerade dargestellten[544] Erhebung von Einwendungen, mit denen die anfängliche oder nachträgliche Unwirksamkeit eines Vergleichs geltend gemacht wird, zu unterscheiden.

1. Bedeutung

Während den Verfahrensgegenstand der Vollstreckungsabwehrklage der titulierte Anspruch bildet, ist die Möglichkeit, formell- oder materiellrechtliche Einwendungen gegen den Titel geltend zu machen, grundsätzlich nicht von der Rechtsschutzmöglichkeit des § 767 ZPO erfasst. Solche Einwendungen können mit der sog. Titelgegenklage geltend gemacht werden.[545] Nachdem diese Klage zunächst als „prozessuale Gestaltungsklage"[546] analog § 767 ZPO oder auch als „prozessuale Gestaltungsklage sui generis"[547] bezeichnet wurde, ist heute der Begriff „Titelgegenklage"[548] am geläufigsten.

Für die gegen den Vollstreckungstitel geltend gemachten Einwendungen ist eine analoge Anwendung der Norm des § 767 ZPO erforderlich, da diese ausdrücklich von „Einwendungen, die den titulierten Anspruch selbst betreffen" spricht. Eine direkte Anwendung auf solche Einwendungen, die den Titel betreffen, ist nicht möglich, da die Wirksamkeit des Titels nicht Gegenstand der Vollstreckungsgegenklage ist. Im Rahmen der Titelgegenklage kann hingegen die mangelnde oder verminderte Wirksamkeit des Vollstreckungstitels geltend gemacht werden.[549]

---

544 Siehe C.VI.10.

545 *Kaiser,* NJW 2010, 2933; *Klose,* NJ 2016, 45, 48; hinsichtlich der formell-rechtlichen Einwendungen einschränkend: Saenger/*Kindl,* § 767 Rn. 6.3.

546 BGH NJW-RR 2004, 472, 474; NJW-RR 2004, 844; NJW 2005, 1576, 1577; NJW-RR 2007, 1724; NJW-RR 2008, 66; OLG Köln NJW-RR 1999, 22; OLG Zweibrücken NJW-RR 2000, 548, 549; WM 2002, 1927, 1928; OLG Koblenz NJW-RR 2002, 1509, 1510.

547 Wieczorek/Schütze/*Spohnheimer,* § 767 Rn. 112.

548 BGH NJW 2015, 1181; *Klose,* NJ 2016, 45, 48; *Vollkommer,* Rpfleger 2004, 336, 337; Saenger/*Kindl,* § 767 Rn. 6.2; Wieczorek/Schütze/*Spohnheimer,* § 767 Rn. 111; MünchKomm-ZPO/*K. Schmidt/Brinkmann,* § 767 Rn. 6; Schuschke/Walker/Kessen/Thole/*Raebel,* § 767 Rn. 47; Thomas/Putzo/*Seiler,* § 767 Rn. 8a; *von Sachsen Gessaphe,* Zwangsvollstreckungsrecht, Rn. 550; *Pohlmann/Schäfers,* Zwangsvollstreckungsrecht, Rn. 652.

549 BGHZ 124, 164, 171 f.; NJW 2002, 138, 139; NJW 2004, 59, 60; NJW-RR 2004, 472, 474; Saenger/*Kindl,* § 767 Rn. 6.2; MünchKomm-ZPO/*K. Schmidt/Brinkmann,* § 767 Rn. 6; BeckOK-ZPO/*Preuß,* § 767 Rn. 57; *Vollkommer,* Rpfleger 2004, 336, 337; a.A. *Meier,* ZZP 133 (2020), 51, 61.

2. Die Entwicklung der Rechtsprechung

Schon am Anfang des 20. Jahrhunderts wurde die Frage aufgeworfen, welcher Rechtsbehelf gegen einen der Auslegung nicht zugänglichen und deshalb nicht vollstreckungsfähigen Titel statthaft ist.[550]

Als materielle Einwendung gegen den Titel hat der Bundesgerichtshof die Unwirksamkeit einer notariellen Urkunde wegen Verstoßes gegen die Makler- und Bauträgerverordnung oder das damals noch geltende AGB-Gesetz nach § 134 BGB in Betracht gezogen.[551] Dies ist vor dem Hintergrund zu sehen, dass notarielle Urkunden häufig allgemeine Geschäftsbedingungen beinhalten und deshalb einer AGB-Kontrolle unterworfen werden.[552] In der Entscheidung wurde aber noch die Anwendbarkeit der Vollstreckungsabwehrklage bejaht, da die Unwirksamkeit des Titels nicht Gegenstand des Verfahrens war.[553]

Eine Abkehr der Rechtsprechung von der Anwendung der geschriebenen Rechtsbehelfe hin zu einer eigenen Klageart fand erst im Jahr 1993 statt. In seiner ersten Entscheidung zur Titelgegenklage befasste sich der Bundesgerichtshof mit einem Versäumnisurteil. Dessen Tenor war grundsätzlich nicht zu beanstanden. Da der Klageantrag aber zu unbestimmt war, bestand Unsicherheit, über welche Forderungen die Entscheidung ergangen war.[554] Der formelle Unwirksamkeitsgrund war dem Tenor nicht zu entnehmen, er führte aber zum Wegfall der materiellen Rechtskraft des Urteils.[555] Da in der Situation bereits unklar war, welcher Anspruch tituliert worden ist, konnten Einwendungen gegen diesen nicht im Wege der Vollstreckungsabwehrklage nach § 767 ZPO erhoben werden.[556]

Ausgehend von dieser Entscheidung wurden die darin entwickelten Schlussfolgerungen auf vergleichbare Konstellationen übertragen. Daraus hat sich ein Konglomerat an im Einzelnen sehr unterschiedlichen Entscheidungen ergeben.[557] Bei näherer Betrachtung der seither ergangenen Judikatur lassen sich aber hinsichtlich der Art der Einwendungen, die mit der Titelgegenklage geltend gemacht werden können, verallgemeinerungsfähige Aussagen treffen.

---

550 Siehe dazu: *Goertz*, ZZP 44 (1914), 114 ff. m.w.N.
551 BGHZ 118, 229, 232 ff.; später auch: OLG Köln NJW-RR 1999, 22.
552 BeckOK-ZPO/*Preuß*, § 767 Rn. 57.2.
553 BGHZ 118, 229, 237.
554 BGHZ 124, 164, 167 f.
555 BGHZ 124, 164 ff.
556 Ähnlich: MünchKomm-ZPO/*Wolfsteiner*, § 797 Rn. 39.
557 Siehe die folgenden Entscheidungen unter Fn. 558–570.

So hat die Rechtsprechung die analoge Anwendung des § 767 ZPO für die Einwendung der mangelnden Bestimmtheit des titulierten Anspruchs bejaht. Die dahingehenden Entscheidungen bezogen sich vorwiegend auf notarielle Urkunden[558] und gerichtliche Vergleiche[559], aber auch auf andere Titel wie den Vollstreckungsbescheid[560] oder das Teilanerkenntnisurteil.[561] Sie hatten überwiegend den Einwand zum Gegenstand, dass sich die Höhe des von dem Titelschuldner zu zahlenden Geldbetrags nicht hinreichend aus dem Titel ergäbe.[562] Die Einwendung der Unbestimmtheit des titulierten Anspruchs wurde von dem Bundesgerichtshof insoweit explizit als „formell-rechtlicher Einwand"[563] bezeichnet.

Auch wenn nach einem Versäumnisurteil im Einspruchsverfahren ein Vergleich geschlossen wird, soll die damit verbundene Wirkungslosigkeit des Urteils mit der Titelgegenklage angegriffen werden können.[564]

In der Folgezeit ergingen zahlreiche höchstrichterliche Entscheidungen zu diversen Unwirksamkeitsgründen. Hinsichtlich notarieller Urkunden wurde die mangelhafte Unterwerfungserklärung äußerst bedeutsam. In diesem Zusammenhang war neben der fehlenden Vollmacht zur Abgabe der Unterwerfungserklärung[565] insbesondere das sog. „Konkretisierungsgebot"[566] Gegenstand zulässiger Titelgegenklagen. Der Bundesgerichtshof entschied im Jahr 2012, dass die Formulierung in der Vorschrift des § 794 Abs. 1 Nr. 5 ZPO, die besagt, dass es sich um eine Urkunde handeln muss, in der der Schuldner sich „wegen des zu bezeichnenden Anspruchs" der sofortigen Zwangsvollstreckung unterworfen hat, hohes Gewicht zukommt. Dieser Gesetzeswortlaut statuiere das Erfordernis, dass sich aus der notariellen Urkunde die konkrete Bezeichnung eines jeden in der Urkunde begründeten und erwähnten Anspruchs, dem die Vollstreckbarkeit verliehen werden soll, ergeben müsse.[567] Die Entscheidung bezog sich noch auf ein Klauselerteilungsverfahren. Der VII. Senat stellte aber ausdrücklich fest, dass

---

558 BGH NJW-RR 2004, 472, 473 f.
559 OLG Koblenz NJW-RR 2002, 1509, 1510.
560 OLG Zweibrücken NJW-RR 2010, 285, 286.
561 Zum Teilanerkenntnisurteil: OLG Köln NJW-RR 1999, 431, 432.
562 OLG Koblenz NJW-RR 2002, 1509, 1510; BGH NJW-RR 2004, 472, 473.
563 BGH NJW-RR 2004, 472, 474.
564 BGH NJW-RR 2007, 1724, 1725.
565 BGH NJW-RR 2004, 844; NJW 2005, 1576, 1577 ff.; NJW-RR 2008, 66, 67; OLG Saarbrücken WM 2002, 1927 f.
566 BGH NJW-RR 2012, 1342, 1343; NJW 2015, 1181, 1182 ff.
567 BGH NJW-RR 2012, 1342, 1343.

sich das Konkretisierungsgebot auf den zu vollstreckenden Anspruch bezieht.[568] Zwei Jahre später erweiterte der V. Senat diese Rechtsprechung, indem er entschied, dass ein Verstoß gegen dieses Konkretisierungsverbot zur Nichtigkeit der Unterwerfungserklärung führt und von dem Schuldner im Wege der Titelgegenklage geltend zu machen ist.[569]

Ebenfalls im Anschluss an eine Klauselerinnerung des Schuldners verwarf der Bundesgerichtshof im Rechtsbeschwerdeverfahren die Einwendung, der in der notariellen Urkunde von dem Schuldner erklärte Verzicht auf den Nachweis des Bestehens und der Fälligkeit seiner Zahlungsverpflichtung gegenüber dem Klauselerteilungsorgan sei unwirksam. Insoweit wurde dem Schuldner aber die Möglichkeit zuerkannt, die Unwirksamkeit seiner Unterwerfungserklärung nebst dem Nachweisverzicht im Wege der prozessualen Gestaltungsklage analog § 767 ZPO geltend zu machen.[570]

Diese Rechtsprechungsentwicklung wird in der Literatur vereinzelt[571] als folgerichtig befürwortet, aber auch kritisch beurteilt.[572] Die Konstruktion der Titelgegenklage wird sogar gänzlich abgelehnt, da sie weder dem geltenden geschriebenen Recht entspreche noch prozessökonomisch sei. Stattdessen sei die Vollstreckungsgegenklage direkt anzuwenden.[573]

Dies vermag indes nicht zu überzeugen. Zwar ist zuzugestehen, dass die Titelgegenklage bisher keinen Eingang in das Gesetz gefunden hat. Das praktisch gleiche Ziel, eine Entscheidung nach § 775 Nr. 1 ZPO zu erreichen, mit der die Zwangsvollstreckung als unzulässig erklärt wird, beruht auf zwei unterschiedlichen Gründen. Im Rahmen der Vollstreckungsgegenklage beruft sich der Kläger auf den Wegfall der ursprünglich bestehenden Vollstreckbarkeit des Titels aus materiellrechtlichen Gründen. Mit der Titelgegenklage werden demgegenüber Einwendungen gegen die Wirksamkeit des Titels und damit gegen die von Anfang an fehlende Vollstreckbarkeit des Titels erhoben.[574] Deshalb ist sowohl nach der Intention, die mit der Einlegung des jeweiligen Rechtsbehelfs verfolgt wird, als auch nach dem Wortlaut des § 767 ZPO ein Gleichlauf zwischen Vollstreckungsabwehrklage und Titelgegenklage abzulehnen.

---

568   BGH NJW-RR 2012, 1342, 1343.

569   BGH NJW 2015, 1181 f.

570   BGHZ 227, 154, 159 ff.

571   Musielak/Voit/*Lackmann*, § 767 Rn. 9b.

572   MünchKomm-ZPO/*Wolfsteiner*, § 797 Rn. 39.

573   MünchKomm-ZPO/*Wolfsteiner*, § 797 Rn. 39.

574   *Olzen*, DNotZ 1993, 211, 220.

Aus den einzelnen Entscheidungen Leitlinien für die Anwendbarkeit der Titelgegenklage herauszuarbeiten, wird dadurch erschwert, dass in der Rechtsprechung häufig nicht zwischen der Art der von dem Kläger geltend gemachten Einwendung differenziert wird.

Zudem ist die Übertragung der zur Abgrenzung der Vollstreckungserinnerung von der Vollstreckungsgegenklage verwendeten Terminologie auf die Titelgegenklage nicht glücklich. Ein Titel, um dessen Wirksamkeit es in der Titelgegenklage geht, weist als notwendige Grundlage der Zwangsvollstreckung zunächst eher formellen Charakter auf. Möchte man bei der vorherrschenden Bezeichnung bleiben, erfordern Einwände wie die fehlende Vertretungsmacht zur Unterwerfung unter die Zwangsvollstreckung einer materiellrechtlichen Prüfung. Genauso verhält es sich mit geltend gemachten Verstößen gegen § 134 BGB oder die §§ 305 ff. BGB. Ob nun aber die fehlende Bestimmtheit eines Titels eher als formeller oder doch auch als materieller Einwand beurteilt werden sollte, ist nicht eindeutig zu beurteilen. Die in diesem Zusammenhang vorzunehmende Auslegung des Titels ist eine juristische Kernkompetenz, die sicherlich materiellrechtlichen Charakter aufweist. Dennoch wird sie vom Bundesgerichtshof im Zusammenhang mit der Bewertung der Vollstreckbarkeit eines Titels als formell-rechtlicher Einwand behandelt.[575] Sieht man dies aus einer anderen Perspektive, und zwar im Kontext der Zwangsvollstreckung, ist die Vollstreckbarkeit des Titels durchaus eine formelle Einwendung. Im Rahmen des formalisierten Zwangsvollstreckungsverfahrens hat das Vollstreckungsorgan nach § 750 Abs. 1 ZPO zu prüfen, ob ein vollstreckbarer Titel vorliegt. Mit dieser Argumentation könnte aber jegliche Einwendung gegen die Wirksamkeit des Titels als formeller Einwand bezeichnet werden, was teilweise auch geschieht.[576] Dass dieser Terminus nicht unproblematisch ist, verdeutlicht die Gegenüberstellung der Titelgegenklage zu anderen Rechtsbehelfen.

3. Abgrenzung zu anderen Rechtsschutzmöglichkeiten

a) Vollstreckungserinnerung

Auch mit der Erinnerung nach § 766 Abs. 1 ZPO können Einwendungen angebracht werden, die den Vollstreckungstitel betreffen. Zu diesen gehören das gänzliche Fehlen des Titels[577] oder die Zwangsvollstreckung ohne Umschreibung

---

575 BGH NJW-RR 2004, 472, 474.
576 Siehe dazu: OLG Zweibrücken NJW-RR 2010, 285, 286.
577 BGH NJW 1992, 2159, 2160; Stein/Jonas/*Münzberg*, § 766 Rn. 16; MünchKomm-ZPO/K. *Schmidt/Brinkmann*, § 766 Rn. 33.

des Titels auf den betreibenden Gläubiger.[578] Aus der Perspektive des Vollstreckungsorgans ist dies folgerichtig, da der Titel und die Vollstreckungsklausel zu den Voraussetzungen der Zwangsvollstreckung gehören, die bereits im Vollstreckungsverfahren zu prüfen sind.

Es handelt sich insoweit um Einwendungen, welche die Art und Weise der Zwangsvollstreckung betreffen. Da mit der Prüfung des Vollstreckungsorgans keine materiellrechtlichen Überlegungen einhergehen, kann trotz der aufgeworfenen Bedenken gegen die Begrifflichkeiten[579] insoweit von formellen Einwendungen gegen das Vollstreckungsverfahren gesprochen werden.

Ähnlich verhält es sich, wenn das Vollstreckungsorgan mehr vollstreckt, als der Titel zulässt. Für eine Vollstreckungshandlung, welche die dem Staat eingeräumte Befugnis der Rechtsdurchsetzung für den Gläubiger übersteigt, besteht kein Titel. Auch insoweit ist die Vollstreckungserinnerung statthaft.[580]

Ist aus der vollstreckbaren Ausfertigung des Titels dessen Unwirksamkeit nicht unmittelbar ersichtlich, handelt das Vollstreckungsorgan ordnungsgemäß, wenn es die Vollstreckungsmaßnahme durchführt. Exemplarisch sind Verstöße gegen gesetzliche Verbote i.S.v. § 134 BGB durch Erklärungen in notariellen Urkunden zu nennen. Sie zu erkennen, erfordert sowohl entsprechendes Vorwissen als auch eine Auslegung und Subsumtion der tatsächlichen Umstände unter die gesetzlichen Tatbestandsmerkmale.[581] Gerade diese Prüfung soll aber aus dem Vollstreckungsverfahren in das Klageverfahren verlagert werden.

Sieht sich das Vollstreckungsorgan einem unbestimmten Titel gegenüber stellt sich die Frage nach den Prüfungskompetenzen des Vollstreckungsorgans.[582] Diesem wird von der Rechtsprechung eine Auslegung nicht verwehrt. Jedoch ist diese nur in den Grenzen des Vollstreckungsverfahrens zu leisten. Um den vollstreckungsfähigen Inhalt zu ermitteln, hat sich die Auslegung des Vollstreckungsorgans auf die Titelurkunde zu beschränken.[583]

Ob der Titel einen vollstreckungsfähigen Inhalt hat, wird bereits im Klauselerteilungsverfahren geprüft. Der Schuldner kann die Unbestimmtheit

---

578 MünchKomm-ZPO/K. *Schmidt/Brinkmann*, § 766 Rn. 33; Stein/Jonas/*Münzberg*,
     § 766 Rn. 16.

579 Siehe C.VII.2.

580 MünchKomm-ZPO/*Wolfsteiner*, § 797 Rn. 31; dagegen für die Anwendbarkeit von
     § 767 ZPO: OLG Brandenburg NJW 2014, 643.

581 Schuschke/Walker/Kessen/Thole/*Raebel*, § 767 Rn. 47.

582 Siehe B.IV.2.

583 OLG Hamm MDR 2010, 1086; KG NJW-RR 1988, 1406; im Grundsatz auch: Stein/
     Jonas/*Münzberg*, Vor § 704 Rn. 26, § 724 Rn. 2.

des Titels aber auch im Vollstreckungsverfahren rügen.[584] Ist der Titel derart unbestimmt, dass er keinen vollstreckungsfähigen Inhalt aufweist, die Zwangsvollstreckung aber dennoch betrieben wird, kann der Schuldner entweder Klauselerinnerung nach § 732 ZPO erheben oder die Unbestimmtheit des Titels im Rahmen der Zwangsvollstreckung mit der Vollstreckungserinnerung gem. § 766 Abs. 1 ZPO bzw. der sofortigen Beschwerde nach § 793 ZPO geltend machen.[585] Es besteht aber auch die Auffassung, dass die Klauselerinnerung insoweit der speziellere Rechtsbehelf sei.[586] Andererseits unterscheidet die Rechtsprechung zur Titelgegenklage nicht zwischen erkennbar unbestimmten und nicht offensichtlich unbestimmten Titeln. Der Einwand der Unbestimmtheit des titulierten Anspruchs soll generell mit der Titelgegenklage geltend gemacht werden können.[587]

Die Erkennbarkeit der Unbestimmtheit des Titels ist mithin kein geeignetes Unterscheidungskriterium. Vielmehr kann der richtige Rechtsbehelf in diesem Fall anhand des Rechtsschutzziels des Klägers präzise ermittelt werden. Mit der Vollstreckungserinnerung können nur einzelne Zwangsvollstreckungsmaßnahmen angegriffen werden. Es ist nicht möglich, die Zwangsvollstreckung aus dem Titel insgesamt für unzulässig zu erklären. Aber gerade das möchte der Schuldner, der Einwände gegen die Wirksamkeit des Titels geltend macht. Daher ist in diesem Falle die Vollstreckungserinnerung unzureichend.

b) Klauselerinnerung

Sehr feingliedrig ist die Differenzierung zwischen der Titelgegenklage und der Klauselerinnerung des Schuldners nach § 732 ZPO.

Mit der Erinnerung gegen die Erteilung der Vollstreckungsklausel nach § 732 ZPO kann der Schuldner rügen, die Erteilung der Vollstreckungsklausel sei nicht ordnungsgemäß erfolgt.[588] In dem sich anschließenden Verfahren vor dem Gericht, von dessen Klauselerteilungsorgan die Vollstreckungsklausel erteilt wurde, wird geprüft, ob die Voraussetzungen für die Erteilung der Vollstreckungsklausel vorlagen. Dazu gehören neben der Einhaltung

---

584 KG NJW-RR 1988, 1406; Musielak/Voit/*Lackmann*, § 732 Rn. 2.

585 Musielak/Voit/*Lackmann*, § 732 Rn. 2; ähnlich: Stein/Jonas/*Münzberg*, Vor § 704 Rn. 26.

586 *Sutschet*, ZZP 119 (2006), 279, 294.

587 BGH NJW 2015, 1181 f.; OLG Koblenz NJW-RR 2002, 1509, 1510.

588 Saenger/*Kindl*, § 767 Rn. 6.1.

der Verfahrensvorschriften insbesondere das Vorliegen eines Titels und dessen Vollstreckbarkeit.[589] Eine Überprüfung der Richtigkeit des Titels findet nicht statt. Das bedeutet, dass im Rahmen der Klauselerinnerung nur überprüft wird, ob das Klauselerteilungsorgan entsprechend seiner eingeschränkten Prüfungskompetenz fehlerfrei gehandelt hat.[590] Wie bei der Vollstreckungserinnerung wird zur Abgrenzung von der Geltendmachung materiellen Rechts von „formellen Einwendunge[n]"[591] oder „Einwendungen formeller Art"[592] gesprochen.

In älteren Entscheidungen ging der BGH davon aus, dass eine Vollstreckungsabwehrklage einen wirksamen Vollstreckungstitel voraussetzt. Liegt dieser nicht vor, sei die Klauselerinnerung der einfachere und allein zulässige Weg.[593] Noch vor der Rechtsprechung zur prozessualen Gestaltungsklage analog § 767 ZPO hat sich die höchstrichterliche Rechtsprechung im Jahr 1984 gewandelt. Im Rahmen einer Vollstreckungsgegenklage um die Frage nach der Zulässigkeit einer „isolierten Vollstreckungsstandschaft"[594] entschied der BGH, dass die Möglichkeit der Einlegung einer Klauselerinnerung der Erhebung einer Vollstreckungsgegenklage nicht entgegensteht.[595] In diese Richtung wurde auch in der Literatur argumentiert, dass es dem Schuldner freistehe, die Unwirksamkeit einer Unterwerfungserklärung[596] bzw. eines anderen Titels[597] mit der Klauselerinnerung gem. § 732 ZPO oder mit der Vollstreckungsgegenklage nach § 767 ZPO geltend zu machen. Seit der dargestellten[598] Rechtsprechung zur Titelgegenklage wird dem Schuldner ein Wahlrecht zwischen der Klauselerinnerung und der Titelgegenklage zuerkannt, wenn die Anwendungsbereiche beider Rechtsbehelfe eröffnet sind.[599] Der Bundesgerichtshof begründet die Möglichkeit, einen

---

589 Zöller/*Seibel*, § 732 Rn. 6 f.,11.
590 BeckOK-ZPO/*Ulrici*, § 732 Rn. 11.
591 Musielak/Voit/*Lackmann*, § 732 Rn. 8.
592 Saenger/*Kindl*, § 732 Rn. 1.
593 BGHZ 15, 190, 191; 22, 54, 64 f.; 55, 255, 256; BGH NJW-RR 1987, 1149.
594 BGHZ 92, 347, 349.
595 BGHZ 92, 347, 348.
596 Für den Fall der mangelhaften Vertretung eines Prozessunfähigen: *Hager*, ZZP 97 (1984), 174, 194.
597 *Windel*, ZZP 102 (1989), 175, 219.
598 Siehe C.VII.2.
599 BGHZ 165, 223, 228; 118, 229, 233 f.; BGH NJW-RR 2004, 1718 f.; NJW-RR 2007, 1724 f.; Zöller/*Herget*, § 767 Rn. 7; Wieczorek/Schütze/*Spohnheimer*, § 767 Rn. 118; Musielak/Voit/*Lackmann*, § 767 Rn. 9b; Saenger/*Kindl*, § 767 Rn. 6.3; Schuschke/Walker/Kessen/Thole/*Raebel*, § 767 Rn. 3.

formell-rechtlichen Einwand gegen den Titel nicht nur mit der Klauselerinnerung sondern auch im Wege der Titelgegenklage geltend machen zu können, mit dem Rechtsschutzbedürfnis des Schuldners. Würde die Klage abgewiesen, sei das Vollstreckungsgericht in einem danach angestrebten Klauselerinnerungsverfahren an diese Entscheidung gebunden. Damit bestünde für den Schuldner das Risiko, in beiden Rechtsbehelfsverfahren zu verlieren.[600]

Auch nach der neueren Rechtsprechung bleibt eine Konstellation der Klauselerinnerung vorbehalten. Abstrakt wird vom Bundesgerichtshof insoweit die sich gegen die „prozessuale Ordnungsgemäßheit"[601] des Titels richtende Einwendung genannt. Konkret ging es in den einschlägigen Entscheidungen um den Einwand, dass in einer notariell beurkundeten Unterwerfungserklärung unbestimmt geblieben sei, wer aus der Urkunde als Gläubiger vollstrecken kann.[602] Die besondere Behandlung dieser Einwendung wurde damit begründet, dass die Entscheidungen, in denen die Titelgegenklagen wegen des Einwands der Unbestimmtheit des Titels zugelassen worden sind, die Unbestimmtheit des titulierten Anspruchs zum Gegenstand gehabt hätten. Hier ginge es aber um die Frage, ob sich der Titelgläubiger ausreichend klar aus der Urkunde ergibt, was allein mit einer Klauselerinnerung nach § 732 ZPO gerügt werden könne.[603] Diese Einwendung wird auch in der Literatur zu Recht als Ausnahme zu dem Grundsatz, dass die Unbestimmtheit des Titels im Wege der Titelgegenklage anzubringen ist, angesehen.[604]

c) Antrag auf Fortsetzung des Verfahrens

Die Abgrenzung zwischen der Vollstreckungsgegenklage sowie der Titelgegenklage einerseits und der Fortsetzung des Verfahrens andererseits kann anhand des Konkurrenzverhältnisses der Rechtsbehelfe vorgenommen werden.

Die Fortsetzung des Verfahrens bei anfänglicher Unwirksamkeit des Vergleichs ist gegenüber der Titelgegenklage analog § 767 ZPO spezieller. Da aufgrund des Vergleichsschlusses bislang eine gerichtliche Entscheidung ausgeblieben ist, erscheint es sinnvoll, das begonnene gerichtliche Verfahren fortzusetzen.[605] Dies

---

600 BGH NJW-RR 2004, 472, 474.
601 BGHZ 185, 133, 139; BGH NJW-RR 2004, 1135, 1136; NJW 2015, 1181 f.
602 BGHZ 185, 133, 139 ff.; BGH NJW-RR 2004, 1135, 1136.
603 BGHZ 185, 133, 139.
604 Saenger/*Kindl*, § 767 Rn. 6.3; Schuschke/Walker/Kessen/Thole/*Raebel*, § 767 Rn. 47; Wieczorek/Schütze/*Spohnheimer*, § 767 Rn. 115; *v. Sachsen Gessaphe*, Zwangsvollstreckungsrecht, Rn. 558.
605 Siehe C.VI.10.

gilt jedoch dann nicht, wenn der Einwand der Unbestimmtheit des titulierten Anspruchs erhoben wird. In diesem Fall greift der Schuldner die verfahrens-beendigende Wirkung des Vergleichs nicht an. Vielmehr ist sein Rechtsschutz-ziel darauf gerichtet, die Zwangsvollstreckung aus dem existenten Vergleich für unzulässig zu erklären.

Da die Titelgegenklage Konstellationen betrifft, in denen der Titel von Anfang an oder zumindest ex tunc unwirksam ist, bestehen insoweit keine Überschnei-dungen mit der Vollstreckungsgegenklage, die bei nachträglicher Unwirksam-keit von Vergleichen Anwendung findet.

d) Feststellungsklage

Gegenüber Feststellungsklagen ist die von der Rechtsprechung entwickelte Titel-gegenklage häufig rechtsschutzintensiver. Die Feststellung der Unwirksamkeit eines Titels trifft keine Aussage über die Zwangsvollstreckung aus dem Titel.

Die Stattgabe der Klage nach § 767 ZPO in direkter oder analoger Anwen-dung führt zwar zu einer Tenorierung, welche die Vollstreckung aus dem Urteil für unzulässig erklärt. Andererseits ergeht keine der Rechtskraft fähige Entschei-dung über das Bestehen oder Nichtbestehen des titulierten Anspruchs[606] bzw. gegen die Wirksamkeit des Titels.

Aus diesem Grund wird dem Kläger für Einwendungen, die den titulierten Anspruch selbst betreffen, die Möglichkeit eingeräumt, neben der Erhebung der Vollstreckungsabwehrklage im Wege der negativen Feststellungsklage geltend zu machen, dass der titulierte Anspruch nicht mehr bestehe.[607]

Bringt der Kläger dagegen eine bestimmte Auslegung des Titels an, ohne dass diese zur Unwirksamkeit des Titels führen würde, ist die Titelgegenklage nicht statthaft. Vielmehr ist in dieser Situation die Reichweite des Titels im Wege der Feststellungsklage zu klären.[608]

---

606 BGHZ 127, 146, 149; BGH MDR 1985, 138; NJW-RR 2008, 1512, 1513.
607 BGH NJW 2009, 1671; MDR 1985, 138; WM 1985, 703, 704; Anders/Gehle/*Hunke*, § 767 Rn. 6; Prütting/Gehrlein/*Scheuch*, § 767 Rn. 10; Musielak/Voit/*Lackmann*, § 767 Rn. 9.
608 BGHZ 36, 11, 14; BGH NJW 1997, 2320, 2321; Wieczorek/Schütze/*Spohnheimer*, § 767 Rn. 116.

4. Rechtsnatur

Die Rechtsnatur der Titelgegenklage wird uneinheitlich beurteilt. Einige Autoren im Schrifttum sprechen dieser die Eigenständigkeit ab. Das wird damit begründet, dass es sich bei der Vollstreckungsgegenklage gem. § 767 ZPO und der Titelgegenklage analog § 767 ZPO um denselben Streitgegenstand handle. Die Einwände, die im Rahmen der Titelgegenklage gegen die Wirksamkeit des Titels angebracht werden, erweiterten lediglich die Einwendungsmöglichkeiten des § 767 ZPO.[609]

Die herrschende Auffassung[610] ordnet die Titelgegenklage als spezielle Klageart mit einem eigenständigen Streitgegenstand in das Rechtsbehelfssystem ein.

Nur wenn man letzterer Ansicht folgt, ist die Anwendung von § 767 Abs. 3 ZPO bei mehreren nacheinander erhobenen Titelgegenklagen möglich. Andernfalls wäre der Vorschrift nur im Verhältnis einer Vollstreckungsgegenklage gegenüber einer Titelgegenklage Geltung zuzusprechen.

Für dieses Ergebnis spricht auch der zweigliedrige Streitgegenstandsbegriff. Obwohl das Rechtsschutzziel beider Klagen, die Zwangsvollstreckung aus dem Titel für unzulässig zu erklären, identisch und damit derselbe Klageantrag zu stellen ist, gilt dies nicht für den der Klage zu Grunde liegenden Sachverhalt. Einwendungen, die gegen die Wirksamkeit des Titels sprechen, sind völlig andere als solche, welche materiellrechtlich den titulierten Anspruch zu Fall bringen.

Für die Konstellation, in der Konnexität zwischen der Entstehung des Titels und dem materiellen Recht besteht, hat die Rechtsprechung eine andere Lösung entwickelt. Dabei handelt es sich um die Fortsetzung des Verfahrens im Falle der Geltendmachung der anfänglichen Unwirksamkeit eines geschlossenen Vergleichs.[611] In allen anderen Fällen besteht eine solche Wechselwirkung nicht.

---

609 *K. Schmidt* in FS 50 Jahre BGH, Bd. III, 491, 517; MünchKomm-ZPO/*K. Schmidt/ Brinkmann*, § 767 Rn. 6; im Ergebnis auch: *Gaul/Schilken/Becker-Eberhard*, § 40 Rn. 32.

610 BGHZ 118, 229, 236; 124, 164, 171; OLG Koblenz NJW-RR 2002, 1509, 1510; VGH Kassel NVwZ-RR 2012, 623, 624; *Vollkommer*, Rpfleger 2004, 336, 337; BeckOK-ZPO/ *Preuß*, § 767 Rn. 58; Zöller/*Herget*, § 767 Rn. 7; wohl auch: *Haberzettl*, NJOZ 2021, 289, 291.

611 Siehe C.VI.10.

Der Gegenauffassung sind gerade in Anbetracht dessen, dass die Titelgegenklage nicht gesetzlich fixiert ist und nur in entsprechender Anwendung des § 767 ZPO zur Geltung gelangt, die Zweifel an ihrer Eigenständigkeit zuzugestehen. Bei näherer rechtlicher Bewertung kann dieser Umstand aber nicht dazu führen, die beiden Klagearten ihrer Rechtsnatur nach nicht zu differenzieren.

5. Analoge Anwendung von § 767 ZPO

Hinsichtlich der Reichweite der analogen Anwendung der Vorschrift des § 767 ZPO auf die Fälle der Titelgegenklage ist zwischen den Regelungen in § 767 Abs. 2 und Abs. 3 ZPO zu unterscheiden.

a) Entsprechende Anwendung von § 767 Abs. 2 ZPO

Die Präklusionsvorschrift des § 767 Abs. 2 ZPO ist nach allgemeiner Meinung nicht auf die Titelgegenklage anwendbar.[612] Wegen des Zwecks der Norm, die materielle Rechtkraft unanfechtbar gewordener Entscheidungen zu sichern,[613] gilt dies insbesondere für die Geltendmachung der Unwirksamkeit von Titeln wie Vergleichen oder notariellen Urkunden. Aber auch in dem vom BGH entschiedenen Ausgangsfall eines Versäumnisurteils, das mangels hinreichender Bestimmtheit unwirksam war, soll die Norm des § 767 Abs. 2 ZPO nicht anwendbar sein, da auch insoweit eine materielle Rechtskraft ausscheide.[614]

b) Entsprechende Anwendung von § 767 Abs. 3 ZPO

Nicht einheitlich beurteilt wird, ob die Vorschrift des § 767 Abs. 3 ZPO im Falle der Titelgegenklage anzuwenden ist.[615] Hier sind zwei Konstellationen zu

---

612 BGHZ 124, 164, 172; *Thomale*, ZZP 132 (2019), 139; *Özen/Hein*, JuS 2010, 124, 126; Wieczorek/Schütze/*Spohnheimer*, § 767 Rn. 119; Saenger/*Kindl*, § 767 Rn. 6.2; BeckOK-ZPO/*Preuß*, § 767 Rn. 59; Zöller/*Herget*, § 767 Rn. 7; MünchKomm-ZPO/K. *Schmidt/Brinkmann*, § 767 Rn. 6; Musielak/Voit/*Lackmann*, § 767 Rn. 9b; Schuschke/Walker/Kessen/Thole/*Raebel*, § 767 Rn. 47; Thomas/Putzo/*Seiler*, § 767 Rn. 8a; *von Sachsen Gessaphe*, Zwangsvollstreckungsrecht, Rn. 550.

613 BGHZ 85, 64, 73 f.; 124, 164, 172.

614 BGHZ 124, 164, 172 f.

615 Dafür: *Özen/Hein*, JuS 2010, 124, 126 f.; Wieczorek/Schütze/*Spohnheimer*, § 767 Rn. 119; BeckOK-ZPO/*Preuß*, § 767 Rn. 60; dagegen: BGHZ 124, 164, 172; MünchKomm-ZPO/*Schmidt/Brinkmann*, § 767 Rn. 6; Musielak/Voit/*Lackmann*, § 767

unterscheiden. Zum einen kann es um die Frage gehen, ob bei mehreren aufeinander folgenden Titelgegenklagen alle möglichen Einwendungen bereits in der ersten Titelgegenklage geltend zu machen sind.[616] Diskutiert wird aber eher die Anwendbarkeit der Vorschrift im Verhältnis einer Titelgegenklage gegenüber einer zuvor eingelegten Vollstreckungsabwehrklage.[617] Zum Teil wird zwischen diesen beiden Anknüpfungspunkten nicht differenziert und pauschal die Unanwendbarkeit der Präklusionsvorschrift des § 767 Abs. 3 ZPO angenommen.[618] Demgegenüber wird aber auch angebracht, dass die mit der Norm bezweckte Intention der Verfahrenskonzentration im Rahmen der Titelgegenklage ebenfalls verfolgt würde.[619]

Soweit explizit auf die Ausgangslage einer durchgeführten Vollstreckungsgegenklage und einer dieser folgenden Titelgegenklage abgestellt wird, ist die Anwendung der Vorschrift des § 767 Abs. 3 ZPO streitig. Der BGH hat diese mit der Begründung, die Einwendungen gegen die Wirksamkeit des Titels hätten von dem Schuldner nicht in der zuerst erhobenen Vollstreckungsabwehrklage vorgebracht werden können, verneint.[620] Zu demselben Ergebnis führt das Argument, dass es sich bei der Vollstreckungsgegenklage und der Titelgegenklage um zwei eigenständige Klagarten handle, die Vorschrift des § 767 Abs. 3 ZPO daher in dieser Relation auf die nachfolgende Titelgegenklage nicht anzuwenden sei.[621] Von der Gegenauffassung wird vorgebracht, dass sich sowohl die Vollstreckungsgegenklage als auch die Titelgegenklage gegen die Vollstreckbarkeit des Titels richteten. Dies rechtfertige das Erfordernis, sämtliche Einwendungen in einer Klage vorzubringen.[622]

Es ist überzeugend, die Präklusionswirkung auf das Verhältnis von mehreren Titelgegenklagen zueinander zu beziehen.[623] Erkennt man die Titelgegenklage als eigenständige Klageart an, sind auch die möglichen Einwendungen von

---

Rn. 9b; Schuschke/Walker/Kessen/Thole/*Raebel*, § 767 Rn. 47; Thomas/Putzo/*Seiler*, § 767 Rn. 8a.

616 Wieczorek/Schütze/*Spohnheimer*, § 767 Rn. 119.
617 BGHZ 124, 164, 172; Wieczorek/Schütze/*Spohnheimer*, § 767 Rn. 119.
618 MünchKomm-ZPO/*Schmidt/Brinkmann*, § 767 Rn. 6; Musielak/Voit/*Lackmann*, § 767 Rn. 9b; Schuschke/Walker/Kessen/Thole/*Raebel*, § 767 Rn. 47; Thomas/Putzo/*Seiler*, § 767 Rn. 8a; *von Sachsen Gessaphe*, Zwangsvollstreckungsrecht, Rn. 550.
619 *Özen/Hein*, JuS 2010, 124, 126 f.; Wieczorek/Schütze/*Spohnheimer*, § 767 Rn. 119.
620 BGHZ 124, 164, 172.
621 BGHZ 124, 164, 172; Wieczorek/Schütze/*Spohnheimer*, § 767 Rn. 119.
622 BeckOK-ZPO/*Preuß*, § 767 Rn. 60.
623 So auch: Wieczorek/Schütze/*Spohnheimer*, § 767 Rn. 119.

solchen, die mit einer Vollstreckungsgegenklage geltend gemacht werden können, zu unterscheiden. Wenn neben materiellen Einwendungen gegen den titulierten Anspruch auch Einwendungen, die sich gegen die Wirksamkeit des Titels
richten, erhoben werden, handelt es sich um zwei unterschiedliche Klagen, über
die im Wege einer objektiven Klagehäufung entschieden wird. Das Gebot, dass
der Schuldner in der Titelgegenklage alle Einwendungen nach § 767 Abs. 3 ZPO
geltend machen muss „die er zur Zeit der Erhebung der Klage geltend zu machen
imstande war" kann nur im Verhältnis zu einer späteren Titelgegenklage gelten,
da Einwendungen, welche die Wirksamkeit des Titels betreffen, nicht mit einer
Vollstreckungsgegenklage geltend gemacht werden können.

c) Eilrechtsschutz

Wendet man die Vorschrift des § 767 ZPO analog auf die Titelgegenklage an,
sollte dies auch für die Regelungen in § 769 ZPO gelten. Nach § 769 Abs. 1 ZPO
kann das Prozessgericht auf Antrag bis zum Erlass eines Urteils über die Einwendungen nach § 767 ZPO einstweilige Anordnungen erlassen. Die Möglichkeit,
einen entsprechenden Eilantrag zu stellen, um die Zwangsvollstreckung aus dem
unwirksamen Titel einstweilen zu verhindern, ist erforderlich, da die Klageerhebung allein die Zwangsvollstreckung nicht aufhält. Ein Vollstreckungshindernis
nach § 775 Nr. 2 ZPO schafft erst eine gerichtliche Entscheidung, welche die
einstweilige Einstellung der Zwangsvollstreckung anordnet. Diese Rechtsschutzmöglichkeit ergibt sich für die Vollstreckungsabwehrklage unmittelbar aus der
Vorschrift des § 769 Abs. 1 ZPO, sie wird im Rahmen des Antrags auf Fortsetzung des Verfahrens bei anfänglicher Unwirksamkeit eines Vergleichs in analoger Anwendung der § 707 ZPO i.V.m. § 719 ZPO ebenfalls befürwortet.[624]

---

624 BGHZ 28, 171, 175; *Kaiser*, NJW 2014, 364, 365.

D. Problematik des derzeitigen Rechtsbehelfssystems

I. Vielzahl der Rechtsbehelfe

Mit allein neun geschriebenen Rechtsbehelfen[625] sowie der Möglichkeit einen Antrag auf Fortsetzung des Verfahrens zu stellen und die nicht normierte Titelgegenklage zu erheben, existieren insgesamt elf vollstreckungsspezifische Rechtsbehelfe. Diese können mit dem Schuldner, dem Gläubiger und einem nicht an dem Zwangsvollstreckungsverfahren beteiligten Dritten von bis zu drei Parteien als möglichen Rechtsbehelfsführern erhoben werden. Nimmt man die Klauselerinnerung nach § 732 ZPO hinzu, deren Abgrenzung gerade im Hinblick auf die Titelgegenklage wichtig ist,[626] muss sich der Rechtsuchende in der Zwangsvollstreckung zwischen zwölf Rechtsbehelfen entscheiden.

Einzelne sehr spezielle Vorschriften wie die Grundbuchbeschwerde nach §§ 71 ff. GBO können dabei recht schnell ausgeschlossen werden. Auch kann die Drittwiderspruchsklage nach § 771 ZPO schon ihrem Wortlaut nach gleich zu Beginn der Prüfung der Rechtsbehelfsmöglichkeiten von dem Schuldner oder dem Gläubiger verworfen werden. Im Übrigen ist aber ein tiefgreifendes Systemverständnis Voraussetzung, um den richtigen Rechtsbehelf einzugrenzen. Die vielen Wege, die eingeschlagen werden können, um gerichtlichen Rechtsschutz zu erlangen, können für den Rechtsanwender bereits bei der ersten Befassung mit der Thematik abschreckende Wirkung haben.

II. Vielzahl der Vollstreckungsorgane

Zunächst ist eine Annäherung an den statthaften Rechtsbehelf über das zuständige Vollstreckungsorgan naheliegend. Aber auch insoweit weist die Rechtordnung mit dem Gerichtsvollzieher, dem Vollstreckungsgericht, dem Prozessgericht und dem Grundbuchamt eine ganze Bandbreite von Personen mit unterschiedlichsten Funktionen im Vollstreckungsverfahren auf.[627] Die damit einhergehende, an der beantragten Vollstreckungshandlung orientierte Aufteilung der Zuständigkeiten führte gerade in einer Situation, in der ein Gläubiger

---

625 Siehe C.II.1.–9.
626 Siehe C.VII.3.b).
627 Siehe B.IV.

in verschiedene Vermögensmassen des Schuldners vollstreckt, zu einer gewissen „Verfahrenszersplitterung"[628].

Eine Differenzierung der Rechtsbehelfe anhand des zuständigen Vollstreckungsorgans ist im Ergebnis kaum möglich.

Dies zeigt sich insbesondere im Rahmen der Abgrenzung zwischen Vollstreckungserinnerung und sofortiger Beschwerde. Insoweit kommt es nach herrschender Auffassung darauf an, ob das Vollstreckungsorgan eine Entscheidung getroffen hat.[629] In der Zivilprozessordnung ist aber das Vollstreckungsverfahren für jedes Vollstreckungsorgan gesondert geregelt[630] und damit auch die Frage, ob der Schuldner vor der Vollstreckungshandlung angehört wird und das Vollstreckungsorgan daraufhin eine Entscheidung trifft. Daran anknüpfend ist auch die Zuständigkeit für die Entscheidung über den Rechtsbehelf unterschiedlich ausgestaltet. So entscheidet über eine Vollstreckungserinnerung nach § 766 Abs. 1 S. 1 ZPO das Vollstreckungsgericht, über die sofortige Beschwerde dagegen nach § 1 ZPO i.V.m. § 72 GVG das übergeordnete Landgericht. Das vorherrschende dezentrale Zwangsvollstreckungssystem[631] ist daher ein Grund für die Komplexität des Rechtsbehelfssystems in der Zwangsvollstreckung.

III. Abgrenzungsproblematik

Die teilweise sehr schwierige Abgrenzbarkeit der vielen Rechtsbehelfe untereinander macht nicht nur Rechtsanwendern ihre tägliche Arbeit schwer, diese hat auch tiefgreifende Folgen für den Betroffenen. Dessen Recht auf effektiven Rechtsschutz aus Art. 19 Abs. 4 GG ist in Gefahr. Das Bundesverfassungsgericht hat dazu im Rahmen einer Verfassungsbeschwerde gegen die Zurückweisung einer gegen eine Durchsuchungsanordnung gerichteten sofortigen Beschwerde sehr instruktive Ausführungen gemacht. Rechtssuchende „müss[t]en erkennen können, welches Rechtsmittel für sie in Betracht kommt und unter welchen

---

628 *Brehm*, Rpfleger 1982, 125.
629 BGHZ 187, 132, 134 ff.; BGH NZI 2004, 447 f.; OLG Köln NJW-RR 1992, 894; Zöller/ *Herget*, § 766 Rn. 2; Stein/Jonas/*Münzberg*, § 766 Rn. 7; Kindl/Meller-Hannich/*Sternal*, § 766 ZPO Rn. 20; Saenger/*Kindl*, § 766 Rn. 6; Schuschke/Walker/Kessen/Thole/ *Walker/Thole*, § 766 Rn. 7; Anders/Gehle/*Voigt-Beheim*, § 793 Rn. 4; *von Sachsen Gessaphe*, Zwangsvollstreckungsrecht, Rn. 499; *Prütting/Stickelbrock*, Zwangsvollstreckungsrecht, S. 190 f.; im Grundsatz auch: MünchKomm-ZPO/*K. Schmidt/Brinkmann*, § 766 Rn. 19; Musielak/Voit/*Lackmann*, § 766 Rn. 11.
630 Siehe B.IV.1.
631 *Stürner*, ZZP 99 (1986) 291, 311.

rechtlichen Voraussetzungen es zulässig ist."[632] Die ablehnende Entscheidung des Landgerichts, die damit begründet wurde, dass eine Durchsuchungsanordnung eine die Zwangsvollstreckung vorbereitende Maßnahme sei, gegen die weder die Vollstreckungserinnerung noch die sofortige Beschwerde statthaft sei, verletze das Recht des Schuldners auf effektiven Rechtsschutz.[633] Diese Entscheidung des Bundesverfassungsgerichts bestätigt nicht nur, dass es auch in der Zwangsvollstreckung effektive Rechtsschutzmöglichkeiten geben muss.[634] Sie macht darüber hinaus deutlich, dass die Auswahl des statthaften Rechtsbehelfs nicht dem angerufenen Gericht im Rahmen seiner Hinweispflicht überantwortet werden kann. Vielmehr muss sich der Schuldner allein oder unter Zuhilfenahme rechtlicher Beratung den statthaften Rechtsbehelf erschließen können.

Besonders dringlich ist die Abgrenzungsproblematik zwischen der Vollstreckungserinnerung und der sofortigen Beschwerde. Das breite, uneinheitliche Meinungsspektrum[635] zu der Differenzierung dieser beiden Rechtsbehelfe birgt ein hohes Risiko für den Schuldner. Denn ein entscheidender Unterschied zwischen der Vollstreckungserinnerung nach § 766 ZPO und der sofortigen Beschwerde nach §§ 793, 567 ff. ZPO besteht darin, dass die sofortige Beschwerde nur innerhalb der Notfrist des § 569 Abs. 1 ZPO eingelegt werden kann, die Vollstreckungserinnerung hingegen nicht fristgebunden ist.[636] Nimmt der Vollstreckungsschuldner die sofortige Beschwerde nicht in den Blick, obwohl nur diese statthaft wäre, kann es passieren, dass er die nicht verlängerbare Beschwerdefrist von zwei Wochen versäumt.[637]

Aber auch hinsichtlich der speziellen Klagarten des Zwangsvollstreckungsrechts ist die Unterscheidung nicht eindeutig. Dies gilt zum einen für die Vollstreckungserinnerung im Verhältnis zur Titelgegenklage. Der Umstand, dass letztere dem positiven Recht nicht zu entnehmen ist und sich alle Differenzierungsmerkmale aus einer Reihe von Gerichtsentscheidungen entwickelt haben, erschwert die Anwendung. Zwar ist die Rechtsprechung gegenüber der gerichtlichen Auslegung der richtigen Klageart sehr aufgeschlossen, was für die Erhebung der Titelgegenklage im Besonderen gilt.[638] Auch sind im Rahmen der

---

632 BVerfG NJW 2015, 3432, 3433.
633 BVerfG NJW 2015, 3432, 3433.
634 *Glenk*, NJW 2016, 1864, 1866.
635 Siehe C.VI.2.
636 Stein/Jonas/*Münzberg*, § 766 Rn. 40; Wieczorek/Schütze/*Spohnheimer*, § 766 Rn. 66.
637 Wieczorek/Schütze/*Spohnheimer*, § 766 Rn. 12.
638 BGHZ 124, 164, 171 f.; BGH NJW-RR 2004, 472, 474; OLG Koblenz NJW-RR 2002, 1509, 1510.

vollstreckungsrechtlichen Klagen keine bestimmten Klagefristen einzuhalten. Aber die Geltendmachung von Einwendungen, die nicht zu der gewählten Klageart gehören, vermag dennoch Verwirrung zu stiften und Zeit zu kosten. Für den Schuldner können Verzögerungen des Gerichtsverfahrens zu starken Belastungen führen, zumal das Vollstreckungsverfahren für ihn ohnehin schwerwiegende existenzielle Auswirkungen haben kann. Diese gilt es im Interesse einer fairen, rechtsstaatlichen Realisierung des Vollstreckungsanspruchs des Gläubigers zu vermeiden.

Gewisse Schwierigkeiten bereiten auch die dargestellten[639] Überschneidungen der Anwendungsbereiche der Drittwiderspruchsklage nach § 771 ZPO und der Klage auf vorzugsweise Befriedigung, welche die Vorschrift des § 805 ZPO regelt. Diese sind dem Wortlaut der Normen nicht entnehmbar, so dass der Dritte gegebenenfalls verkennt, dass er anstelle der Verhinderung der Verwertung des Gegenstands, an dem er ein Interventionsrecht hat, auch die Erlösauskehr nach § 805 ZPO verlangen kann.

Die Kritik[640] an den essenziellen Merkmalen unseres Rechtsbehelfssystems ist nicht zuletzt dem Umstand geschuldet, dass die Betroffenen im Vollstreckungsverfahren nicht immer über die einschlägigen Rechtsbehelfe informiert werden. Der in § 232 ZPO statuierte Grundsatz, dass jede anfechtbare gerichtliche Entscheidung eine Rechtsbehelfsbelehrung zu enthalten habe, gilt nicht für jegliche Vollstreckungshandlung. Denn nicht an jedem Vollstreckungsakt ist das Gericht beteiligt. Der große Bereich der Mobiliarvollstreckung wird von dem Gerichtsvollzieher umgesetzt.[641] Hinzu kommt, dass das Rechtsbehelfserfordernis des § 232 ZPO nicht für Einwendungen, die den titulierten Anspruch selbst oder die Unwirksamkeit des Titels betreffen, gilt. Die Vorschrift erfasst nur Belehrungen über ein Rechtsmittel, den Einspruch, den Widerspruch oder die Erinnerung. Dazu gehören aber weder die Titelgegenklage noch die Vollstreckungsabwehrklage, die Drittwiderspruchsklage oder die Klage auf vorzugsweise Befriedigung.

In diesem Zusammenhang wird angedacht, das Risiko der Einlegung eines falschen Rechtsbehelfs insbesondere des Schuldners mit einer Belehrungspflicht über die im Vollstreckungsverfahren zur Verfügung stehenden Rechtsbehelfe

---

639   Siehe C.VI.8.

640   *Wasser* in FS Graf-Schlicker, 129, 131; *Stamm*, Die Prinzipien und Grundstrukturen des Zwangsvollstreckungsrechts, S. 507 f.; *Gaul*, ZZP 85 (1972), 251, 259, 261, 269 f.; *Brehm*, Rpfleger 1982, 125 f.

641   Siehe §§ 808 f. ZPO.

zu verringern.[642] Umsetzbar wäre eine solche gesetzliche Regelung für Vollstreckungshandlungen des Gerichtsvollziehers, die dem Rechtsbehelfserfordernis des § 232 ZPO nicht unterfallen. Obwohl die Zwangsvollstreckung durch den Gerichtsvollzieher vor Ort vor allem tatsächliche Handlungen wie die Wegnahme von Gegenständen oder die Anbringung eines Pfandsiegels nach § 808 ZPO impliziert, bedeutet das nicht, dass die Vollstreckung durch den Gerichtsvollzieher eine Rechtsbehelfsbelehrung ausschließen würde. Eine solche könnte mündlich erfolgen und in dem Protokoll des Gerichtsvollziehers, das dieser nach §§ 762 f. ZPO ohnehin über Vollstreckungshandlungen anfertigen muss, dokumentiert werden. Denkbar wäre auch eine Verpflichtung des Gerichtsvollziehers, dem Betroffenen nach der Vollstreckungshandlung das Protokoll nebst einer schriftlichen Rechtsbehelfsbelehrung zu übergeben. Bei einer Ablehnung der Vollstreckungshandlung oder einer Weigerung des Gerichtsvollziehers, diese dem Auftrag des Gläubigers gemäß auszuführen, könnte der Gerichtsvollzieher unter das Schreiben, in dem er dem Gläubiger seine Ablehnungsgründe schildert, eine Rechtsbehelfsbelehrung setzen. Gleiches gilt für die Erinnerung gegen den Kostenansatz. Der Kostenberechnung des Gerichtsvollziehers ließe sich eine Rechtsbehelfsbelehrung hinzufügen.

Dies würde zu mehr Rechtssicherheit führen, aber das Problem nicht lösen. Es verblieben die Vollstreckungsgegenklage, die Titelgegenklage sowie der Antrag auf Fortsetzung des Verfahrens, für die weiterhin keine Rechtsbehelfserfordernisse bestehen würden. Jeglichen vollstreckbaren Titel für den Fall der Zwangsvollstreckung mit den passenden Rechtsbehelfsbelehrungen zu versehen, ist wegen der unterschiedlichen Einwendungen, welche mit dem jeweiligen Rechtsbehelf geltend gemacht werden können, kaum zu schaffen. Einwendungen wie die, dass der Titel nicht formell ordnungsgemäß, unbestimmt oder nicht wirksam ist, können zu verschiedenen Rechtsbehelfen berechtigen. Zudem würde einem am Vollstreckungsverfahren nicht beteiligten, aber von der Zwangsvollstreckung betroffenen Dritten die Belehrung des Schuldners über seine Rechtsbehelfsmöglichkeiten nicht zu mehr Rechtsschutz verhelfen.

IV. Überholter Wortlaut

Es wurde bereits aufgezeigt, dass der Wortlaut der Vorschriften, die das derzeitige Rechtsbehelfssystem in der Zwangsvollstreckung ausmachen, nicht mehr an

---

642 *Stamm*, Die Prinzipien und Grundstrukturen des Zwangsvollstreckungsrechts, S. 533 f.

allen Stellen der aktuellen Rechtsprechung und dem Diskurs in der Literatur entspricht.[643]

Besonders deutlich wird dies beim Wortlaut des § 771 Abs. 1 ZPO. Schon im Ausgangspunkt ist die Formulierung der Vorschrift problematisch. Ein Recht, das die Veräußerung eines Gegenstands verhindern könnte, besteht aufgrund der Möglichkeiten des gutgläubigen Erwerbs nach §§ 932 ff. BGB nicht. Vor diesem Hintergrund wird der geltende Wortlaut etwa als „irreführend"[644] oder „sprachlich missglückt"[645] kritisiert.[646] Zudem deckt der Wortlaut der Norm lediglich die Mobiliarvollstreckung ab.[647] Eine solche evidente Unstimmigkeit des Gesetzes bedarf der Korrektur. Insoweit ist es nicht hinnehmbar, die Vorschrift über ein Jahrhundert hinweg aufwendig auslegen zu müssen, um ihren Grundgehalt – das Interventionsrecht des Dritten – definieren zu können.

Sicherlich ist auch die Wortwahl des ausgehenden 19. Jahrhunderts nicht mehr gänzlich zeitgemäß, was die Verständlichkeit mindert. Wenn in der Vorschrift des § 766 Abs. 1 ZPO von Anträgen die Rede ist, die das „vom Gerichtsvollzieher bei ihr zu beobachtende Verfahren betreffen", zeugt dies von einem altertümlichen Sprachgebrauch, der heute nicht mehr verwendet würde.

Die übrigen im vorstehenden Kapitel[648] aufgeworfenen Diskussionspunkte könnten allesamt durch eine Nachjustierung des Gesetzestextes oder eine gänzliche Umstrukturierung in eine bestimmte Richtung hin entschieden werden. Jedoch ist der Änderungsbedarf insoweit nicht ähnlich eindeutig wie bei den vorgenannten beiden Vorschriften. Die Diversität der Auffassungen zu den behandelten Normen zeigt aber, dass ihr Wortlaut viele Auslegungsmöglichkeiten bietet. Dies wiederum kann ein Indiz für das Erfordernis einer klarstellenden gesetzgeberischen Entscheidung sein.

V. Mangelnde Bestimmtheit

Die kontroversen Ansichten,[649] die immer wieder auf den Wortlaut der Vorschriften hinweisen, legen den Schluss nahe, dass die Normen nicht bestimmt

---

643 Siehe C.VI.

644 MünchKomm-ZPO/*K. Schmidt/Brinkmann*, § 771 Rn. 17.

645 Schuschke/Walker/Kessen/Thole/*Raebel/Thole*, § 771 Rn. 15.

646 Ähnlich: *Picker*, ZZP 128 (2015), 273, 275; Wieczorek/Schütze/*Spohnheimer*, § 771 Rn. 9; *Gaul/Schilken/Becker-Eberhard*, Zwangsvollstreckungsrecht, § 41 Rn. 36.

647 Wieczorek/Schütze/*Spohnheimer*, § 771 Rn. 9.

648 Siehe C.VI.

649 Siehe C.VI.

genug gefasst sind. Bei der Prüfung, sie aus diesem Grund zu reformieren sind, bleibt aber zu beachten, dass die Abstraktheit ein Wesensmerkmal eines jeden Gesetzes ist.

1. Vollstreckungserinnerung und sofortige Beschwerde

Es ist nicht unmittelbar festzustellen, dass die Vorschrift des § 766 Abs. 1 ZPO unbestimmt gefasst ist. In der Norm sind „Anträge, Einwendungen und Erinnerungen" genannt, „welche die Art und Weise der Zwangsvollstreckung oder das vom Gerichtsvollzieher bei ihr zu beobachtende Verfahren betreffen". Diese Formulierung weist deutlich darauf hin, dass die von dem Rechtsbehelf erfassten Einwände auf Vorschriften gerichtet sind, die von dem Gerichtsvollzieher während der Zwangsvollstreckung zu beachten gewesen wären. Die Worte „Art und Weise der Zwangsvollstreckung" betonen, dass auch die allgemeinen Verfahrensvorschriften Gegenstand der Erinnerung sein können. Im Hinblick darauf, dass der Gerichtsvollzieher nicht das einzige Vollstreckungsorgan ist, stellt dieser Halbsatz keine unnötige Wiederholung, sondern eine erforderliche Erweiterung des Rechtsbehelfs auf die Zwangsvollstreckung durch andere Vollstreckungsorgane dar.

In Verbindung mit der sofortigen Beschwerde nach § 793 ZPO bleibt aber der Gegenstand der Vollstreckungserinnerung offen. Soweit in § 793 ZPO „Entscheidungen, die im Zwangsvollstreckungsverfahren ohne mündliche Verhandlung ergehen können" genannt sind, stellt sich die Frage, was mit dem Begriff der Entscheidung gemeint ist. Parallel dazu bleibt unklar, worin der Unterschied zu dem Angriffsobjekt der Vollstreckungserinnerung nach § 766 Abs. 1 ZPO besteht.

Anders verhält es sich mit der Vorschrift des § 766 Abs. 2 ZPO. Aus dieser wird deutlich, dass es sich um einen Rechtsbehelf des Gläubigers handelt, mit dem er sich gegen bestimmte Vorgehensweisen des Gerichtsvollziehers wenden kann. Die Aufzählung der Weigerung des Gerichtsvollziehers, einen Vollstreckungsauftrag zu übernehmen oder dem Auftrag gemäß auszuführen sowie von Erinnerungen gegen den Kostenansatz des Gerichtsvollziehers in der Norm macht sehr deutlich, welche Verhaltensweisen des Gerichtsvollziehers der Gläubiger mit der Erinnerung nach § 766 Abs. 2 ZPO angreifen kann.

2. Drittwiderspruchsklage und Klage auf vorzugsweise Befriedigung

An der Bestimmtheit ermangelt es der Regelung der Drittwiderspruchsklage und der Klage auf vorzugsweise Befriedigung im Grundsatz nicht. Sowohl der

Norm des § 771 ZPO als auch § 805 ZPO kann man mit der notwendigen Abstraktheit entnehmen, welche Rechte den Dritten zu der jeweiligen Klage berechtigen sollen.

Ob die in den Normen genannten Definitionen aus heutiger Sicht Richtigkeit für sich beanspruchen können, vermag an dieser Stelle dahingestellt bleiben. Jedoch lässt sich dem Gesetzeswortlaut nicht entnehmen, dass auch ein sich im Besitz der streitgegenständlichen Sache befindenden Dritter anstelle der Drittwiderspruchsklage als „Minus"[650] die Klage auf vorzugsweise Befriedigung erheben kann.

3. Vollstreckungsgegenklage

Demgegenüber sind die von dem Schuldner mit der Vollstreckungsgegenklage geltend zu machenden Einwendungen nicht eindeutig geregelt. In der Vorschrift des § 767 Abs. 1 ZPO sind „Einwendungen, die den durch das Urteil festgestellten Anspruch selbst betreffen" als statthafte Einwände bezeichnet. Unproblematisch ist insoweit, dass als Titel das Urteil genannt ist, da über die Norm des § 795 S. 1 ZPO im Grundsatz auch die in § 794 ZPO erwähnten Leistungstitel in den Anwendungsbereich der Vollstreckungsgegenklage fallen.[651] Die Formulierung, dass es sich um einen Einwand, der den durch das Urteil „festgestellten Anspruch" selbst betrifft, handeln müsse, kann dagegen missverständlich sein. Denn es muss sich gerade nicht um einen Anspruch handeln, der in einer Feststellungsklage tituliert wurde. Vielmehr kommt es darauf an, dass ein Titel vorliegt, aus dem eine Leistung begehrt werden kann.[652]

Hinsichtlich der Einwendungen, die vom Schuldner gegen die Unwirksamkeit eines Titels geltend gemacht werden, zeigt sich ebenfalls eine unklare Situation. Die Rechtsprechung und der überwiegende Teil in der Literatur vermögen derartige Einwendungen nicht unter die Vorschrift des § 767 Abs. 1 ZPO zu subsumieren und behelfen sich mit dessen analoger Anwendung.[653] Aber auch

---

650 Musielak/Voit/*Flockenhaus*, § 805 Rn. 6; Wieczorek/Schütze/*Lüke*, § 805 Rn. 6; *Jäckel*, JA 2010, 357, 360; a.A. Prütting/Gehrlein/*Scheuch*, § 771 Rn. 4.

651 Wieczorek/Schütze/*Spohnheimer*, § 766 Rn. 8; Musielak/Voit/*Lackmann*, § 767 Rn. 3; Saenger/*Kindl*, § 767 Rn. 9.

652 Musielak/Voit/*Lackmann*, § 767 Rn. 3.

653 BGHZ 124, 164, 171 f.; BGH NJW 2002, 138, 139; NJW 2004, 59, 60; NJW-RR 2004, 472, 474; Saenger/*Kindl*, § 767 Rn. 6.2; MünchKomm-ZPO/*K. Schmidt/Brinkmann*, § 767 Rn. 6; BeckOK-ZPO/*Preuß*, § 767 Rn. 57; *Vollkommer*, Rpfleger 2004, 336, 337; a.A. *Meier*, ZZP 133 (2020), 51, 61.

die Stimmen im Schrifttum, welche die Geltendmachung der Unwirksamkeit des Titels mit einer Feststellungsklage, einer Titelherausgabeklage[654] oder der Klauselerinnerung[655] propagieren, werden sich vorhalten lassen müssen, dass sich diese Lösungen dem Rechtanwender nicht unmittelbar erschließen. Dieser muss zudem den Gedankengang, dass ein Vergleich wegen der geltend gemachten Einwendungen keine verfahrensbeendende Wirkung hat und deshalb das ursprüngliche Gerichtsverfahren weitergeführt werden kann, ohne jegliche Andeutung im Gesetz nachvollziehen.

VI. Systematik der Normen

Die Rechtsbehelfe in der Zwangsvollstreckung sind von der Vorschrift des § 766 ZPO bis hin zu § 805 ZPO über fast 40 Paragrafen verteilt geregelt. Betrachtet man das gesamte achte Buch der ZPO, das ca. 250 Normen umfasst, handelt es sich um einen überschaubaren Teil.

Die Einordnung der Rechtsbehelfe in die jeweiligen Abschnitte des achten Buchs, das nach einem allgemeinen Teil in dem zweiten und dritten Abschnitt zwischen der Zwangsvollstreckung wegen Geldforderungen und der Herausgabevollstreckung bzw. der Zwangsvollstreckung zur Erwirkung von Handlungen und Unterlassungen differenziert, ist systematisch ebenfalls gelungen. Die Vollstreckungserinnerung, die sofortige Beschwerde, die Vollstreckungsabwehrklage und die Drittwiderspruchsklage unterscheiden nicht zwischen den Ansprüchen, die vollstreckt werden sollen. Sie sind daher in dem für alle Vollstreckungsarten geltenden allgemeinen ersten Abschnitt richtig eingeordnet.

Dies gilt auch für die Klage auf vorzugsweise Befriedigung gem. § 805 ZPO, mit der ausschließlich die Erlösherausgabe erreicht werden kann. Diese ist im zweiten Abschnitt des achten Buchs der ZPO passend angesiedelt, da mit ihr, je nach dem Umfang des Interventionsrechts und dem Wert des versteigerten Gegenstands, zumindest ein Teil des Versteigerungserlöses erlangt werden kann. Würde der Gläubiger nicht wegen einer Geldforderung vollstrecken, käme auch die Versteigerung des Vollstreckungsobjekts, welche die Klage voraussetzt, nicht in Betracht. Denn nur wenn der Gläubiger wegen einer Geldforderung vollstreckt und damit ein Interesse am Erlös aus der Verwertung hat, ist eine Versteigerung des Vollstreckungsgegenstands nach §§ 814 ff. ZPO zielführend.

---

654 *Meier*, ZZP 133 (2020), 51, 64 ff.
655 *Sutschet*, ZZP 119 (2006), 279, 293 ff.

1. Vollstreckungserinnerung

Im Detail ist die Vollstreckungserinnerung im Anschluss an die Erläuterung des Vollstreckungsgerichts in § 764 ZPO, die Möglichkeit von vollstreckungsgerichtlichen Anordnungen nach § 765 ZPO und dem in § 765a ZPO normierten Vollstreckungsschutzantrag geregelt. Diese Anordnung ist sachgerecht, da sie Zuständigkeiten des Vollstreckungsgerichts bündelt.

2. Vollstreckungsgegenklage

Nach der Vollstreckungserinnerung ist sogleich die Vollstreckungsgegenklage normiert. Auch insoweit ist nichts gegen die Gesetzessystematik einzuwenden. Die unmittelbare Nähe zwischen den beiden Rechtsbehelfen, die jeweils dem Vollstreckungsschuldner eröffnet sind, ist zu begrüßen. Der Person des Rechtsbehelfsführers ist wahrscheinlich auch geschuldet, dass gleich nach der Vollstreckungsabwehrklage in § 768 ZPO die Klauselgegenklage zu finden ist. Danach sind in §§ 769, 770 ZPO einstweilige Anordnungen geregelt, die im Rahmen von Vollstreckungsgegenklagen und der Klage gegen die Vollstreckungsklausel erlassen werden können. Es bedarf entsprechender Anordnungen, um ein Vollstreckungshindernis nach § 775 Nr. 2 ZPO zu schaffen, da die vollstreckungsspezifischen Klagen keinen Suspensiveffekt haben. Wegen ihrer großen tatsächlichen Bedeutung für den Fortgang des Zwangsvollstreckungsverfahrens sind sie richtigerweise direkt nach den beiden vorgenannten Klagearten platziert.

3. Drittwiderspruchsklage

Direkt im Anschluss ist die Drittwiderspruchsklage zu finden. In § 771 Abs. 3 ZPO wird auf die Möglichkeiten des Eilrechtsschutzes nach §§ 769, 770 ZPO verwiesen. Derartige Verweisungen sind ein probates Mittel, um Wiederholungen zu vermeiden. Wegen der unmittelbaren Nähe zu den Verweisungsvorschriften ist dies unproblematisch. Mit den §§ 772 bis 774 ZPO folgen Vorschriften, die den Anwendungsbereich der Drittwiderspruchsklage zum Beispiel auf das Recht des Nacherben erweitern.

4. Sofortige Beschwerde

Einen systematischen Bruch stellt die Regelung zur sofortigen Beschwerde dar. Diese ist in § 793 ZPO, mithin fast 20 Paragrafen nach der Drittwiderspruchsklage normiert. Dieser Rechtsbehelf ist aus dem Zusammenhang gerissen, zwischen dem Anspruch des Gläubigers auf Erteilung von Urkunden nach § 792 ZPO und den für die Zwecke der Zwangsvollstreckung Urteilen gleichgesetzten, in

§ 794 ZPO normierten weiteren Vollstreckungstiteln geregelt. Insoweit wäre eine örtliche Nähe zu den übrigen spezifischen Vollstreckungsrechtsbehelfen besser. Allerdings ist dieser Kritikpunkt nicht überzubewerten, da mit der Vorschrift des § 793 ZPO auf die sofortige Beschwerde verwiesen wird, die ohnehin weit entfernt im dritten Buch der ZPO in den §§ 567 ff. geregelt ist.

5. Klage auf vorzugsweise Befriedigung

Die Vorschrift des § 805 ZPO musste indes in den zweiten Abschnitt des 8. Buchs und dort in den zweiten Titel aufgenommen werden, um die Systematik der Zivilprozessordnung zu wahren. Denn die Klage auf vorzugsweise Befriedigung betrifft die dort geregelte Zwangsvollstreckung in das bewegliche Vermögen. Die Zwangsvollstreckung in das unbewegliche Vermögen ist nach § 869 ZPO mit dem Zwangsversteigerungsgesetz gesondert geregelt.

6. Antrag auf Fortsetzung des Verfahrens und Titelgegenklage

Einen Wehrmutstropfen zwischen den ansonsten sinnvoll angeordneten Rechtsbehelfen stellt die bereits aufgezeigte[656] Möglichkeit dar, im Falle des Einwands der anfänglichen Unwirksamkeit eines Vergleichs das Verfahren fortzusetzen. Diese findet weder im achten Buch der ZPO noch im allgemeinen Teil der Verfahrensordnung Erwähnung. Die Aufnahme des Verfahrens ist in § 250 ZPO nur für den Fall der Unterbrechung und der Aussetzung des Verfahrens geregelt. Dass eine entsprechende Möglichkeit in dem vorgenannten Spezialfall auch im Bereich des Zwangsvollstreckungsrechts besteht, bleibt unerwähnt.

Anders verhält es sich mit der Titelgegenklage, für die zumindest in § 767 ZPO eine vergleichbare Situation geregelt ist und die damit einen normativen Anknüpfungspunkt hat. Nun könnte mit der Systematik des Gesetzes argumentiert werden, dass die im ersten Buch der ZPO geregelte Aufnahme des Verfahrens auch für die Zwangsvollstreckung gelte. Jedoch handelt es sich bei dem Abschluss eines Vergleichs weder um eine Verfahrensunterbrechung i.S.v. §§ 239 ff. ZPO noch um eine Aussetzung nach den §§ 246 ff. ZPO. Der Prozessvergleich beendet vielmehr einen begonnenen Prozess.

---

656 Siehe C.VI.10., VII.3.c).

VII. Parteien des Rechtsbehelfsverfahrens

Betrachtet man die speziellen Rechtsbehelfe in der Zwangsvollstreckung im Allgemeinen, können bei der Auswahl der Parteien des jeweiligen Verfahrens Zweifel aufkommen. Der Grund besteht darin, dass am Zwangsvollstreckungsverfahren nicht nur die Parteien des Erkenntnisverfahrens beteiligt sind, sondern ein Vollstreckungsorgan tätig wird.

Hinsichtlich der Vollstreckungserinnerung nach § 766 Abs. 1 ZPO und der in § 793 ZPO i.V.m. den §§ 567 ff. ZPO geregelten sofortigen Beschwerde kommt neben dem Vollstreckungsschuldner auch ein von der Vollstreckungsmaßnahme in seinen verfahrensrechtlich gewährleisteten Rechten verletzter Dritter als Rechtsbehelfsführer in Betracht.[657] Gegen wen sich der Rechtsbehelf zu richten hat, ist aber nicht evident. Die Vorschriften selbst benennen weder den Rechtsbehelfsführer noch den Rechtsbehelfsgegner. Da in beiden Rechtsbehelfsverfahren geprüft wird, ob das Vollstreckungsorgan das Zwangsvollstreckungsverfahren eingehalten hat, könnte auch das Vollstreckungsorgan selbst der richtige Rechtsbehelfsgegner sein.

Noch dringlicher wird die Frage nach dem richtigen Rechtsbehelfsgegner im Falle der Vollstreckungserinnerung nach § 766 Abs. 2 ZPO. Wendet sich der Vollstreckungsgläubiger gegen die Ablehnung seines Vollstreckungsantrags, liegt es noch näher, den Rechtsbehelf gegen das Vollstreckungsorgan einzulegen. Im Stadium der Antragsablehnung hat der Schuldner in der Regel noch keine Kenntnis von der Vollstreckungsabsicht des Gläubigers. Mangels Beteiligung am Vollstreckungsverfahren erscheint es merkwürdig, in dieser Situation den Schuldner zum Gegner der Erinnerung zu machen.

Eindeutiger ist die Auswahl der Parteien bei der Vollstreckungsgegenklage und der Titelgegenklage. Hier ist schon nach dem Wortlaut der Vorschrift des § 767 ZPO allein der Schuldner klagebefugt. Dieser wendet sich gegen die seit dem Erlass des Titels drohende oder bereits eingeleitete Zwangsvollstreckung durch den Gläubiger. Da insoweit der titulierte Anspruch bzw. der Titel selbst und nicht ein Vollstreckungsakt eines Organs der Zwangsvollstreckung Gegenstand des Verfahrens ist, liegt es auf der Hand, den Titelgläubiger zum Beklagten zu bestimmen.

Wenn es um die Fortsetzung des Verfahrens geht, kommen andere Parteien als die Parteien des Ursprungsverfahrens nicht in Betracht.

---

657 Siehe C.VI.1., VI.2.b) cc).

Anders ist es wieder im Rahmen der Drittwiderspruchsklage und der Klage auf vorzugsweise Befriedigung. Der Dritte hat erst dann ein Rechtsschutzbedürfnis, wenn die Zwangsvollstreckung in einen bestimmten Gegenstand droht.[658] Mithin ist in dieser Situation schon ein Vollstreckungsorgan tätig geworden, was zur Folge haben könnte, dass die Klage gegen das Vollstreckungsorgan und nicht gegen den Gläubiger einzulegen ist. Es kommt auch der Schuldner, gegen den der Dritte zum Beispiel einen Herausgabeanspruch hat, als Beklagter in Betracht.

Jedoch weisen sowohl der Gesetzeswortlaut des § 771 Abs. 2 ZPO als auch die Formulierung in § 805 Abs. 3 ZPO darauf hin, dass nur der Gläubiger und der Schuldner Beklagte sein können. Diese qua Gesetz gewährte Möglichkeit der Streitgenossenschaft auf Beklagtenseite ist doppeldeutig. Für die Drittwiderspruchsklage wird sie auch dahingehend verstanden, dass der Schuldner alleiniger Beklagter sein könne.[659] Die herrschende Auffassung geht aber richtigerweise davon aus, dass mit der Formulierung lediglich eine Streitgenossenschaft gestattet werden soll, die andernfalls nach § 59 ZPO nicht zulässig wäre.[660] Die Einbeziehung des Schuldners in die Drittwiderspruchsklage oder die Klage auf vorzugsweise Befriedigung kommt in Betracht, wenn der Dritte von dem Schuldner die Herausgabe des Gegenstands verlangt[661] bzw. der Schuldner der Erlösauskehr an den Dritten widerspricht.[662] Andernfalls wäre das Klageziel des Dritten auch ohne die Beteiligung des Schuldners erreichbar.[663]

Grundsätzlich ist der Kläger mit der Definition, dass Dritter derjenige ist, der weder Vollstreckungsgläubiger noch Vollstreckungsschuldner ist,[664] leicht zu ermitteln. Manchmal bedarf es dazu aber umfassender rechtlicher Überlegungen. So kann Dritter auch der Vollstreckungsschuldner selbst sein, wenn er dem Gläubiger nur mit einer bestimmten Vermögensmasse haftet, dieser aber in sein sonstiges Vermögen vollstreckt.[665] Das gilt zum Beispiel für eine Gesellschaft,

---

658 BGHZ 156, 310, 312 f.; Stein/Jonas/*Münzberg*, § 771 Rn. 12; Wieczorek/Schütze/*Spohnheimer*, § 771 Rn. 44; Saenger/*Kindl*, § 771 Rn. 17.

659 *Stamm*, Die Prinzipien und Grundstrukturen des Zwangsvollstreckungsrechts, S. 596 f.

660 Zu § 771 Abs. 4 ZPO: Wieczorek/Schütze/*Spohnheimer*, § 771 Rn. 37; Stein/Jonas/*Münzberg*, § 771 Rn. 64; Schuschke/Walker/Kessen/Thole/*Raebel/Thole*, § 771 Rn. 48; zu § 805 Abs. 2 ZPO: Schuschke/Walker/Kessen/Thole/*Walker/Loyal*, § 805 Rn. 7.

661 Wieczorek/Schütze/*Spohnheimer*, § 771 Rn. 37; Stein/Jonas/*Münzberg*, § 771 Rn. 12.

662 Schuschke/Walker/Kessen/Thole/*Walker/Loyal*, § 805 Rn. 7.

663 Zu § 771 ZPO: Stein/Jonas/*Münzberg*, § 771 Rn. 64.

664 Stein/Jonas/*Münzberg*, § 771 Rn. 44; ähnlich: *von Sachsen Gessaphe*, Zwangsvollstreckungsrecht, Rn. 571.

665 Wieczorek/Schütze/*Spohnheimer*, § 771 Rn. 38; Stein/Jonas/*Münzberg*, § 771 Rn. 45.

wenn mit einem Titel gegen einen Gesellschafter nicht nur in dessen Gesell-
schaftsanteil, sondern in das Gesellschaftsvermögen vollstreckt wird.[666]

Im Jahre 2018 hatte der Bundesgerichtshof einen Fall zu entscheiden, in dem
die Klägerin nach Veräußerung der streitbefangenen Sache im Wege der Drittwiderspruchsklage vorging. Es stellte sich die Frage, ob der von ihrem Rechtsvorgänger nach der Veräußerung mit dem Prozessgegner geschlossene Vergleich
gem. § 265 Abs. 2 S. 1 ZPO Bindungswirkung für die Klägerin hat. Davon hing
ab, ob die Klägerin Dritte und damit zur Klage nach § 771 ZPO berechtigt oder
Rechtsnachfolgerin des Schuldners ist, gegen die gem. §§ 795 S. 1, 727 ZPO eine
Rechtsnachfolgeklausel erteilt und die Zwangsvollstreckung betrieben werden
kann.[667] Der V. Zivilsenat verneinte ein Widerspruchsrecht der Klägerin nach
§ 771 ZPO nach eingehender Erörterung der Frage der Rechtskrafterstreckung
nach § 325 ZPO.

Aber auch in diesen Fällen sind die Parteien der Drittwiderspruchsklage aus
dem Gesetzeswortlaut hinreichend deutlich abzuleiten. Die materiellen Fragen
nach der Zuordnung des Vollstreckungsgegenstands zum Schuldnervermögen
oder auch die Bindungswirkung eines Titels für den Rechtsbehelfsführer stellen
klärungsbedürftige Vorfragen dar. Wenn die Parteistellung als Dritter festgestellt
ist, lässt sich dessen Klagebefugnis der Vorschrift des § 771 ZPO unmittelbar
entnehmen.

Die Analyse zeigt, dass insbesondere dann, wenn das Vollstreckungsorgan
bereits tätig geworden ist, eine Diskrepanz zwischen den Parteien des Erkenntnisverfahrens und des Rechtsbehelfsverfahrens in der Zwangsvollstreckung
entstehen kann. Im Ergebnis beschränkt sich die Frage nach dem richtigen Rechtsbehelfsgegner auf die Vollstreckungserinnerung und die sofortige Beschwerde.
Im Übrigen sind die Beteiligten des Rechtsbehelfsverfahrens bereits im Gesetz
genannt oder sie ergeben sich aus den geltend gemachten Einwendungen.

---

666 Prütting/Gehrlein/*Scheuch*, § 771 Rn. 13.
667 BGHZ 219, 314 ff. = NJW 2019, 310 m. Anm. *Würdinger*, NJW 2019, 314; siehe dazu
     auch: *Leitmeier*, ZZP 133 (2020), 359 ff.

E. Mögliche Lösungsansätze

Angesichts der aufgezeigten[668] Abgrenzungs- und Auslegungsschwierigkeiten drängt sich die Frage auf, warum es bisher keine Reformen im Recht der Rechtsbehelfe in der Zwangsvollstreckung gab. Recht plausibel erscheint die Begründung, dass ein praktisches Bedürfnis bisher nicht erkannt wurde.[669] Aber bedeutet das wirklich, dass der mangelnde Enthusiasmus zu Veränderungen die Praxistauglichkeit des bestehenden Rechtsbehelfssystems und seine Überlegenheit gegenüber kritischen Stimmen belegt? Das mag bezweifelt werden.[670] Vielmehr kann ein fehlendes Interesse an Reformanstößen der Grund für die Beständigkeit der untersuchten Normen sein.

Die Vollstreckungsorgane und die Prozessbevollmächtigten der Parteien des Zwangsvollstreckungsverfahrens mögen die Vorschriften durchdrungen oder zumindest einen alltagstauglichen Umgang mit diesen gefunden haben.[671] Die Kritik gegenüber dem „unübersichtlichen"[672] Rechtsbehelfssystem wurde aber bis heute nicht erhört. Die Gesetzgebung vermag drängenderen Problemen sowie stärker im Fokus der Öffentlichkeit stehenden Rechtsgebieten den Vorrang einräumen. Angesichts der erheblichen Bedeutung, die das Vollstreckungsverfahren gerade in einer wirtschaftlichen Krise für viele Bürger hat, sollte die politische Diskussion um die Verbesserung von Rechtsschutzmöglichkeiten nicht nur der Gesamtzwangsvollstreckung vorbehalten bleiben. Gerade in herausfordernden wirtschaftlichen Zeiten sollte die Einzelzwangsvollstreckung, die in großem Umfang Privatpersonen betrifft, und ein effektiver Rechtsschutz gegen diese in die Debatte einbezogen werden.

Nicht zu unterschätzen ist in diesem Zusammenhang, dass auch Anträge einem Bestimmtheitserfordernis unterliegen. Dies ergibt sich ausdrücklich aus § 253 Abs. 2 Nr. 2 2. Hs. ZPO. Wenn etwa eine Klage erhoben wird anstelle eine Vollstreckungserinnerung einzulegen oder die Fortsetzung des Verfahrens zu beantragen, vermag auch die richterliche Hinweispflicht aus § 139 Abs. 1 ZPO keine Abhilfe zu schaffen. Zwar ist die Auslegung einer Klageschrift möglich. Zum einen würde es aber zu weit führen, eine Klage in eine Erinnerung oder

---

668 Siehe D.
669 *Gaul*, ZZP 85 (1972), 251, 266.
670 Im Ergebnis ebenso: *Gaul*, ZZP 85 (1972), 251, 266.
671 So auch: *Leipold* in: Stadlhofer-Wissinger, ZZP 105, 393, 396.
672 *Gaul*, ZZP 85 (1972), 251, 261.

einen Fortsetzungsantrag umzudeuten. Zum anderen werden mit der Einreichung der Klage nach § 6 Abs. 1 Nr. 1 GKG Gerichtskosten fällig. Diese verringern sich, wenn die Rücknahme der Klage vor dem Schluss der mündlichen Verhandlung erklärt wird.[673] Für den Schuldner, der sich ohnehin in einer wirtschaftlichen Notlage befindet, ist dies jedoch ein schwacher Trost.

I. Vollständige Umstrukturierung

Um die Situation für die Betroffenen nachhaltig zu verbessern, kann zuvörderst an einen Umbau des geltenden Rechtsbehelfssystems gedacht werden. Ein derart „großer Wurf" könnte aber nur mit der Änderung des Zwangsvollstreckungsverfahrens in Gänze realisiert werden. Denn das derzeitige System ist von der Formalisierung des Zwangsvollstreckungsrechts bestimmt.[674] Die Schwierigkeiten, die mit den geltenden Rechtsbehelfen in der Zwangsvollstreckung einhergehen, haben ihren Grund nicht zuletzt in ihrer Funktion. Sie dienen der Korrektur von staatlichen Eingriffen, die auf Antrag des Gläubigers zur Durchsetzung seines Vollstreckungsanspruchs durchgeführt werden. Dieser Nachbesserung bedarf es zum einen, wenn das Vollstreckungsorgan das Vollstreckungsverfahren nicht eingehalten hat. Zum anderen ergibt sich das Erfordernis daraus, dass das staatliche Vollstreckungsorgan die materielle Rechtslage nicht prüft und an die Formalismen, die das Verfahrensrecht vorschreibt, gebunden ist. Wollte man die Prüfung der Rechtslage nicht in das Rechtsbehelfsverfahren verschieben, müsste man das Zwangsvollstreckungsrecht in seinem Kern ändern.

Aber besteht dazu wirklich Veranlassung? Der Grundgedanke, in dem auf das Erkenntnisverfahren folgenden Zwangsvollstreckungsverfahren nicht erneut die materielle Rechtslage prüfen zu müssen, hat seine Berechtigung. In den allermeisten Fällen wird sich an der bestehenden Rechtslage zwischen dem Erkenntnisverfahren und dem Vollstreckungsverfahren nichts ändern. Die in vielen Zwangsvollstreckungsverfahren stattfindenden Vermögensabschöpfungen stellen Eingriffe in die allgemeine Handlungsfreiheit des Schuldners aus Art. 2 Abs. 1 GG dar. Die speziellen vollstreckungsrechtlichen Klageformen, welche die Zivilprozessordnung bietet, sind für einen effektiven Rechtsschutz des mit tiefgreifenden Grundrechtseingriffen konfrontierten Betroffenen unerlässlich.

Wollte man Rechtsbehelfe, die sich gegen ein rechtswidriges Vorgehen der Vollstreckungsorgane richten, vermeiden, wäre eine Möglichkeit, sich keiner

---

673 Siehe KV 1211 Nr. 1 a) der Anlage 1 zum GKG.
674 Siehe B.III.2.

externen Vollstreckungsorgane zu bedienen. Der Idee des Entwurfs aus dem Jahr 1931[675] entsprechend, könnte das Gericht selbst in seiner Eigenschaft als Vollstreckungsgericht nach dem Erkenntnisverfahren auch das Zwangsvollstreckungsverfahren übernehmen.

Der große Nachteil bestünde jedoch darin, dass die Rechtsprechungsorgane, die ohnehin schon eine große Arbeitsbelastung zu bewältigen haben, auch noch mit der Zwangsvollstreckung befasst würden. Bereits bestehende Ressourcen innerhalb der heute tätigen nichtrichterlichen Vollstreckungsorgane würden gleichzeitig ungenutzt bleiben.

Die lange Tradition des derzeitigen Systems beweist, dass sich die Zwangsvollstreckung durch nichtrichterliche Organe bewährt hat. Nicht ohne Grund ist der Entwurf 1931 mit seiner Idee eines für die Zwangsvollstreckung in Gänze zuständigen Vollstreckungsgerichts trotz aller Kritik an den geltenden Regelungen nie umgesetzt worden.

Eine gänzliche Umwälzung des Zwangsvollstreckungsverfahrens und des sich daran anschließenden Rechtsbehelfsverfahrens erscheint daher nicht als zielführend.

II. Reduktion der Anzahl der Vollstreckungsorgane

Eine weniger einschneidende, aber dennoch weitgehende Wirkung für das bestehende System hätte die Bündelung der Zuständigkeiten im Zwangsvollstreckungsverfahren auf eine geringere Anzahl von Vollstreckungsorganen.

Diskussionen um die Vielzahl der Vollstreckungsorgane sind im Laufe der Zeit immer wieder geführt worden.[676] Diese Kritik ist bis in die heutige Zeit nicht abgeebbt.[677]

Besonders im Fokus steht die mit der Aufteilung der Zuständigkeiten einhergehende „Verfahrenszersplitterung"[678]. Hinsichtlich der mit den unterschiedlichen Vollstreckungsorganen einhergehenden „Dezentralisierung"[679] der

---

675 Siehe C.V.3.a).

676 Siehe dazu: *Kern*, ZZP 80 (1967), 325, 333 ff., 337; *Degenhart*, DGVZ 1968, 116, 120 f.; *Gaul*, Rpfleger 1971, 81, 86 f.; *Uhlenbruck*, DGVZ 1975, 180, 183 ff.; *Pawlowski*, ZZP 90 (1977), 345, 373 ff.; *Brehm*, Rpfleger 1982, 125, 126; *Hartenbach*, DGVZ 1999, 149, 151 ff.

677 Dazu eingehend: *Stamm*, JZ 2012, 67 f.; *ders.*, Prinzipien und Grundstrukturen des Zwangsvollstreckungsrechts, S. 501 ff.; *ders.*, NJW 2021, 2563, 2564.

678 *Brehm*, Rpfleger 1982, 125, 126.

679 *Brehm*, Rpfleger 1982, 125, 126.

Zwangsvollstreckung wird angemahnt, dass weder eine einheitliche funktionelle noch eine umfassende örtliche Zuständigkeit bestehe.[680] Die örtliche Zuständigkeit bestimmt sich für die Vollstreckung durch den Gerichtsvollzieher gem. § 14 GVO des jeweiligen Bundeslandes nach dem Gerichtsvollzieherbezirk, in dem das Vollstreckungsverfahren stattfindet.[681] Dies gilt gem. § 764 Abs. 2 ZPO auch für die Zwangsvollstreckung durch das Vollstreckungsgericht. Da die begehrte Vollstreckungshandlung an verschiedenen Orten durchgeführt werden kann, können die Gerichtsbezirke insoweit aber divergieren. Das Prozessgericht, bei dem das Erkenntnisverfahren stattgefunden hat, kann ebenfalls an einem anderen Ort liegen.

Darüber hinaus wird beanstandet, dass dem jeweils für eine bestimmte Vollstreckungsart zuständigen Organ die Kenntnis von dem insgesamt vollstreckbaren Vermögen des Schuldners fehle. Diese Verfahrenstrennung könne bei der Vollstreckung in Vermögensmassen des Schuldners, für die unterschiedliche Vollstreckungsorgane zuständig sind, zu einer Verfahrensvereitelung führen.[682]

Dennoch überwiegen die Stimmen, die sich für das heutige dezentrale System aussprechen.[683]

Geht man nach dem Ausschlussprinzip vor, ist bei den insgesamt vier Vollstreckungsorganen sicherlich das Grundbuchamt als Vollstreckungsorgan nicht ohne Weiteres ersetzbar. Es ist für die Eintragung von Sicherungshypotheken zum Zwecke der Immobiliarzwangsvollstreckung nach § 866 Abs. 1 Var. 1 ZPO zuständig. Weder das Prozessgericht noch das Vollstreckungsgericht und schon gar nicht der nicht bei Gericht ansässige Gerichtsvollzieher könnten diese Aufgabe übernehmen, die neben spezifischen Kenntnissen der Grundbuchordnung den Zugang zum elektronischen Grundbuch erfordert.

Auch das Prozessgericht kann als Vollstreckungsorgan nicht entfallen. Im Rahmen seiner Vollstreckungstätigkeit ist eine richterliche Zuständigkeit für solche Zwangsvollstreckungsakte normiert, die zu freiheitsentziehenden Maßnahmen führen können. Die funktionelle Zuständigkeit des Richters ist zwingend, da für derartige Eingriffe gem. Art. 104 Abs. 2 GG ein Richtervorbehalt besteht. Dazu gehört die Vollstreckung von unvertretbaren Handlungen nach § 888 ZPO

---

680 So auch: *Gaul*, Rpfleger 1971, 81, 87.
681 Siehe z.B. § 14 Abs. 1 GVO NRW.
682 *Stamm*, JZ 2012, 67, 68.
683 *Wendland*, ZZP 129 (2016), 351, 375; *Gaul*, ZZP 112 (1999), 135, 155; *Stürner*, ZZP 99 (1986), 291, 311 ff.; *Brehm*, Rpfleger 1982, 125, 126 ff.

sowie von Unterlassungen und Duldungsverpflichtungen nach § 890 ZPO, die mittels Zwangshaft[684] bzw. Ordnungshaft[685] durchgesetzt werden können.

Es ist darüber hinaus sachgemäß, das Prozessgericht, das bereits im Erkenntnisverfahren mit der Sache befasst war, auch mit der Vollstreckung von vertretbaren Handlungen nach § 887 ZPO zu betrauen.

Zur Disposition stehen damit noch das Vollstreckungsgericht und der Gerichtsvollzieher. Bei dem Vollstreckungsgericht handelt es sich in persona hauptsächlich um den Rechtspfleger, dem nach den § 828 Abs. 1 ZPO i.V.m. § 3 Nr. 3 lit. a und § 20 Abs. 1 Nr. 17 RPflG vor allem die Forderungsvollstreckung und die Vollstreckung in sonstige Vermögensrechte obliegt. Insoweit wird vorgeschlagen, dass der Gerichtsvollzieher die Aufgaben des Rechtspflegers übernehmen könne, um die Schwierigkeiten zu schmälern, die mit der Vollstreckung durch vier Vollstreckungsorgane einhergehen. Begründet wird dies insbesondere damit, dass beiden Vollstreckungsorganen keine materiellen Prüfungsbefugnisse zustehen und der Gerichtsvollzieher über die erforderlichen Rechtskenntnisse verfüge bzw. durch ein Fachhochschulstudium erwerben könne.[686] Für das Vollstreckungsverfahren hätte dies zur Folge, dass der Gerichtsvollzieher für die gesamte Mobiliarvollstreckung alleine zuständig wäre. Gegen dessen Vollstreckungsakte wäre nur die Vollstreckungserinnerung statthaft.[687]

Die Bedeutung des Gerichtsvollziehers für das Vollstreckungsverfahren ist immens. Trefflich wurde im Jahr 1974 formuliert: „Ohne den Gerichtsvollzieher als in diesem Sinne selbstständigem Organ der Zwangsvollstreckung mit seiner Kenntnis des Bezirks, der Schuldnertypen und ihrer Tricks, mit seinem Spürsinn und der im Außendienst erprobten Findigkeiten könnten wesentliche Vollstreckungsarten überhaupt nicht oder nur mit viel geringerem Erfolg durchgeführt werden."[688] Zeitlos ist der Gehalt dieser Aussage sicherlich für die Mobiliarvollstreckung. Fraglich ist aber, ob er auch auf die Vollstreckung in Rechte und sonstige Forderungen übertragen werden könnte.

Die bestehende Organisation des Vollstreckungsverfahrens ist aus der Erfahrung heraus entstanden. Mit der Verteilung der Zuständigkeiten auf mehrere

---

684 Siehe § 888 Abs. 1 S. 1, 3 ZPO.

685 Siehe § 890 Abs. 1 S. 1 ZPO.

686 *Stamm*, JZ 2012, 67, 68 f.; für eine Befristung der Vollstreckungserinnerung auf 2 Wochen: *ders.*, NJW 2021, 2563.

687 *Stamm*, JZ 2012, 67, 71; *ders.*, NJW 2021, 2563, 2568; im Ergebnis ebenso: *Hess*, JZ 2009, 662, 665.

688 *Zeiss*, JZ 1974, 564, 565.

Vollstreckungsorgane sollte die bisherige, wenig effektive Leitung der Vollstreckung durch das Prozessgericht, das zu ihrer Ausführung wiederum Beamte als sog. Exekutoren hinzuzog, überwunden werden. Zu diesem Zwecke wurde das unmittelbare Vollstreckungsverfahren von der richterlichen Tätigkeit herausgelöst und auf besondere Organe übertragen. Gleichzeitig sollte ein selbstständiger Parteibetrieb ohne Leitung des Gerichts eingeführt werden.[689] Es handelte sich um eine bewusste Entscheidung des Gesetzgebers.[690]

Genauso bewusst hat sich der historische Gesetzgeber dafür entschieden, die Forderungsvollstreckung bei dem Vollstreckungsgericht zu belassen. Zur Begründung wird in den Gesetzesmaterialen ausgeführt, dass die „Bestimmungen für die Zwangsvollstreckung in Forderungen nicht so leicht zu handhaben [seien], wie diejenigen für die Zwangsvollstreckung in körperliche Sachen."[691] Zudem könnte die Forderungsvollstreckung erhebliche Auswirkungen auf den bisher unbeteiligten Drittschuldner haben.[692]

Sicherlich ist die Situation heute eine andere, da das Vollstreckungsgericht nicht mehr ausschließlich mit richterlichen Mitarbeitern, sondern vorwiegend mit Rechtspflegern besetzt ist. Diese zur Entlastung der Judikative eingeführte Aufgabenübertragung,[693] hat sich etabliert. Der Rechtspfleger erwirbt während seines Studiums gründliche vollstreckungsrechtliche Kenntnisse.[694] Nach bestandenem Rechtspflegerexamen ist er zu umfassenden Aufgaben in der Zwangsvollstreckung in das bewegliche und unbewegliche Vermögen sowie im Insolvenzverfahren befähigt. Der Rechtspfleger ist als Vollstreckungsgericht nach § 866 Abs. 1 Var. 2 und 3 ZPO sowie § 869 ZPO i.V.m. § 1 ZVG auch selbstständig für die Zwangsvollstreckung in das unbewegliche Vermögen im Wege der Zwangsversteigerung und Zwangsverwaltung zuständig. Zudem verfügt das Vollstreckungsorgan über umfassende Kenntnisse im Rahmen der Gesamtzwangsvollstreckung, für die der Rechtspfleger – von einzelnen Richtervorbehalten i.S.v. § 18 RPflG abgesehen – nach § 3 Nr. 2 lit. e) RpflG umfassend zuständig ist. Gerade breites insolvenzrechtliches Wissen ist für die Forderungsvollstreckung nützlich und zum Teil auch erforderlich. Zudem wäre es ineffizient, das Wissen des Rechtspflegers über die Zwangsvollstreckung in das unbewegliche

---

689 *Hahn*, Materialien zur Zivilprozeßordnung, Bd. 2, Abt. 1, S. 422.

690 *Gaul*, Rpfleger 1971, 81, 86 f.; *Wendland*, ZZP 129 (2016), 347, 375.

691 *Hahn*, Materialien zur Zivilprozeßordnung, Bd. 2, Abt. 1, S. 457.

692 *Hahn*, Materialien zur Zivilprozeßordnung, Bd. 2, Abt. 1, S. 457.

693 *Wolf*, ZZP 99 (1986), 361, 364.

694 Siehe etwa § 9 Abs. 1 Nr. 1 lit. c RpflAO NRW.

Vermögen nicht für die Mobiliarvollstreckung zu nutzen und stattdessen den Gerichtsvollzieher im Bereich der Forderungsvollstreckung auszubilden. Die bestehenden Strukturen, die dem Gerichtsvollzieher eine Zwangsvollstreckung bei dem Schuldner vor Ort zuweisen und dem Rechtspfleger eine Tätigkeit bei Gericht „vom Schreibtisch aus" ermöglichen, bestätigen dieses Ergebnis.[695] Auch der historische Gesetzgeber hatte mit dem Vollstreckungsgericht ein Vollstreckungsorgan vor Augen, das sich eingehend rechtlich mit der Forderungsvollstreckung auseinandersetzt, während der Gerichtsvollzieher die Herausforderungen der Vollstreckung von beweglichen Gegenständen außerhalb des Gerichts übernehmen sollte.

Der Umstand, dass bei mehreren Vollstreckungsorganen „die linke Hand nicht weiß, was die rechte tut"[696] ist die Folge davon, dass der Gläubiger weitgehend selbst über die Zwangsvollstreckung bestimmen darf. Den Wunsch nach Koordination kann sich der Gläubiger buchstäblich selbst erfüllen.[697] Nicht übersehen werden darf, dass die Aufgabenteilung zur Neutralität der Vollstreckungsorgane beiträgt. Sie ist weiterhin sinnvoll und sollte daher beibehalten werden.

III. Elimination einzelner Rechtsbehelfe

Das Rechtsbehelfssystem kann entschlackt werden, indem einzelne Rechtsbehelfe aufgehoben werden. Voraussetzung einer derart weitreichenden Änderung ist, dass der entsprechende Rechtsbehelf entbehrlich ist.

Die geschriebenen Vollstreckungsklagen mit ihren unterschiedlichen Schutzrichtungen für den Schuldner und Dritte stehen nicht zur Disposition. Sie bilden einen wichtigen Mechanismus, um das bestehende Vollstreckungsverfahren im Wege nachträglichen Rechtsschutzes rechtssicher auszugestalten. Weder die Vollstreckungsgegenklage noch die Drittwiderspruchsklage oder die Klage auf vorzugsweise Befriedigung erscheinen überflüssig. Im Gegenteil wurden mit der Entwicklung der Titelgegenklage und der Konstruktion der Fortsetzung des Verfahrens im Laufe der Zeit erkannte Rechtsschutzlücken über die bestehenden Rechtsbehelfe hinaus geschlossen.

Die Schwierigkeit der Abgrenzung der Vollstreckungserinnerung nach § 766 Abs. 1 ZPO von der sofortigen Beschwerde indiziert aber eine mögliche

---

695 A.A. *Stamm*, JZ 2012, 67, 69.
696 *Gaul*, ZZP 85, 251, 289; ähnlich: *Stamm*, NJW 2021, 2563, 2564; *ders.*, JZ 2012, 67,68.
697 *Brehm*, Rpfleger 1982, 125, 127.

Dopplung in den Anwendungsbereichen der Vorschriften. Es stellt sich unter Einbeziehung der Vollstreckungserinnerung nach § 766 Abs. 2 ZPO die Frage, ob einer dieser insgesamt drei Rechtsbehelfe entbehrlich ist.

Da sowohl mit der sofortigen Beschwerde als auch den beiden Vollstreckungserinnerungen die Rechtmäßigkeit des Handelns des jeweiligen Vollstreckungsorgans überprüft werden kann, ist zunächst zu überlegen, welcher der Rechtsbehelfe eine Vollstreckungshandlung oder auch eine Antragsablehnung sämtlicher vier Vollstreckungsorgane abdecken könnte.

Dies ist für die Vollstreckungserinnerung nach § 766 Abs. 2 ZPO zu verneinen. Der insoweit eindeutige Wortlaut der Vorschrift stellt auf die Tätigkeit des Gerichtsvollziehers ab. Der Rechtsbehelf ist für die Weigerung der Übernahme des Vollstreckungsauftrags und der auftragsgemäßen Durchführung der Vollstreckungshandlung sowie für den Kostenansatz des Gerichtsvollziehers exklusiv.

In der Vergangenheit ist bereits für die Vollstreckungstätigkeit des Vollstreckungsgerichts vorgeschlagen worden, die Vollstreckungserinnerung aus dem Rechtsbehelfssystem zu entfernen und Rechtsschutz gegen rechtswidrige Vollstreckungshandlungen allein mit der sofortigen Beschwerde zu gewährleisten.[698] Damit würde die unliebsame Abgrenzung zwischen Vollstreckungserinnerung und sofortiger Beschwerde entfallen und die Komplexität des vollstreckungsspezifischen Rechtsbehelfssystems verringert. Denn nach dieser Lösung würde auch das Erfordernis für das Bestehen des spezifischen Rechtsbehelfs des § 766 Abs. 2 ZPO bezüglich der darin genannten Handlungen des Gerichtsvollziehers entfallen. Jegliche Vollstreckungstätigkeit könnte auf diese Weise in Form einer Sachaufsicht mit nur einem Rechtsbehelf, der sofortigen Beschwerde nach § 793 ZPO i.V.m. §§ 567 ff. ZPO, überprüft werden.

Eine weitere Idee besteht darin, die Vorschrift des § 793 ZPO zu verwerfen.[699] Diese rührt weniger aus Vereinfachungsgründen her. Denn die Normen über die sofortige Beschwerde sind im dritten Buch der ZPO geregelt. Gegenstand dieses Teils der ZPO sind Rechtsmittel im Allgemeinen. Soweit es sich bei der sofortigen Beschwerde nach § 793 ZPO nicht um einen speziellen Rechtsbehelf handelt, könnte man meinen, dass die Vorschriften der §§ 567 ff. ZPO ohnehin auch auf das Vollstreckungsverfahren Anwendung finden. Es stellt sich mithin die Frage, ob die Norm benötigt wird oder ein Relikt alter Zeiten ist.

---

698 *Kunz*, S. 110 ff.
699 *Stamm*, Die Prinzipien und Grundstrukturen des Zwangsvollstreckungsrechts, S. 542.

Die sofortige Beschwerde, die nur innerhalb einer Notfrist von zwei Wochen eingelegt werden kann, wurde absichtlich ausgewählt, um eine unbefristete Überprüfungsmöglichkeit der Entscheidungen im Zwangsvollstreckungsverfahren zu vermeiden. Nach dem Willen des Gesetzgebers sollten diese „ihrer Natur entsprechend nicht nach längerer Zeit noch in Frage gestellt werden"[700]. Der Umstand, dass damals schon auf die Vorschriften über die sofortige Beschwerde verwiesen wurde, lässt darauf schließen, dass auch der historische Gesetzgeber akkurat zwischen den Rechtsbehelfen des Erkenntnisverfahrens und denen des Zwangsvollstreckungsverfahrens trennen wollte.

Ungeachtet dessen trägt die Regelung noch heute zur Übersicht bei. Auf diese Weise finden sich sämtliche Vorschriften über die statthaften Rechtsbehelfe in der Zwangsvollstreckung im Buch über das Zwangsvollstreckungsverfahrens. Die Vorschrift des § 793 ZPO ist daher nicht entbehrlich. Ihre Normierung ist vielmehr als systematisch gelungen zu bewerten.

IV. Kodifikation der Rechtsprechung

Bei aller Kritik, die an dem geltenden Recht geübt werden kann, ist zu beachten, dass eine Reform nicht zum Ziel haben sollte, die derzeitige herrschende Auffassung zu verschiedenen Streitpunkten nachzubilden. Der aktuelle Diskurs in der Literatur befasst sich immer auch mit Gerichtsentscheidungen und die Rechtsprechung orientiert sich häufig an bereits getroffenen Entscheidungen. Es wäre damit verfehlt, Entwicklungen in Gesetzesform zu gießen, die naturgemäß im Fluss sind und sich im Hinblick auf noch nicht bedachte Fragestellungen in Zukunft ändern können. Auch ist die Intensität der Befassung mit einer Problematik im juristischen Diskurs kein Garant für einen Änderungsbedarf der erörterten Vorschriften. Daher ist hinsichtlich einer Korrektur der über ein Jahrhundert fast gleichlautend bestehenden Normen über die Rechtsbehelfe in der Zwangsvollstreckung eine gewisse Vorsicht geboten.

Dennoch ist die Kodifikation gefestigter Rechtsprechung ein probates Mittel der Legislative zur Anpassung des positiven Rechts an die sich verändernden gesellschaftlichen Verhältnisse. Diese kann weite Züge annehmen wie der im Jahre 2017 in das geschriebene Recht eingeführte Arbeitnehmerbegriff in § 611a Abs. 1 BGB illustriert.[701] Mit dieser Gesetzesänderung wurde

---

700 *Hahn*, Materialien zur Zivilprozeßordnung, Bd. 2, Abt. 1, S. 445.
701 Gesetz zur Änderung des Arbeitnehmerüberlassungsgesetzes und anderer Gesetze vom 21.2.2017, BGBl. 2017 I 258, 261.

eine gefestigte höchstrichterliche Rechtsprechung eins zu eins in das BGB übernommen.[702]

Eine Kodifizierung der ständigen Rechtsprechung des Bundesgerichtshofs drängt sich im Hinblick auf die Überarbeitung der überholten Definition des in § 771 Abs. 1 ZPO beschriebenen Interventionsrechts auf.[703] Daneben ist eine Überführung der Titelgegenklage sowie der Anfechtungsmöglichkeiten eines unwirksamen Vergleiches in das positive Recht ein möglicher Anwendungsbereich einer Reform. Denn die Titelgegenklage ist schon seit Jahren im Rahmen einer analogen Anwendung von § 767 ZPO in der Rechtspraxis präsent.[704] Der Rechtsschutz gegen unwirksame Vergleiche ist in Anbetracht des kleineren Geltungsbereichs weniger drängend. Wegen der aufgezeigten[705] Komplexität der Problematik ist eine Kodifizierung von Leitlinien durch den Gesetzgeber aber auch insoweit wünschenswert.

V. Konkretisierung der Normen

Ein weiterer Lösungsansatz zur Fortentwicklung des bestehenden Rechtsbehelfssystems ist die Konkretisierung einzelner Vorschriften. Auf diese Weise kann der bestehende Gesetzeswortlaut an die sich wandelnden Verhältnisse angepasst werden, ohne bereits bewährte Strukturen aufbrechen zu müssen.

Einzelne Präzisierungen sind unter Heranziehung der gegen sie angebrachten Kritik für alle Vollstreckungsrechtbehelfe zu erwägen.

Ein Nachjustieren des Gesetzeswortlauts ist im Hinblick auf die Schwierigkeiten der Abgrenzung von Vollstreckungserinnerung und sofortiger Beschwerde besonders dringlich. Wie die vorstehende Untersuchung ergeben hat,[706] ist weder die Vorschrift des § 766 ZPO noch der Rechtsbehelf der sofortigen Beschwerde nach § 793 ZPO entbehrlich. Um aber zu verdeutlichen, welcher Rechtsbehelf wann Anwendung findet, bedarf es der Konkretisierung einer oder beider Vorschriften.

Hinsichtlich des in § 771 Abs. 1 ZPO beschriebenen Drittwiderspruchsrechts ist dagegen nicht nur einer Präzisierung, sondern eine gänzliche Umgestaltung des Gesetzeswortlauts notwendig. Denn „ein die Veräußerung hinderndes

---

702 BT-Drs. 18/9232, 4.
703 Siehe D.IV.
704 Siehe C.VII.2.
705 Siehe C.VI.10., VII.3.c).
706 Siehe E.III.

Recht" kennt das materielle Zivilrecht schlicht nicht mehr. An diese Gegebenheit muss das Verfahrensrecht merklich angeglichen werden.

VI. Schaffung neuer Vorschriften

Ein anderes Werkzeug der Reformierung ist die Einführung neuer Normen. In concreto bedeutet das für den Rechtsschutz in der Zwangsvollstreckung die Normierung weiterer Rechtsbehelfe.

Naheliegend ist dies für die nicht im Gesetz zu findende Titelgegenklage. Aber auch die Fortsetzung des Verfahrens ist nicht im achten Buch der ZPO geregelt. Ein dahingehender Antrag kann derzeit nur an die im allgemeinen Teil angedeutete Verfahrensfortsetzung nach Unterbrechung und Aussetzung des Verfahrens gem. § 250 ZPO angelehnt werden.[707]

In die Abwägung ist aber auch ein anderer Gesichtspunkt einzubeziehen. So naheliegend die Einführung neuer Normen einerseits sein mag, so negativ können andererseits ihre Auswirkungen sein. Das Rechtsbehelfssystem der Zwangsvollstreckung mit seinen neun geschriebenen Rechtsbehelfen würde durch die Normierung weiterer Rechtsschutzmöglichkeiten aufgebläht. Dies könnte das Geflecht der Rechtsbehelfe noch unübersichtlicher machen.

Für eine Neuregelung spricht aber, dass die Unkenntnis von Rechtsprechung und einschlägiger Literatur dem Betroffenen sein Recht auf effektiven Rechtsschutz beschneiden kann. Weiß er oder sein Rechtsanwalt nicht, dass die Unwirksamkeit eines Titels mit der Titelgegenklage geltend gemacht oder der ursprüngliche Prozess fortgeführt werden kann, wenn der Bestand des Vergleichs mit Einwendungen gegen dessen anfängliche Wirksamkeit in Frage gestellt wird, kann es sein, dass der Betroffene entsprechende Einwendungen nicht geltend macht. Das kann zur Folge haben, dass von der Einlegung eines Rechtsbehelfs abgesehen wird, obwohl dieser erfolgsversprechend gewesen wäre. Der Schuldner muss sich zwar selbst über seine Rechte informieren. Wegen der ohnehin bestehenden Komplexität des Rechtsbehelfssystems ist ein Überblicken ungeschriebener Rechtsschutzmöglichkeiten aber gerade in der wirtschaftlichen Krise schwer zu bewältigen. Bedient sich der Schuldner in dieser Situation der Hilfe eines Rechtsanwalts und wird er von diesem falsch beraten, haftet der Anwalt für die Schäden des Schuldners. Sowohl für den ungeschriebenen Rechtsbehelf der Titelgegenklage als auch für die Fortsetzung des Verfahrens gibt es genügend höchstrichterliche Rechtsprechung[708], die ein Rechtsanwalt kennen muss.

---

707 Siehe D.VI.6.
708 Siehe die Entscheidungen des BGH unter Fn. 558–570 und Fn. 532.

Gibt der Schuldner sich mit dem Rat seines Rechtsanwalts zufrieden und legt keinen Rechtsbehelf ein, kann es jedoch sein, dass er von den ungeschriebenen Rechtsbehelfsmöglichkeiten nie erfährt und den Fehler seines Rechtsanwalts nicht erkennt. Die Einführung neuer Vorschriften könnte dem vorbeugen und Rechtsklarheit schaffen.

VII. Einbeziehung des Vollstreckungsorgans in die Parteistellung

Im Rahmen des geschriebenen Rechts sind die Verfahrensbeteiligten des Rechtsbehelfsverfahrens in der Zwangsvollstreckung nicht durchgängig geregelt. Die Analyse hat ergeben, dass sich die Frage nach dem richtigen Rechtsbehelfsgegner letztlich nur im Rahmen der Vollstreckungserinnerungen nach § 766 ZPO und der sofortigen Beschwerde stellt.[709]

Die Problematik, dass ein weiterer Beteiligter auftaucht, wenn das Vollstreckungsorgan seine Tätigkeit bereits aufgenommen hat, könnte damit gelöst werden, dass der Rechtsbehelf gegen das Vollstreckungsorgan selbst und nicht gegen den Vollstreckungsgläubiger gerichtet wird.

Dem stehen jedoch Bedenken entgegen. Insoweit kann an die Rechtsprechung des Bundesgerichtshofs zur Frage, ob der Gerichtsvollzieher Partei des Verfahrens über die Vollstreckungserinnerung ist, angeknüpft werden. Das Gericht stellt auf die besondere Stellung des Gerichtsvollziehers als Zwangsvollstreckungsorgan ab.[710] Dieses Argument überzeugt nicht nur dogmatisch, sondern auch in Anbetracht der andernfalls eintretenden Folgen. Denn der Gerichtsvollzieher oder sein Dienstherr könnten als Erinnerungsgegner auch Kostenschuldner des Rechtsbehelfsverfahrens sein[711] und auf diese Weise für einen im Rahmen der Zwangsvollstreckung begangenen Fehler haftbar gemacht werden. Daraus würde sich aber ein Widerspruch zu den geltenden Strukturen ergeben.

Der Gedanke, dass der Gerichtsvollzieher oder seine Anstellungskörperschaft selbst Erinnerungsgegner sei, erinnert an das öffentliche Recht. In § 78 Abs. 1 VwGO ist geregelt, dass die Behörde selbst oder ihr Rechtsträger Klagegegner einer Anfechtungs- oder Verpflichtungsklage ist. Zwar sind die dargestellten[712] Bezüge zum öffentlichen Recht im Rahmen der

---

709 Siehe D.VII.

710 BGH NJW 2004, 2979, 2981; NJW 2007, 1276.

711 Zur Kostenfolge, wenn das Vollstreckungsorgan zum Erinnerungsgegner bestimmt wird: Wieczorek/Schütze/*Spohnheimer*, § 766 Rn. 84, 7.

712 Siehe B.II.

Vollstreckungserinnerung anzuerkennen, jedoch handelt es sich insoweit nicht um eine Besonderheit der Vollstreckungserinnerung. Auch im Rahmen der sofortige Beschwerde nach §§ 593, 567 ff. ZPO findet eine Rechtmäßigkeits-kontrolle dahingehend statt, ob die gesetzlichen Regelungen des Vollstreckungs-verfahrens eingehalten wurden.[713] Zwar können mit der sofortigen Beschwerde keine Maßnahmen des Gerichtsvollziehers angegriffen werden,[714] aber der Prü-fungsumfang des Gerichts, das über die sofortige Beschwerde entscheidet, ist entsprechend der Vollstreckungserinnerung auf die vorschriftsmäßige Durch-führung der Zwangsvollstreckung beschränkt. Trotz dieser Parallele wird für die sofortige Beschwerde an dem Zwei-Parteien-Verfahren zwischen Vollstre-ckungsgläubiger und Vollstreckungsschuldner festgehalten.

Hinzu kommt der Umstand, dass es sich bei dem Gerichtsvollzieher um ein Organ der Zwangsvollstreckung handelt. Wenn der Gerichtsvollzieher als solches tätig wird, kann ein etwaiges Fehlverhalten nicht nur mit der Vollstre-ckungserinnerung, sondern auch mit der Dienstaufsichtsbeschwerde angegriffen werden.[715] Eine Entscheidung i.S.v. § 775 Nr. 1 ZPO, die das Vollstreckungsver-fahren beeinflusst, kann der Betroffene aber nur im Wege der Vollstreckungs-erinnerung erreichen. Die Dienstaufsichtsbeschwerde hat ausschließlich solche Pflichten zum Gegenstand, die jedem Beamten obliegen.[716]

Die Tätigkeit des Vollstreckungsorgans ist nicht mit der einer Behörde im Sinne des öffentlichen Rechts gleichzusetzen. Das Vollstreckungsorgan setzt den privatrechtlichen Anspruch des Gläubigers durch und nicht staat-liche Interessen.[717] Solange ein Amtshaftungsanspruch nach § 839 BGB i.V.m. Art. 34 GG mangels Verschuldens des Gerichtsvollziehers für die Amts-pflichtverletzung[718] nicht begründet ist, haftet sein Dienstherr auch nicht für eine durch den Vollstreckungsgläubiger veranlasste, fehlerhaft durchgeführte Zwangsvollstreckungsmaßnahme.

---

713 Schuschke/Walker/Kessen/Thole/*Walker/Thole*, § 793 Rn. 7; Wieczorek/Schütze/ *Spohnheimer*, § 793 Rn. 28.

714 Prütting/Gehrlein/*Scheuch*, § 766 Rn. 2.

715 MünchKomm-ZPO/*Schmidt/Brinkmann*, § 766 Rn. 7; Wieczorek/Schütze/*Spohnhei-mer*, § 766 Rn. 45; Stein/Jonas/*Münzberg*, § 766 Rn. 57; BeckOK-ZPO/*Preuß*, § 766 Rn. 71; Saenger/*Kindl*, § 766 Rn. 3; a.A. *Gaul*, ZZP 87 (1974), 241, 275 f.

716 Schuschke/Walker/Kessen/Thole/*Walker/Thole*, § 766 Rn. 17; Wieczorek/Schütze/ *Spohnheimer*, § 766 Rn. 45 f.

717 *Herberger*, Menschenwürde in der Zwangsvollstreckung, S. 34 m.w.N.

718 Dazu näher: *Glenk*, NJW 2014, 2315, 2317 f.

Diese Überlegungen sind auch auf das Vollstreckungsgericht übertragbar. Bei dem vorwiegend funktionell zuständigen Rechtspfleger handelt es sich ebenfalls um einen Landesbeamten. Rechtsbehelfe gegen die Staatsbediensteten oder das Land selbst würden die von dem Gesetzgeber gewollte, herausgehobene Stellung des Gläubigers schwächen.[719] Der Gläubiger allein hat die Dispositionsfreiheit über den Beginn und das Ende der Zwangsvollstreckung und im gesetzlichen Rahmen auch über deren Umfang. Damit einhergehende Rechtsverletzungen gegenüber dem Schuldner fallen daher grundsätzlich in seinen Verantwortungsbereich. Dies rechtfertigt es, den Vollstreckungsgläubiger auch dann zum Gegner des Rechtsbehelfsverfahrens zu machen, wenn das Vollstreckungsorgan seinen Vollstreckungsauftrag nicht gesetzeskonform ausgeführt hat.

VIII. Konklusion

Zusammenfassend lässt sich feststellen, dass es einer vollständigen Umstrukturierung des Rechtsbehelfssystems der Zwangsvollstreckung nicht bedarf. Die bestehende Ordnungsstruktur „in Bausch und Bogen [zu] verwerfen"[720] ist weder notwendig noch zielführend. Die Abtrennung der materiellen Prüfung im Erkenntnisverfahren von dem darauffolgenden Vollstreckungsverfahren und die nachträgliche Korrektur im Rahmen des Rechtsbehelfsverfahrens haben sich dem Grunde nach bewährt.[721]

Dies gilt auch für die vier Organe der Zwangsvollstreckung. Eine Reduzierung ihrer Anzahl verspricht keine Verbesserungen für die Rechtsbehelfsstruktur. Genauso vermag die Einbeziehung des Vollstreckungsorgans in die Parteistellung keine Transparenz zu schaffen. Dies würde zwar bestehende Unklarheiten beseitigen. Die Beteiligung des Vollstreckungsorgans an dem Rechtsbehelfsverfahren fügt sich aber nicht in die Konzeption der durch staatliche Organe ausgeführten, jedoch von der Entscheidungsfreiheit des Gläubigers beherrschten Zwangsvollstreckung ein.

Handhabbar wären dagegen die Verwerfung der Vollstreckungserinnerung, die Abfassung ungeschriebener Rechtsbehelfe in Gesetzesform sowie die Konkretisierung einzelner Vorschriften. Auf diese Weise könnte das bestehende System transparenter, praxistauglicher und rechtsschutzsicherer ausgestaltet werden.

---

719 *Hahn*, Materialien zur Zivilprozeßordnung, Bd. 2, Abt. 1, S. 422.
720 *Brehm*, Rpfleger 1982, 125, 126.
721 So auch: *Gaul*, ZZP 85 (1972) 251, 310.

F. Lösungsvorschläge

I. Erinnerung gegen die Art und Weise der Zwangsvollstreckung

1. Elimination des § 766 ZPO

Eine sehr wirkungsvolle Möglichkeit, die Vollstreckungserinnerung nach § 766 Abs. 1 ZPO von der sofortigen Beschwerde abzugrenzen, ohne die diskutierten[722], komplexen Differenzierungsmerkmale in Gesetzesform gießen zu müssen, wäre die Streichung der Vorschrift des § 766 Abs. 1 ZPO.

Die Folge wäre, dass formelle Einwendungen gegen das von den jeweiligen Vollstreckungsorganen durchgeführte Zwangsvollstreckungsverfahren mit nur einem Rechtsbehelf, und zwar der sofortigen Beschwerde nach § 793 ZPO i.V.m. §§ 567 ff. ZPO, geltend gemacht werden könnten. Bezieht man die Erinnerung nach § 766 Abs. 2 ZPO in die Überlegungen ein, würde der Rechtsbehelf der Vollstreckungserinnerung sogar gänzlich entfallen.

Dies hätte den Vorteil, dass bestehende Strukturen genutzt werden könnten. Die Zuständigkeit des Beschwerdegerichts würde lediglich um die Entscheidungen, die zuvor das Vollstreckungsgericht im Rahmen der Vollstreckungserinnerungen übernahm, erweitert. Große Komplikationen auf fachlicher Ebene wären nicht zu erwarten, da das Beschwerdegericht bereits nach der heutigen Rechtslage über die gegen die Erinnerungsentscheidung des Vollstreckungsgerichts statthafte sofortige Beschwerde entscheidet.[723] Dass dem Beschwerdegericht die notwendigen Rechtskenntnisse über die Mobiliarvollstreckung fehlen könnten, ist mithin nicht zu befürchten.

Dennoch sollte nicht verkannt werden, dass es sich bei dem Vollstreckungsgericht und dem Beschwerdegericht konzeptionell um unterschiedliche Institutionen handelt. Das nach § 764 Abs. 2 ZPO am Ort der Zwangsvollstreckung gelegene Vollstreckungsgericht ist wegen seiner Nähe zu den angegriffenen Verfahrenshandlungen für die Entscheidung über die Vollstreckungserinnerung ausgewählt worden.[724] Das war aber nicht der einzige Grund. Die Prüfung der von dem Rechtsbehelfsführer angebrachten Verletzung der Vorschriften über

---

722 Siehe C.VI.2.
723 Siehe D.II.
724 *Hahn*, Materialien zur Zivilprozeßordnung, Bd. 2, Abt. 1, S. 436 f.

das Vollstreckungsverfahren durch den Gerichtsvollzieher erschien „ihrer Ein-
fachheit halber für die kollegiale Berat[h]ung ungeeignet"[725]. Die Ressourcen des
Beschwerdegerichts, bei dem es sich gem. § 568 ZPO i.V.m. § 72 Abs. 1 S. 1 GVG
um das übergeordnete Landgericht und in selteneren Fällen nach § 119 Abs. 1
Nr. 2 GVG um das Oberlandesgericht[726] handelt, sollten nicht ohne Not und
auch nicht über Gebühr strapaziert werden. Jedoch wurde im Jahr 2002 für das
Beschwerdegerichts der originäre Einzelrichter eingeführt.[727] Seither entscheidet
gem. § 568 ZPO in der Regel ein Richter über die sofortige Beschwerde, wenn die
Sache keine besonderen Schwierigkeiten tatsächlicher oder rechtlicher Art aufweist und die Rechtssache keine grundsätzliche Bedeutung hat. Eine kollegiale
Beratung findet daher in der Regel nicht statt, so dass zahlenmäßig vermutlich
nicht erheblich mehr richterliche Ressourcen gebunden werden. Dennoch verbleibt die Möglichkeit der Kammerentscheidung.

Darüber hinaus ist die Eigenart des Erinnerungsverfahrens zu beachten. Die Zivilprozessordnung kennt das Erinnerungsverfahren aus dem der
Zwangsvollstreckung vorgeschalteten Klauselverfahren. Gegenstand sowohl
der Vollstreckungserinnerung als auch der Erinnerung gegen die Erteilung der
Vollstreckungsklausel nach § 732 ZPO ist die Kontrolle von Organen, die mit
eingeschränkten Prüfungskompetenzen ausgestattet sind.[728] Aus der zitierten[729]
Gesetzesbegründung geht hervor, dass der Gesetzgeber insoweit vorwiegend an
die Tätigkeit des Gerichtvollziehers als nichtrichterliches Organ dachte. Es ist
schlüssig, zunächst das Vollstreckungsgericht im Rahmen der Vollstreckungs-
erinnung mit dem angegriffenen Verhalten des Gerichtsvollziehers zu befassen und erst gegen diese erstmalige richterliche Entscheidung die sofortige
Beschwerde zuzulassen. Eine Abschaffung der Vollstreckungserinnerung würde
dem Rechtsbehelfsführer eine Instanz nehmen. Denn gegen die Entscheidung
des Beschwerdegerichts ist eine Rechtsbeschwerde nur dann statthaft, wenn sie
das Beschwerdegericht nach § 574 Abs. 1 Nr. 2 ZPO zulässt.[730]

Die Frage nach der Anwendbarkeit der Vollstreckungserinnerung und ihrer
Abgrenzung zur sofortigen Beschwerde stellt sich erst seit der Übertragung von

---

725 *Hahn*, Materialien zur Zivilprozeßordnung, Bd. 2, Abt. 1, S. 437.
726 Siehe C.III.1.
727 Gesetz zur Reform des Zivilprozesses (Zivilprozessreformgesetz – ZPO-RG) vom
     27.7.2001, BGBl. 2001 I 1887, 1903.
728 *Windel*, ZZP 102 (1989), 175, 208.
729 Siehe Nachweis in Fn. 725.
730 Wieczorek/Schütze/*Spohnheimer*, § 793 Rn. 34; Schuschke/Walker/Kessen/Thole/
     Walker/Thole, § 793 Rn. 12; Prütting/Gehrlein/*Scheuch*, § 793 Rn. 10.

richterlichen Kompetenzen im Vollstreckungsverfahren auf den Rechtspfleger. An der ursprünglichen Funktion der Vollstreckungserinnerung, die eine richterliche Kontrolle der Vollstreckungstätigkeit des Gerichtsvollziehers gewährleisten sollte, änderte diese jedoch nichts. Würde dem Betroffenen die Möglichkeit der Vollstreckungserinnerung genommen, könnte er die Tätigkeit des Gerichtsvollziehers in der Regel lediglich der Kontrolle *einer* gerichtlichen Instanz unterwerfen. Dies würde das Rechtsbehelfssystem zwar vereinfachen, aber den bestehenden Schuldnerschutz schwächen. In dessen Interesse ist die Rechtsbehelfsmöglichkeit der Vollstreckungserinnerung beizubehalten.

Nichtrichterliche Vollstreckungsorgane greifen mit der Zwangsvollstreckung in das Vermögen des Schuldners und damit in dessen allgemeine Handlungsfreit aus Art. 2 Abs. 1 GG sowie ggf. auch in andere Grundrechte wie sein durch Art. 14 Abs. 1 GG geschütztes Eigentum ein.[731] Diese Grundrechtseingriffe bedürfen der gerichtlichen Kontrolle. Eine Kontrolle durch das sachnahe Vollstreckungsgericht und eine weitere Rechtsschutzmöglichkeit vor dem Beschwerdegericht sind zwar nicht zwingend. Dennoch ergibt ein systematischer Vergleich, dass diese die Regel ist. Im Rahmen der Zwangsvollstreckung sind unanfechtbare richterliche Entscheidungen die Ausnahme. Vorgesehen sind diese nur im Bereich der einstweiligen Anordnungen. Weder die Entscheidungen über die einstweilige Einstellung der Zwangsvollstreckung nach § 707 Abs. 1 ZPO, noch solche nach § 719 Abs. 1 ZPO sind anfechtbar.[732] Dies gilt grundsätzlich auch für eine von dem Beschwerdegericht selbst vor seiner Entscheidung erlassene einstweilige Anordnung gem. § 570 Abs. 3 ZPO.[733] Die Unanfechtbarkeit dieser Entscheidungen ist vor dem Hintergrund der besonderen Eilbedürftigkeit und ihrer vorläufigen Wirkung gerechtfertigt. Im Übrigen sollte es jedoch bei dem Grundsatz bleiben, dass auch richterliche Entscheidungen einer Kontrolle unterliegen. Folglich kann auf die Vollstreckungserinnerung nicht verzichtet werden.

2. Normierung des Abgrenzungskriteriums zwischen Vollstreckungserinnerung und sofortiger Beschwerde

An die Erkenntnis, dass es neben der sofortigen Beschwerde an das Beschwerdegericht auch die Möglichkeit geben muss, sich mit der Vollstreckungserinnerung

---

731 Zu weiteren möglichen Grundrechtseingriffen eingehend: *Herberger*, Menschenwürde in der Zwangsvollstreckung, S. 24 ff.; zum Eingriff in das schuldnerfremde Eigentum eingehend: *Klein*, Grundrechtsschutz in der Zwangsvollstreckung, S. 27 ff.

732 Siehe §§ 707 Abs. 2, 719 Abs. 1 S. 1 ZPO.

733 Schuschke/Walker/Kessen/Thole/*Walker/Thole*, § 793 Rn. 11.

an das Vollstreckungsgericht zu wenden, schließt sich die Überlegung an, wie die beiden Rechtsbehelfe voneinander abzugrenzen sind.

Wie dargestellt[734], beschränkt sich die Problematik auf die Vollstreckungstätigkeit des Vollstreckungsgerichts. Bereits aus dem Wortlaut von § 766 Abs. 1 ZPO und § 766 Abs. 2 ZPO ergibt sich, dass gegen Vollstreckungsakte des Gerichtsvollziehers nur die Vollstreckungserinnerung statthaft ist.

In der Abgrenzungsfrage haben sich unterschiedliche Herangehensweisen entwickelt. Ungeachtet der diversen, kleinteiligen Unterscheidungen lassen sich diese auf drei wesentliche Ansätze herunterbrechen. Eine Differenzierung erfolgt anhand der Anhörung des Betroffenen, eine andere anhand der Abwägung der widerstreitenden Interessen und die dritte richtet sich nach dem Vollstreckungsorgan.

Ausgehend von der dargestellten herrschenden Auffassung[735], die eine mit der sofortigen Beschwerde anfechtbare Entscheidung bejaht, wenn neben dem Gläubiger auch dem betroffenen Schuldner vor dem Vollstreckungsakt rechtliches Gehör gewährt wurde, wird die Differenzierung anhand der Tatsache der Anhörung des Betroffenen vorgenommen.

Überzeugender ist dagegen die Auffassung[736], die eine Entscheidung dann annimmt, wenn die Rechtsordnung dem Vollstreckungsorgan vor dem Vollstreckungsakt eine Abwägung der widerstreitenden Interessen auferlegt. Anders als die vorgenannte Auffassung, führt eine solche Vorgehensweise nicht zu verfahrensabhängigen, zufälligen Ergebnissen. Denn sie stellt nicht darauf ab, ob angehört wurde oder nicht. Einziges Abgrenzungskriterium ist das Erfordernis der Abwägung. Wird dieses bejaht, liegt eine Entscheidung auch dann vor, wenn der Betroffene nicht angehört wurde. Es kommt zudem nicht darauf an, ob eine Abwägung der widerstreitenden Interessen tatsächlich stattgefunden hat.[737]

---

734 Siehe C.VI.2.b).
735 BGHZ 187, 132, 134 ff.; BGH NZI 2004, 447 f.; OLG Köln NJW-RR 1992, 894; Zöller/*Herget*, § 766 Rn. 2; Stein/Jonas/*Münzberg*, § 766 Rn. 7; Kindl/Meller-Hannich/*Sternal*, § 766 ZPO Rn. 20; Saenger/*Kindl*, § 766 Rn. 6; Schuschke/Walker/Kessen/Thole/*Walker/Thole*, § 766 Rn. 7; *von Sachsen Gessaphe*, Zwangsvollstreckungsrecht, Rn. 499; im Grundsatz auch MünchKomm-ZPO/*K. Schmidt/Brinkmann*, § 766 Rn. 19; Musielak/Voit/*Lackmann*, § 766 Rn. 11; die Vollstreckungsmaßnahme auch als bloßen Vollstreckungsakt bezeichnend: Anders/Gehle/*Voigt-Beheim*, § 793 Rn. 4; die Vollstreckungsmaßnahme als Vollstreckungshandlung bezeichnend: *Prütting/Stickelbrock*, Zwangsvollstreckungsrecht, S. 190 f.
736 Wieczorek/Schütze/*Spohnheimer*, § 766 Rn. 21, 24; §793 Rn. 6.
737 Wieczorek/Schütze/*Spohnheimer*, § 766 Rn. 23.

Trotz der schwereren Erkennbarkeit für den Rechtssuchenden ist das rechtliche Erfordernis der Abwägung gegenüber der Tatsache der Anhörung das sachgerechtere Differenzierungsmerkmal.

Die Schwierigkeit der Beurteilung, wann eine Entscheidung i.S.v. § 793 ZPO vorliegt und wann nicht, rührt letztlich daher, dass die Zivilprozessordnung den Terminus für das Zwangsvollstreckungsverfahren nicht gesondert definiert. Im Allgemeinen Teil, der grundsätzlich zwar für Erkenntnisverfahren und Zwangsvollstreckung Geltung beansprucht, findet sich in § 160 Abs. 3 Nr. 6 ZPO eine Legaldefinition des Begriffs der Entscheidungen. Darin werden Urteile, Beschlüsse und Verfügungen aufgezählt. Nach dieser Begriffsbestimmung wäre jeder Beschluss des Vollstreckungsgerichts eine Entscheidung.[738] Es muss aber berücksichtigt werden, dass die Vorschrift des § 160 ZPO den Inhalt des Sitzungsprotokolls in der mündlichen Verhandlung regelt. Die Nennung des Urteils als Beispiel für eine Entscheidung ist erkennbar auf das Erkenntnisverfahren ausgelegt. Beschlüsse und Verfügungen können zwar auch im Vollstreckungsverfahren erlassen werden. Aber insbesondere die in § 829 ZPO geregelte Pfändung einer Geldforderung wird in den Absätzen 2 und 3 der Vorschrift als Beschluss bezeichnet, obwohl sie nach § 834 ZPO ohne vorherige Anhörung des Schuldners ergehen soll. Zudem nennt § 793 ZPO explizit Entscheidungen, die im Zwangsvollstreckungsverfahren ohne mündliche Verhandlung ergehen. Das Verständnis des Begriffs der Entscheidung aus einer Vorschrift abzuleiten, die unmittelbar auf die Durchführung einer mündlichen Verhandlung abstellt, würde die unterschiedlichen Ausgangspunkte zwischen dem Erkenntnis- und dem Vollstreckungsverfahren verkennen.

Diese terminologischen Unstimmigkeiten haben zur Folge, dass der Begriff der Entscheidung als Abgrenzungsmerkmal ungeeignet erscheint. Der dritte Ansatz zur Lösung der Problematik setzt deshalb an der Person des Vollstreckungsorgans an.

Da der Gesetzgeber im Rahmen der Vollstreckungserinnerung nach § 766 ZPO sowohl in Absatz 1 als auch teilweise in Absatz 2 auf die Person des Gerichtsvollziehers abstellt, kommt diese Vorgehensweise den bestehenden Strukturen am nächsten. Insoweit erscheint die Auffassung[739], dass nicht nur die Vollstreckungserinnerung nach § 766 Abs. 2 ZPO, sondern auch die Erinnerung gegen die Art und Weise der Zwangsvollstreckung nach § 766 Abs. 1 ZPO

---

738 Ähnlich: *Wieser*, ZZP 115 (2002), 157, 158.
739 *Kunz*, S. 120 ff., 178; *Wieser*, ZZP 115 (2002), 157, 159.

ausschließlich gegen Vollstreckungsakte des Gerichtsvollziehers möglich sei, nicht nur leicht verständlich, sondern auch sachgemäß.

Dieses Verständnis entspricht zudem der gesetzgeberischen Intention. Mit der Einführung der unbefristeten Vollstreckungserinnerung und der befristeten Beschwerde sollte ermöglicht werden, dass die Vollstreckungsakte des Gerichtsvollziehers von dem Vollstreckungsgericht geprüft werden und solche des Vollstreckungsgerichts der Kontrolle des übergeordneten Beschwerdegerichts unterliegen.[740] Zwischenzeitlich hat sich die Rechtslage zwar dahingehend verändert, dass das Vollstreckungsgericht als Vollstreckungsorgan nur noch teilweise mit Richtern besetzt ist. Die Beschränkung des Rechtsschutzes gegen Vollstreckungsakte des Rechtspflegers auf die sofortige Beschwerde hätte zur Folge, dass die Möglichkeit der Anrufung des Vollstreckungsgerichts und damit eine weitere richterlichen Instanz entfiele.

Dies ist jedoch nur konsequent. Mit der Übertragung von richterlichen Aufgaben auf den Rechtspfleger wurden dem Rechtspfleger richterliche Kompetenzen übertragen. Mit § 11 Abs. 1 RPflG hat der Gesetzgeber gegen die Entscheidungen des Rechtspflegers grundsätzlich dieselben Rechtsbehelfe eröffnet, die auch für richterliche Entscheidungen gelten. Es ist insoweit nur folgerichtig, wenn die Zuständigkeit des Rechtspflegers als Vollstreckungsgericht im Rahmen der Zwangsvollstreckung einer richterlichen Tätigkeit gleichgestellt wird. Zwar handelt es sich bei dem Rechtspfleger wie bei dem Gerichtsvollzieher um ein nichtrichterliches Organ der Rechtspflege. Entsprechende Kompetenzübertragungen sind aber nur im Verhältnis von Richter und Rechtspfleger erfolgt. Wenn man die Aufgabenübertragung im Rechtspflegergesetz ernst nimmt, hat sich die von dem historischen Gesetzgeber angenommene Situation nicht verändert.

Zu prüfen bleibt, ob der bestehende Gesetzeswortlaut diese Abgrenzung zulässt. Die zweite Alternative der Vorschrift des § 766 Abs. 1 S. 1 ZPO betrifft bereits ausdrücklich das „vom Gerichtsvollzieher bei ihr zu beobachtende Verfahren". Die erste Alternative der Norm bezeichnet Einwände, welche „die Art und Weise der Zwangsvollstreckung" betreffen. Aus letztgenannter Variante hat die herrschende Meinung eine Differenzierung herstellen können, indem sie die darin bezeichneten Einwände auf Vollstreckungsmaßnahmen des Vollstreckungsgerichts bezog. Ohne Veränderung des Gesetzeswor-tlauts können entsprechende Einwendungen nicht unmittelbar auf die Tätigkeit des Gerichtsvollziehers angewendet werden.[741] Denn die beiden Varianten sind mit dem

---

740 *Hahn*, Materialien zur Zivilprozeßordnung, Bd. 2, Abt. 1, S. 436 f.
741 A.A. *Wieser*, ZZP 115 (2002), 157, 158.

Wort „oder" verbunden und stellen Alternativen dar, von denen sich nur die zweite auf die Tätigkeit des Gerichtsvollziehers bezieht.

Um einen Gleichlauf herzustellen und Klarheit zu schaffen, sind die Einwände gegen die in § 766 Abs. 1 ZPO genannte „Art und Weise der Zwangsvollstreckung" mit dem Gerichtsvollzieher in Verbindung zu bringen. Zudem ist hinsichtlich der Formulierung des von diesem „bei ihr zu beobachtende[n] Verfahren[s]" ein begrifflicher Bezug zu der Tätigkeit des Gerichtsvollziehers herzustellen.

Es sind zudem zwei redaktionelle Änderungen zur Anpassung des Gesetzeswortlauts an den heutigen Sprachgebrauch angebracht. Zum einen hat sich der Begriff der Einwendungen, nach denen der jeweilige Rechtsbehelf zu differenzieren ist, herausgebildet. Die darüber hinaus gehende Benennung von „Anträge[n], [] und Erinnerungen" als Gegenstände der Vollstreckungserinnerung nach § 766 Abs. 1 ZPO bringt keinen Mehrwert. Sie kann daher ersatzlos wegfallen.

Eine sprachliche Anpassung ist im Hinblick auf die Formulierung des von dem Gerichtsvollzieher zu „beobachtende[n] Verfahren[s]" angezeigt. Dieser Ausdruck wird heute kaum noch verwendet und sollte durch die Worte „beachtende Verfahren" ersetzt werden.

3. Modifikation des § 766 Abs. 2 ZPO

Demgegenüber bedarf es keiner Änderung der Vorschrift des § 766 Abs. 2 ZPO.

Wegen ihres eindeutigen Wortlauts besteht keine Abgrenzungsproblematik zur sofortigen Beschwerde. Zudem hat die Untersuchung ergeben, dass das Vollstreckungsorgan nicht als Rechtsbehelfsgegner geeignet ist.[742] Konkret bedeutet dies, dass im Falle der Antragsablehnung durch den Gerichtsvollzieher oder der Ablehnung, den Antrag auftragsgemäß auszuführen, und auch bei einer Erinnerung gegen den Kostenansatz des Gerichtsvollziehers der Rechtsbehelf gegen den Vollstreckungsschuldner zu richten ist.

4. Abhilfebefugnis des Gerichtsvollziehers

Wie dargestellt[743], wird dem Gerichtsvollzieher nur eine beschränkte Abhilfebefugnis zuerkannt. Bereits durchgeführte Vollstreckungsmaßnahmen soll er nicht aufheben dürfen.

---

742 Siehe E.VII.
743 Siehe C.III.2.

Diese Betrachtungsweise vermag damit begründet werden, dass § 776 S. 1 ZPO das Vollstreckungsorgan zu einer Aufhebung bereits getroffener Vollstreckungsmaßregeln verpflichtet, wenn die Ausfertigung einer gerichtlichen Entscheidung nach § 775 Nr. 1 oder Nr. 3 ZPO vorgelegt wird. Aus der Vorschrift lässt sich aber nicht der Rückschluss ziehen, dass die Aufhebung von Vollstreckungsakten nur nach Erlass einer entsprechenden Entscheidung zulässig sei. Dies ergibt sich bereits aus der im Beschwerdeverfahren geltenden Abhilfebefugnis der gerichtlichen Vollstreckungsorgane nach § 572 Abs. 1 ZPO.

Darüber hinaus ist es zweckmäßig, auch dem Gerichtsvollzieher eine uneingeschränkte Abhilfebefugnis einzuräumen.[744] Dieser ist ohne Weiteres in der Lage, eine Selbstkontrolle durchzuführen und etwaige Fehler im Vollstreckungsverfahren zu erkennen. Insoweit handelt es sich nicht nur um eine verfahrensökonomische Lösung, welche im Falle der Abhilfe durch das Vollstreckungsorgan die Bindung gerichtlicher Ressourcen verhindern kann. Dieser Weg kann den Parteien des Vollstreckungsverfahrens zudem eine schnelle Aufklärung der gerügten Verfahrensmängel bieten. Zwar kann die Durchführung eines Abhilfeverfahrens zu einer Verfahrensverzögerung führen, wenn der Gerichtsvollzieher sich gegen eine Abhilfe entscheidet. Der Zeitgewinn ist aber umso größer, wenn der Gerichtsvollzieher abhilft und dadurch ein gerichtliches Verfahren vermieden wird. Gerade im Hinblick auf versehentliche Verfahrensfehler kann das Abhilfeverfahren effektiven Rechtsschutz bieten.

Dies lässt sich praktisch umsetzen, indem zu § 766 ZPO ein weiterer Absatz hinzugefügt wird, der sich systematisch sowohl auf die Vollstreckungserinnerung nach § 766 Abs. 1 ZPO als auch nach § 766 Abs. 2 ZPO bezieht. Es lässt sich verdeutlichen, dass dem Gerichtsvollzieher eine dem Vollstreckungs- und Prozessgericht entsprechende, umfassende Abhilfebefugnis eingeräumt wird, indem sich die Formulierung an die Vorschrift des § 572 Abs. 1 ZPO anlehnt. Diese sprachliche Parallele schafft Rechtsklarheit bezüglich der Gleichwertigkeit der Abhilfebefugnisse sämtlicher Vollstreckungsorgane. Indem der Terminus „Entscheidung" auch in Bezug auf die Tätigkeit des Gerichtsvollziehers in der Zwangsvollstreckung verwendet wird, kann zudem herausgestellt werden, dass die Abgrenzung der herrschenden Meinung zwischen Vollstreckungserinnerung und sofortiger Beschwerde aufgegeben und die Rechtsstellung des Gerichtsvollziehers gestärkt wird.

---

744 So auch: Anders/Gehle/*Vogt-Beheim*, § 766 Rn. 39.

5. Änderungsvorschlag

Zur Normierung einer Vollstreckungserinnerung gegen Vollstreckungsakte, die sich ausschließlich gegen die Tätigkeit des Gerichtsvollziehers als Vollstreckungsorgan richtet, sowie der Einfügung einer umfassenden Abhilfebefugnis des Gerichtsvollziehers wird folgender Gesetzeswortlaut vorgeschlagen:

§ 766 ZPO n.F.

*Über Einwendungen, welche die Art und Weise der Zwangsvollstreckung **durch den Gerichtsvollzieher** oder das **von diesem** bei ihr zu **beachtende** Verfahren betreffen, entscheidet das Vollstreckungsgericht. Es ist befugt, die in § 732 Abs. 2 bezeichneten Anordnungen zu erlassen.*

Dem Vollstreckungsgericht steht auch die Entscheidung zu, wenn ein Gerichtsvollzieher sich weigert, einen Vollstreckungsauftrag zu übernehmen oder eine Vollstreckungshandlung dem Auftrag gemäß auszuführen, oder wenn wegen der von dem Gerichtsvollzieher in Ansatz gebrachen Kosten Erinnerungen erhoben werden.

Erachtet der Gerichtsvollzieher, dessen Entscheidung angefochten wird, die Erinnerung für begründet, so hat er ihr abzuhelfen; andernfalls ist die Erinnerung unverzüglich dem Vollstreckungsgericht vorzulegen.

II. Vollstreckungsabwehrklage

Die Analyse des juristischen Diskurses, der um die Vollstreckungsabwehrklage geführt wird, hat eine ganze Reihe von Problemen aufgezeigt.[745] Diese beschränken sich nicht auf die Vorschrift des § 767 ZPO. Sie betreffen auch die mit der Vollstreckungsabwehrklage in Zusammenhang stehenden, im achten Buch der ZPO nicht geregelten Rechtsbehelfe. Die konkreten Lösungsansätze zur Vollstreckungsabwehrklage sollen sich zunächst auf die Vorschrift des § 767 Abs. 1 ZPO beziehen. Dabei wird über die bereits erläuterten Problemstellungen hinaus die Vorschrift des § 767 ZPO in Gänze betrachtet.

1. Modifizierung des Begriffs der Einwendungen

Die Norm des § 767 Abs. 1 ZPO regelt den Kernbereich des Rechtsbehelfs. Sie beschreibt die Einwände, die im Wege der Vollstreckungsgegenklage erhoben

---

745 Siehe C.VI.3., 4., 9., 10. und C.VII.

werden können. Diese beanspruchen im geltenden Rechtsbehelfssystem besondere Bedeutung, da sie das vorherrschende Unterscheidungskriterium zwischen
den Rechtsbehelfen darstellen.[746] Ein effektiver Rechtsschutz kann nur dann
erreicht werden, wenn die für den jeweiligen Rechtsbehelf statthaften Einwendungen im Gesetz verständlich beschrieben sind und der Rechtsanwender damit
in die Lage versetzt wird, den statthaften Rechtsbehelf auszuwählen.

Die Norm des § 767 Abs. 1 ZPO erklärt „Einwendungen, die den durch das
Urteil festgestellten Anspruch selbst betreffen" für zulässig. Welche Einwände
des Schuldners damit konkret gemeint sind, wird gerade in Abgrenzung zur
Titelgegenklage[747] und der möglichen Rechtsbehelfe gegen Vollstreckungsvereinbarungen[748] unterschiedlich beurteilt.

Die Formulierung, dass es sich um Einwendungen gegen den „durch das
Urteil festgestellten Anspruch" handeln muss, ist insoweit unproblematisch als
andere Titel über die Vorschrift des § 795 S. 1 ZPO unter den Anwendungsbereich der Norm fallen. Insoweit bedarf es keiner Konkretisierung.

Der Begriff der „Einwendungen" ist im Gesetz sehr offengehalten. Wegen der
Bezugnahme auf den festgestellten „Anspruch" weist die Bezeichnung materielle
Bezüge auf. Ein Anspruch wird unter Zugrundelegung des materiellen Rechts
ermittelt. Für den direkten Anwendungsbereich der Vollstreckungsgegenklage
bedarf es daher keiner Präzisierung des Gesetzeswortlauts. Dass materielle Einwendungen mit der Vollstreckungsgegenklage geltend gemacht werden können,
ist aus dem Gesetz heraus verständlich.

Weniger passend ist die Formulierung, dass die Einwendungen sich gegen
einen festgestellten Anspruch richten sollen. Denn eine Feststellung findet nur
im Rahmen der Klage nach § 256 ZPO statt. Treffender ist es, von dem „zuerkannten Anspruch"[749] zu sprechen. Dieser Begriff weist einen sprachlichen
Bezug zum Erkenntnisverfahren auf. Insgesamt ist die Terminologie neutraler.
Sie deutet nicht fälschlicherweise auf eine bestimmte Urteilsart hin. Möglich
wäre es auch, den Wortlaut dahingehend zu ändern, dass die Einwendungen sich
gegen den „titulierten Anspruch" richten. Diese Formulierung würde auch die
sonstigen Formen der vollstreckbaren Titel i.S.v. § 794 ZPO einbeziehen. Jedoch
ist eine dahingehende Spezifizierung wegen der vorgenannten Verweisungsvor-
schrift des § 795 S. 1 ZPO nicht notwendig. Zudem entspricht es der Systematik

---

746 Siehe C.I.
747 Siehe C.VII.2.
748 Siehe C.VI.9.
749 *Gilles*, ZZP 83 (1970), 61, 108.

des § 767 ZPO und des achten Buchs der ZPO insgesamt, von dem Grundfall eines der Zwangsvollstreckung zu Grunde liegenden Urteils auszugehen.

2. Normierung des Zeitpunkts der Geltendmachung von Einwendungen

Weiteres Verbesserungspotenzial lässt die Norm des § 767 Abs. 2 ZPO erkennen. Insoweit ist zu überlegen, ob der Zeitpunkt, bis zu dem die Einwendungen zur Vermeidung einer Präklusion geltend zu machen sind, präziser gefasst werden sollte.

In § 767 Abs. 2 ZPO ist geregelt, dass Einwendungen im Rahmen der Vollstreckungsgegenklage nur insoweit zulässig sind, als die Gründe, auf denen sie beruhen, erst nach dem Schluss der mündlichen Verhandlung, in der Einwendungen nach der ZPO spätestens hätten geltend gemacht werden müssen, entstanden sind und durch Einspruch nicht mehr geltend gemacht werden können. Aus dieser Formulierung haben sich zwei große Problemkreise herausgebildet. Der eine betrifft die Frage, wann die Einwendungen präkludieren, wenn der Anspruch in einem Versäumnisurteil oder einem Vollstreckungsbescheid tituliert wurde.[750] Der andere hat die Rechtzeitigkeit der Geltendmachung von Gestaltungsrechten zum Gegenstand.[751] Eine gesetzgeberische Entscheidung könnte Klarheit bringen, indem der Zeitpunkt, bis zu dem die jeweiligen Einwendungen zu erheben sind, in den Gesetzestext aufgenommen wird.

Die Diskussion um die Frage, wie Einwendungen gegen einen in einem Versäumnisurteil oder in einem Vollstreckungsbescheid titulierten Anspruch zu behandeln sind, konzentriert sich auf solche Einwendungen, die in dem Zeitraum zwischen dem Schluss der mündlichen Verhandlung und dem Ablauf der Einspruchsfrist entstanden sind.

Nimmt man das Gesetz wörtlich, dürfen die Einwendungen erst nach dem Ablauf der Einspruchsfrist entstanden sein. Denn erst zu diesem Zeitpunkt können sie nicht mehr durch Einspruch geltend gemacht werden. Dies ist im Ergebnis auch richtig, denn die Vorschrift des § 767 Abs. 2 ZPO hat den Schutz der materiellen Rechtskraft zum Ziel.[752] Zieht man daneben die Intention des Rechtsbehelfs in Gänze heran, soll Veränderungen der materiellen Rechtslage

---

750 Siehe C.VI.3.c).
751 Siehe C.VI.3.d).
752 Siehe C.VI.3.a).

zwischen dem Erkenntnisverfahren und der Zwangsvollstreckung Rechnung getragen werden.

Die Besonderheit bei Versäumnisurteilen und Vollstreckungsbescheiden besteht darin, dass der Vollstreckungsschuldner keiner mündlichen Verhandlung beigewohnt hat. Im Falle des Versäumnisurteils nach § 331 Abs. 1 ZPO ist er nicht zur mündlichen Verhandlung erschienen oder er ist nicht ordnungsgemäß vertreten worden.[753] Hat der Schuldner seine Verteidigung nicht angezeigt, ergeht das Versäumnisurteil nach § 331 Abs. 3 ZPO gänzlich ohne mündliche Verhandlung. Zudem kann gem. § 333 ZPO auch dann ein Versäumnisurteil ergehen, wenn der beklagte Schuldner im Termin nicht verhandelt hat. Der Vollstreckungsbescheid wird nach § 699 Abs. 1 ZPO auf Grundlage eines vorausgegangenen Mahnbescheids erlassen. Im Mahnverfahren wird schon grundsätzlich nicht mündlich verhandelt.

Die vorgenannten Wege, die zur Titulierung eines Anspruchs gegen den Schuldner führen, haben gemeinsam, dass der Schuldner seine Einwendungen in einer mündlichen Verhandlung nicht vorbringen konnte. Dieser Nachteil wird durch die Möglichkeit der Erhebung eines Einspruchs nach § 338 ZPO ausgeglichen. Nach ordnungsgemäß eingelegtem Einspruch wird der Prozess gem. § 342 ZPO in die Lage zurückversetzt, in der er sich vor Eintritt der Säumnis befand und es wird nach § 341 a ZPO ein Einspruchstermin anberaumt, in dem mündlich verhandelt wird. In dem Einspruchstermin hat der Schuldner dann die Gelegenheit, seine Einwendungen gegen den gegen ihn gerichteten Anspruch anzubringen.

Wegen der Möglichkeiten, die das Einspruchsverfahren bietet, ist die Sachlage nach Ablauf der Einspruchsfrist mit der nach dem Schluss der mündlichen Verhandlung in einem erstinstanzlichen Verfahren vergleichbar. Daher ist der Schuldner in dieser Situation auch nicht anders zu behandeln als nach dem Abschluss eines gewöhnlichen Erkenntnisverfahrens.

Allein mit dem Gesetzeswortlaut lässt sich dagegen nicht beantworten, wann Gestaltungsrechte geltend gemacht werden müssen, um nicht im Sinne von § 767 Abs. 2 ZPO präkludiert zu sein. Der Einwendungsausschluss bezieht sich zwar auf die „Gründe", auf denen die Einwendungen „beruhen", wann diese Gründe entstehen, wird aber unterschiedlich beurteilt.[754] Insoweit ist es richtig, dass die Gestaltungswirkung erst mit der Gestaltungserklärung und nicht schon mit der objektiven Möglichkeit der Geltendmachung des Gestaltungsrechts

---

753 Statt Vieler: BeckOK-ZPO/*Toussaint*, § 331 Rn. 1.
754 Siehe C.VI.3.d).

eintritt. Dennoch ist es abzulehnen, die Gestaltungswirkung mit dem Grund für die Einwendung gleichzusetzen. Auch dieses Ergebnis ist mit der Funktion des Rechtsbehelfs zu begründen. Die Vollstreckungsgegenklage dient lediglich der Korrektur unbilliger Ergebnisse. Sie soll einen Ausgleich dafür schaffen, dass das Vollstreckungsorgan bei dem staatlichen Vollstreckungszugriff grundsätzlich nicht prüft, ob der titulierte Anspruch weiterhin Bestand hat. Die Vorschrift des § 767 Abs. 2 ZPO verdeutlicht, dass diese Korrektur auf Ausnahmefälle, in denen der Schuldner gerade in dem Zeitraum zwischen Erkenntnisverfahren und Vollstreckungsverfahren eine Diskrepanz der materiellen Rechtslage nicht verhindern konnte, begrenzt sein soll. Der Schutz des Schuldners kann daher nicht so weit gehen, dass der Betroffene es durch die eigene Entscheidung, wann er das Gestaltungsrecht ausübt, in der Hand hat, ob er eine nachträgliche Vollstreckungsgegenklage einlegen kann oder nicht. Umgekehrt gebietet es aber der Schuldnerschutz, dass Einwendungen dann nicht präkludieren, wenn der Schuldner mangels Kenntnis keine Möglichkeit hatte, das Gestaltungsrecht bis zum Schluss der mündlichen Verhandlung auszuüben. Denn in dieser Situation hatte er gerade keine Entscheidungsfreiheit, die Einwendung in das der Zwangsvollstreckung vorausgegangene Erkenntnisverfahren einzubringen.

Eine dahingehende Auslegung des § 767 Abs. 2 ZPO lässt der Wortlaut der Vorschrift zu. Was unter den „Gründe[n], auf denen [die Einwendungen] beruhen", zu verstehen ist, hat der Gesetzgeber offengelassen. Es ist insoweit gesetzeskonform, die „Gründe" für die Einwendungen subjektiv zu verstehen und für die Präklusionswirkung die Kenntnis von dem Gestaltungsrecht vorauszusetzen.

3. Formulierung des Bezugspunkts von § 767 Abs. 3 ZPO

Unterschiedlich wird auch beurteilt, wann die Präklusion nach § 767 Abs. 3 ZPO eintritt. Im Vergleich zu § 767 Abs. 2 ZPO enthält die Vorschrift bereits nach dem Gesetzeswortlaut eine deutlich stärkere subjektive Komponente. Denn die Norm ist dahingehend gefasst, dass der Schuldner in der von ihm zu erhebenden Klage alle Einwendungen geltend machen muss, die er zur Zeit der Erhebung der Klage „geltend zu machen im Stande war".

Dennoch ist aus der unterschiedlichen Formulierung nicht zu schließen, dass der Zeitpunkt des Einwendungsausschluss bei der ersten Vollstreckungsabwehrklage anders zu behandeln wäre als bei einer erneuten Klage dieser Art. Das „Bündelungsgebot"[755] des § 767 Abs. 3 ZPO möchte verhindern, dass

---

755 BGHZ 167, 150, 153.

der Schuldner von der Geltendmachung von Einwendungen absieht und diese stattdessen in einer wiederholten Klage geltend macht. Insoweit ist die Situation mit der in § 767 Abs. 2 ZPO geregelten vergleichbar, sie gilt nur zeitlich versetzt. Mit beiden Normen soll erreicht werden, dass die dem Schuldner gegen den titulierten Anspruch möglichen Einwendungen in dem Ausgangsverfahren vorgebracht werden und nicht erst danach.[756] Daher sind die Erwägungen zu dem in § 767 Abs. 2 ZPO genannten Präklusionszeitpunkt auch auf die Vorschrift des § 767 Abs. 3 ZPO übertragbar. Diese Vorgehensweise hat den positiven Nebeneffekt, dass der Präklusionszeitpunkt für beide Vorschriften nach denselben Kriterien beurteilt wird. Sie weist damit eine Stringenz auf, die dem Rechtsanwender das Verständnis erleichtert.

Im Falle von Gestaltungsrechten sollte demnach nicht erst auf den Zeitpunkt ihrer Ausübung abgestellt werden, wenn der Schuldner von dem Gestaltungsrecht Kenntnis hat. Die hier präferierte Lösung lässt sich auch mit dem Wortlaut der Vorschriften des § 767 Abs. 2 und Abs. 3 ZPO vereinbaren. Diese subjektive Komponente geht zwar aus der Vorschrift des § 767 Abs. 3 ZPO stärker hervor als aus § 767 Abs. 2 ZPO. Dass ein rein objektives Verständnis der Präklusionsvorschrift des § 767 Abs. 2 ZPO verfehlt wäre, verdeutlicht bereits der geltende Gesetzeswortlaut. Mit der Formulierung des letzten Halbsatzes von § 767 Abs. 2 ZPO – „und durch Einspruch nicht mehr geltend gemacht werden können" – wird die Möglichkeit der Geltendmachung des Gestaltungsrechts vorausgesetzt. Diese erfordert in subjektiver Hinsicht aber auch die Kenntnis des Betroffenen von seinem Gestaltungsrecht.

4. Konkretisierung des Zeitpunkts der Präklusion nach § 767 Abs. 3 ZPO

Als weniger problematisch stellt sich der Zeitpunkt dar, an den die Ausschlusswirkung des § 767 Abs. 3 ZPO ansetzt. Nach heutiger Auffassung[757] handelt es sich insoweit nicht um den Zeitpunkt der Klageerhebung, sondern um den Schluss der mündlichen Verhandlung. Das bedeutet, dass die Einwendungen, die der erneuten Vollstreckungsabwehrklage zum Erfolg verhelfen, nicht bereits in die Klageschrift aufgenommen werden müssen, um nicht präkludiert zu sein. Vielmehr ist eine nachträgliche Klageänderung möglich.

---

756 Siehe C.VI.3.a), 4.a).
757 Wieczorek/Schütze/*Spohnheimer*, § 767 Rn. 107; *Gaul/Schilken/Becker-Eberhard*, Zwangsvollstreckungsrecht, § 40 Rn. 114.

Dieses Verständnis geht aus § 767 Abs. 3 ZPO aber nicht unmittelbar hervor. Anders als in der Norm des § 767 Abs. 2 ZPO wird nicht der Schluss der mündlichen Verhandlung als Präklusionszeitpunkt benannt. Vielmehr ist die Rede von einer „von [dem Schuldner] zu erhebenden Klage". Jedoch ist aus dieser Formulierung nicht zwingend zu schließen, dass sämtliche Einwendungen in der Klageschrift aufgeführt werden müssten und eine Klageänderung nicht möglich sei. Denn der Terminus der „Klage" ist nicht mit dem Begriff der „Klageschrift" gleichzusetzen. Problematisch ist, dass in dem darauf folgenden Relativsatz die Einwendungen dahingehend beschrieben werden, dass sie der Schuldner „zur Zeit der Erhebung der Klage geltend zu machen im Stande war". Dieser Halbsatz stellt unmissverständlich auf den Zeitpunkt der Klageerhebung ab.

Der Zeitpunkt der Klageerhebung entspricht aber weder dem heutigen Verständnis der Vorschrift,[758] noch wäre es sinnvoll, auf diesen abzustellen. Dies wäre nicht nur für den Schuldner nachteilig, auch der so häufig bemühte Grund der Prozessökonomie kann hier kaum angebracht werden. Die Erhebung der Klage wird gem. § 253 Abs. 1 ZPO mit der Zustellung der Klageschrift an den Beklagten bewirkt. Zu diesem Zeitpunkt sind außer dem Anfordern des Gerichtskostenvorschusses durch die Geschäftsstelle, dem Lesen der Klageschrift und der Zustellungsverfügung des Richters keinerlei gerichtlichen Ressourcen bemüht worden. Wenn es für die Präklusion auf den Zeitpunkt der Klageerhebung ankäme, könnte der Richter seiner Hinweispflicht aus § 139 Abs. 1 ZPO zudem nur schwerlich nachkommen. Denn gerichtliche Hinweise werden, wie es die systematische Stellung der Norm unter dem Titel „Mündliche Verhandlung" nahelegt, üblicherweise in der mündlichen Verhandlung erteilt.

Letztlich sprechen auch Gründe der Kongruenz zur ersten Vollstreckungsgegenklage dafür, im Rahmen der wiederholten Vollstreckungsabwehrklage für den Einwendungsausschluss auf den Schluss der mündlichen Verhandlung abzustellen. Die Gleichbehandlung der Präklusionswirkung im Rahmen der ersten Vollstreckungsabwehrklage im Verhältnis zu einer erneuten Vollstreckungsgegenklage kann zur Rechtssicherheit beitragen.

5. Beibehaltung des Wortlauts

In einem letzten Schritt ist zu prüfen, ob die geschilderte Auslegungsproblematik eine Änderung des Gesetzes erforderlich macht.

---

758 Wieczorek/Schütze/*Spohnheimer*, § 767 Rn. 107; *Gaul/Schilken/Becker-Eberhard*, Zwangsvollstreckungsrecht, § 40 Rn. 114.

Hinsichtlich des Präklusionszeitpunkts nach § 767 Abs. 2 ZPO hat sich eine klare Linie der Rechtsprechung herausgebildet, welche die Wortlautgrenze nicht überschreitet. Teilweise wird im Rahmen von Gestaltungsrechten gar von einem bestehenden „Gewohnheitsrecht"[759] gesprochen. Daher ist der Rechtsanwender keinem großen Risiko ausgesetzt. Er kann ohne zeitraubende Argumentationsbemühungen der herrschenden Rechtsprechung folgen und davon ausgehen, dass auch das angerufene Gericht die mehrfach bestätigte höchstrichterliche Rechtsprechung kennt.

Dieser Umstand kann zum einen dafür sprechen, dass die bestehenden Vorschriften beibehalten werden sollten. Zum anderen ist gerade dann eine Kodifikation angebracht, wenn sich Verhältnisse einstellen, in denen der bestehende Gesetzeswortlaut konstant und ohne großen Widerspruch anders ausgelegt wird als es die Formulierung zulässt. Eine derartige Situation ist aber nur hinsichtlich des Zeitpunkts der Präklusion in § 767 Abs. 3 ZPO zu verzeichnen. Insoweit bedarf es einer Gesetzesänderung dahingehend, dass nicht diejenigen Einwendungen präkludiert sind, die der Schuldner zur Zeit der Erhebung der Klage geltend zu machen imstande war, sondern solche, die er zum Zeitpunkt des Schlusses der mündlichen Verhandlung der vorausgegangenen Vollstreckungsgegenklage geltend machen konnte.

Zwar weniger offensichtlich, aber doch in ähnlicher Weise gilt dies auch für die Bezeichnung der Einwendungen in § 767 Abs. 1 ZPO. Aus Klarstellungsgründen sollte eine Gesetzesänderung dahingehend erfolgen, dass es sich um Einwendungen handelt, die den durch das Urteil „zuerkannten" Anspruch selbst betreffen.

Einen Grenzfall stellen die Ausführungen zur Präklusion von Gestaltungsrechten nach § 767 Abs. 2 ZPO dar. Die herausgearbeitete, für den Einwendungsausschluss erforderliche Kenntnis des Schuldners von dem Gestaltungsrecht, ergibt sich nicht unmittelbar aus dem Gesetz und ist höchst umstritten. Insoweit ist ein Zusatz zu erwägen, der die Kenntnis des Schuldners von der Einwendung umfasst. Dieser wäre durch die Einfügung eines weiteren Halbsatzes in die Vorschrift leicht umsetzbar. Gegen eine ausdrückliche Normierung spricht jedoch, dass der letzte Halbsatz der Vorschrift die dargestellte[760] subjektive Komponente aufweist. Zudem stellt sich die Problematik nur bei Gestaltungsrechten. Für eine Vielzahl anderer Einwendungen kommt es auf die Kenntnis des Schuldners aber

---

759 Musielak/Voit/*Lackmann*, § 767 Rn. 37.
760 Siehe F.II.3.

gar nicht an. Aus diesem Grund ist von einer dahingehenden Konkretisierung des Gesetzeswortlauts abzusehen.

Im Übrigen hat die Analyse gezeigt, dass sich die Auslegung der Vorschriften sehr unterschiedlich darstellt, die hier vertretenen Lösungen aber keine Änderung des Gesetzeswortlauts erfordern. Dies gilt insbesondere für die Frage, wann Einwendungen gegen einen Anspruch präkludieren, der in einem Versäumnisurteil oder einem Vollstreckungsbescheid tituliert wurde. Der bestehende Gesetzeswortlaut ist mit der vorzugswürdigen Auffassung der Rechtsprechung[761] vereinbar. Ein Klarstellungserfordernis besteht nicht, zumal diese strenge Vorgehensweise folgerichtig und in sich schlüssig die materielle Rechtskraft des Titels sichert. Konkretisierungen des Gesetzeswortlauts würden dessen Lesbarkeit erschweren und keinen großen Mehrwert darstellen.

6. Änderungsvorschlag

Die angestellte Abwägung führt zu folgendem Reformvorschlag:

§ 767 ZPO Abs. 1 bis 3 n.F.

*Einwendungen, die den durch das Urteil **zuerkannten** Anspruch selbst betreffen, sind von dem Schuldner im Wege der Klage bei dem Prozessgericht des ersten Rechtszuges geltend zu machen.*

Sie sind nur insoweit zulässig, als die Gründe, auf denen sie beruhen, erst nach dem Schluss der mündlichen Verhandlung, in der Einwendungen nach den Vorschriften dieses Gesetzes spätestens hätten geltend gemacht werden müssen, entstanden sind und durch Einspruch nicht mehr geltend gemacht werden können.

*Der Schuldner muss in der von ihm zu erhebenden Klage alle Einwendungen geltend machen, die er zur **Zeit des Schlusses der mündlichen Verhandlung** geltend zu machen imstande war.*

III. Drittwiderspruchsklage

Hinsichtlich der Drittwiderspruchsklage hat die Prüfung bereits ergeben, dass der Wortlaut des § 771 Abs. 1 ZPO in der jetzigen Form keinen Bestand haben kann.[762] Zur Beantwortung der Frage, ob der Rechtsbehelf reformbedürftig ist,

---

761 RGZ 40, 352, 353; 55, 187, 190 ff.; BGH NJW 1982, 1812 und siehe C.VI.3.c).
762 Siehe D.IV.

sind aber neben dem im Vordergrund stehenden Interventionsrecht auch andere Gesichtspunkte in die Bewertung einzubeziehen.

1. Benennung von Interventionsrechten

Die zu Recht kritisierte Vorschrift des § 771 Abs. 1 ZPO könnte dahingehend geändert werden, dass anstelle der abstrakten Definition des „die Veräußerung hindernden Recht[s]" des Dritten einzelne Interventionsrechte aufgelistet werden. Eine solche Vorgehensweise hätte den Vorteil, dass die Gesetzgebung streitige Interventionsrechte aufnehmen und damit für Rechtsklarheit sorgen könnte. Zu erwägen ist dies hinsichtlich des fortwährenden Streits um das Sicherungseigentum, das auch im Zivilrecht Anerkennung finden sollte.

Gegen eine Kodifizierung in § 771 Abs. 1 ZPO spricht hingegen, dass eine Ersetzung der Umschreibung des Interventionsrechts durch die Benennung bestimmter Rechte nicht abschließend, sondern lediglich exemplarisch sein kann.

Die untersuchte[763] Frage, ob das Anfechtungsrecht des Gläubigers zu den von § 771 Abs. 1 ZPO erfassten Rechten gehört, zeigt, wie schnelllebig die Thematik ist. Heute werden Argumentationen mit Bezügen zur Insolvenzordnung und der dahingehenden Rechtsprechung geführt, die zum Zeitpunkt der Einführung der Vorschrift zur Drittwiderspruchsklage in der Form noch gar nicht denkbar waren. Die Rechte, aus denen sich Drittwiderspruchsrechte herausbilden, unterliegen unterschiedlichen Rechtsordnungen. Diese sind einem stetigen Wandel unterworfen. Die Entwicklung ist dabei nicht auf das positive Recht begrenzt. Die Rechtsprechung in den einzelnen Fachbereichen und die dahingehenden Diskussionen in der Literatur stellen ebenso starke Einflussfaktoren dar. Zudem bilden sich immer neue Interventionsrechte heraus. Im digitalen Zeitalter wird die Frage, wie Rechte über Daten im Vollstreckungsverfahren zu behandeln sind, immer dringlicher. Gerade im Hinblick auf die angesprochenen[764] aktuellen Fragestellungen rund um neue vermögenswerte Rechtspositionen vermag man heute nicht zu beurteilen, welche Rechte künftig Interventionsrechte des Dritten darstellen werden. Diese Problematik wird sich auch auf die Zwangsvollstreckung auswirken und in den dortigen Rechtsbehelfsverfahren geklärt werden müssen. Diesen Herausforderungen muss das Gesetz gewachsen sein.

---

763 Siehe C.VI.5.b).
764 Siehe C.VI.5.e).

Eine Auflistung von Interventionsrechten in § 771 Abs. 1 ZPO wäre daher lediglich eine vorübergehende Lösung, die ein stetiges Nachjustieren des Gesetzes erfordern würde. Zwar ist diese Form der Rechtssetzung dem Gesetzgeber keinesfalls fremd. Gerade im Zuge der Europäisierung finden vermehrt Kataloge mit Beispielen Eingang in das Gesetz, vornehmlich aber im materiellen Recht.[765] Dennoch ist eine Gesetzgebung, die offensichtlich in Kürze wieder überholt wäre, nicht erstrebenswert. Das Anführen von Beispielen für Interventionsrechte vermag dem Rechtsanwender zwar eine bestimmte Richtung vorgeben. Eine abschließende Problemlösung stellt dies jedoch nicht dar.

2. Definition des Interventionsrechts

Deutlich langlebiger ist die Normierung einer abstrakten Definition. Diese Vorgehensweise würde eine gewisse Kontinuität zur bestehenden Rechtslage schaffen und das geschriebene Recht an die veränderten Umstände der Gegenwart anpassen.

Eine geeignete Definition, die den gesetzgeberischen Willen verdeutlicht und streitige Probleme löst, aber gleichzeitig so allgemein gehalten ist, dass die Vielzahl der anzuerkennenden Interventionsrechte darunterfällt, ist nicht leicht zu finden. Dies gilt umso mehr als die neuen Herausforderungen, welche die Einbeziehung der sich fortentwickelnden digital beeinflussten Lebensumstände in das tradierte Zwangsvollstreckungsverfahren mit sich bringt, bedacht werden müssen.

Trotz der einhelligen Kritik an der geltenden gesetzlichen Definition des Interventionsrechts offenbart der Wortlaut der seit dem Jahr 1879 fast unverändert bestehenden Norm den dahinterstehenden Gedanken deutlich. Der Vollstreckungsgläubiger soll nur in die Vermögenswerte vollstrecken dürfen, die dem Schuldner zustehen.[766] Ein Recht eines Dritten am Vollstreckungsgegenstand, das der Schuldner selbst nicht ausüben darf, soll auch dem Vollstreckungsgläubiger nicht zustehen.

Vor diesem Hintergrund geht die Rechtsprechung davon aus, dass ein Interventionsrecht besteht, „wenn der Schuldner selbst, veräußerte er den Vollstreckungsgegenstand, widerrechtlich in den Rechtskreis des Dritten eingreifen würde, und deshalb der Dritte den Schuldner hindern könnte, zu veräußern"[767].

---

765 Siehe z.B. Anhang zu § 3 Abs. 3 UWG.
766 Stein/Jonas/*Münzberg*, § 771 Rn. 16; Wieczorek/Schütze/*Spohnheimer*, § 771 Rn. 9.
767 BGHZ 55, 20, 26; ähnlich schon: RGZ 116, 363, 366.

Diese Begriffsbestimmung wird in der Literatur weitgehend verwendet[768], zum Teil aber auch abgelehnt. Die Kritik trifft die Definition in ihrem Kern. Indem abstrakt auf die Veräußerung eines Gegenstands abgestellt wird, bleibe die Frage, inwieweit obligatorische Rechte Interventionsrechte darstellen können, ungeklärt.[769]

Zur Lösung dieses Problems wird die Anknüpfung des Eingriffs an die Vollstreckungshandlung selbst angedacht, indem in Anlehnung an Gesetzes-formulierungen aus dem ZVG von einem „der Zwangsvollstreckung bzw. der Versteigerung entgegenstehenden Recht"[770] gesprochen wird. Richtigerweise wird insoweit jedoch die fehlende Schärfe dieser Begrifflichkeit konstatiert und anstelle einer Gesetzesänderung eine zweckorientierte Auslegung der Vorschrift vorgeschlagen.[771]

Ein anderer Formulierungsvorschlag knüpft nicht an den Eingriff des Schuld-ners, sondern in Anlehnung an das Aussonderungsrecht in der Insolvenz an den Eingriff des die Vollstreckung betreibenden Gläubigers an. Danach soll ein Interventionsrecht bestehen, „wenn der Dritte ein Substanzrecht besitzt, das als absolutes oder obligatorisches Recht auch oder nur den Vollstreckungsgläubiger bindet und das deshalb im Verletzungsfall auch ihm gegenüber die Trias der Schutzrechte auslöst"[772].

Ein weiterer Ansatz verneint die Frage, ob ein Besitzrecht ein Interventions-recht darstellt, unter anderem mit dem Argument, dass der Besitz in der Mobi-liarvollstreckung von dem Vollstreckungsorgan nach §§ 808 f. ZPO zu beachten sei. Aus dieser Überlegung heraus wird die Definition des Interventionsrechts als ein „die Veräußerung hinderndes Recht" zweckorientiert dahingehend aus-gelegt, dass „es sich nur um ein solches Recht handeln kann, das nicht bereits im Vollstreckungsrecht Berücksichtigung findet, also der Formalisierung unter-liegt"[773]. Wegen anderweitiger Rechtsschutzmöglichkeiten, etwa im Wege von

---

768 *Prütting/Weth*, JuS 1988, 505, 509; Schuschke/Walker/Kessen/Thole/*Walker/Raebel/ Thole*, § 771 Rn. 15; *Brox/Walker*, Zwangsvollstreckungsrecht, § 45 Rn. 21; *Baur/ Stürner/Bruns*, Zwangsvollstreckungsrecht, Rn. 46.4; ähnlich: MünchKomm-ZPO/ *K. Schmidt/Brinkmann*, § 771 Rn. 17; *Prütting/Stickelbrock*, Zwangsvollstreckungs-recht, S. 238.

769 *Picker*, ZZP 128 (2015), 273, 280 f.; Wieczorek/Schütze/*Spohnheimer*, § 771 Rn. 10.

770 Wieczorek/Schütze/*Spohnheimer*, § 771 Rn. 10.

771 Wieczorek/Schütze/*Spohnheimer*, § 771 Rn. 10; *Gaul/Schilken/Becker-Eberhard*, Zwangsvollstreckungsrecht, § 41 Rn. 38 f.

772 *Picker*, ZZP 128 (2015), 273, 305.

773 *Stamm*, ZZP 124 (2011), 317, 331.

Leistungsklagen, sollen obligatorische Herausgabeansprüche nach dieser Auffassung aber nicht mit der Drittwiderspruchsklage geltend gemacht werden können.[774]

Dass auch die vorgenannte Definition Ungenauigkeiten aufweist, zeigt die Anwendung auf die problematisierten Abwehrrechte. Zwar schließt sie den bloßen Besitz als Interventionsrecht aus, obligatorische Herausgabeansprüche, die das Vollstreckungsorgan ebenfalls nicht in dem Zwangsvollstreckungsverfahren prüft, werden dagegen von ihr erfasst.

Da in der Rechtsprechung und Literatur die erstgenannte Begriffsbestimmung des Drittwiderspruchsrechts vorherrscht[775], ist zu prüfen, ob diese Definition unverändert in das Gesetz übernommen werden könnte. Der Vorteil bestünde darin, dass diese Auslegung dem Rechtsanwender bereits hinlänglich bekannt ist und Fragen, die sich an eine gänzliche Neukonzeption der Vorschrift unweigerlich anschließen würden, in einem gewissen Umfang vermeidbar wären.

Die vorherrschende Definition des Interventionsrechts merzt den Mangel des geltenden Gesetzeswortlauts insoweit aus, als von einem die Veräußerung hindernden Recht des Dritten, das es in der heutigen Rechtsordnung nicht mehr gibt, keine Rede ist. Aber sie setzt, genauso wie der geltende § 771 Abs. 1 ZPO, mit den gewählten Begrifflichkeiten bei der Zwangsvollstreckung in Sachen an. Das Verb „veräußern" bzw. das Substantiv „Veräußerung" wird im Bürgerlichen Gesetzbuch an mehreren Stellen verwendet. Exemplarisch sind die Normen der §§ 135, 136, 311c, 566 BGB sowie § 926 BGB zu nennen. Diese beziehen sich nicht nur auf bewegliche, sondern auch auf unbewegliche Sachen. In allen Fällen ist mit einer Veräußerung die schuldrechtliche und die sachenrechtliche Übertragung der Sache gemeint.

Als Unzulänglichkeit der vorherrschenden Definition wird angebracht, dass sie keine Aussage über obligatorische Rechte treffe. Dies wird aus dem Umstand geschlossen, dass auf einen widerrechtlichen Eingriff in die Rechte des Dritten abgestellt wird.[776] Die Kritik ist insoweit nachvollziehbar als das Deliktsrecht mit § 823 Abs. 1 BGB einen Schadensersatzanspruch nur im Falle einer

---

774 *Stamm*, ZZP 124 (2011), 317, 335 ff.

775 BGHZ 55, 20, 26; *Prütting/Weth*, JuS 1988, 505, 509; Schuschke/Walker/Kessen/Thole/ *Walker/Raebel/Thole*, § 771 Rn. 15; *Brox/Walker*, Zwangsvollstreckungsrecht, § 45 Rn. 21; *Baur/Stürner/Bruns*, Zwangsvollstreckungsrecht, Rn. 46.4; MünchKomm-ZPO/*K. Schmidt/Brinkmann*, § 771 Rn. 17; *Prütting/Stickelbrock*, Zwangsvollstreckungsrecht, S. 238.

776 *Picker*, ZZP 128 (2015), 273, 279 ff.

„widerrechtlichen" Verletzung von absoluten Rechten wie Leben, Gesundheit und Eigentum gewährt. Obligatorische Rechte sind von dieser Vorschrift nicht erfasst. Auch der Begriff des „Eingriffs" wird in Bezug auf absolute Rechte verwendet. So gilt der „Eingriff" in den ausgeübten und eingerichteten Gewerbebetrieb als Verletzung eines sonstigen Rechts i.S.v. § 823 Abs. 1 BGB.[777]

Diese begrifflichen Bezüge zum materiellen Recht schließen es aber weder in der Sache noch nach dem Wortsinn aus, auch die Übertragung einer Forderung des Dritten im Wege der Abtretung nach § 398 BGB als Eingriff in Rechte des Dritten zu bewerten. Das gilt umso mehr, als es grundsätzlich nicht möglich ist, eine Forderung gutgläubig zu erwerben. Da die Forderungsinhaberschaft eine wirksame Übertragung durch den Nichtberechtigten verhindert, ein gutgläubiger Erwerb von Sachen dagegen möglich ist, ist es sogar naheliegender, die Forderungsinhaberschaft als ein „die Veräußerung hinderndes Recht" i.S.v. § 771 Abs. 1 ZPO zu bezeichnen, als das Eigentum an einer Sache unter diese Definition zu fassen.

Dennoch würde es der Klarheit dienen, obligatorische Rechte in die Definition mit einzubeziehen, indem nicht von der Veräußerung des Vollstreckungsgegenstands, sondern allgemeiner von dessen „Übertragung" gesprochen wird. Daran anknüpfend ist der überholte Begriff des „die Veräußerung hindernden Rechts" mit dem Wort „Interventionsrecht" zu ersetzen. Dieser Terminus ist gegenüber der Bezeichnung „Widerspruchsrecht" zu bevorzugen, um eine Verwechslungsgefahr mit der Widerspruchsklage nach § 878 ZPO zu vermeiden.

Dagegen ist die Verwendung des Begriffs des Vollstreckungsgegenstands weniger problematisch. Ein Gegenstand mag zwar im allgemeinen Sprachgebrauch mit einer beweglichen Sache gleichgesetzt werden. Der Terminus des Vollstreckungsgegenstands wird im Zwangsvollstreckungsrecht aber neutral und nicht dinglich verwendet. Aus der Norm des § 857 Abs. 1 ZPO, welche die Vorschriften für die Forderungsvollstreckung auf die Zwangsvollstreckung in andere Vermögensrechte für anwendbar erklärt, ergibt sich, dass jegliches Vermögen des Schuldners, in das vollstreckt werden kann – mag es eine Sache, eine Forderung oder ein sonstiges Recht sein – einen „Gegenstand der Zwangsvollstreckung" darstellt.

Im Ergebnis ist die vorherrschende Definition des Interventionsrechts abstrakt genug gehalten, um über absolute Rechte hinaus, auch obligatorische und solche Rechte zu erfassen, die noch nicht in den juristischen Diskurs Eingang gefunden haben. Es bedarf jedoch einer Modifikation der verwendeten

---

777 Näher dazu: MünchKomm-BGB/*Wagner*, § 823 Rn. 368 ff.

Terminologie dahingehend, dass anstelle von einem die „Veräußerung hindernden Recht" die sich eingebürgerte Begrifflichkeit des „Interventionsrechts" verwendet und anstelle der „Veräußerung des Vollstreckungsgegenstands" dessen „Übertragung" als Prüfungskriterium gesetzlich festgelegt wird.

Zudem kann und sollte die Definition verkürzt werden, indem ihr letzter Halbsatz ersatzlos gestrichen wird. Denn der Hinweis auf die Möglichkeit des Dritten, die Veräußerung der Sache durch den Schuldner zu verhindern, weist keinen Mehrwert auf. Zur Abgrenzung eines Interventionsrechts von anderen Rechten des Dritten eignet sich bereits die Differenzierung danach, ob im Falle der Übertragung des Vollstreckungsgegenstands durch den Schuldner widerrechtlich in den Rechtskreis des Dritten eingegriffen würde oder nicht.

3. Einwendungen des Beklagten

Die Untersuchung der Drittwiderspruchsklage hat ergeben, dass diese nur dann begründet ist, wenn das Interventionsrecht des Klägers nicht durch Einwendungen des Beklagten ausgeschlossen ist.[778] Die Möglichkeit, dass der Beklagte Einwendungen erhebt, die dem Drittwiderspruchsrecht seine Grundlage entziehen, findet sich aber nicht im Gesetz. Die Bestimmung des Interventionsrechts des Dritten in § 771 ZPO beschränkt sich vielmehr auf dessen Beschreibung und damit nur auf die erste Stufe der Begründetheitsprüfung. Fraglich ist, ob dies genügt oder ob nicht auch Ausschlussgründe zu normieren wären.

Da sich die Ausschlussgründe vornehmlich darauf beziehen, dass der Dritte, der die Herausgabe des Vollstreckungsgegenstands zum Ziel hat, selbst für diesen haftet, könnte der Gesetzestext recht einfach um einen Halbsatz ergänzt werden. Mit der Formulierung „es sei denn, dass der Dritte für den Vollstreckungsgegenstand haftet" könnte Klarheit geschaffen werden. Allerdings kann der Beklagte auch geltend machen, dass das Interventionsrecht nie entstanden, erloschen oder gehemmt sei.[779] Insoweit ist eine weitere Ergänzung der Norm denkbar.

Letztlich ist beides aber nicht notwendig. Dass der Beklagte im Rahmen eines Zivilprozesses Angriffs- uns Verteidigungsmittel anbringen kann, ist im Grunde so selbstverständlich, dass dies keiner Erwähnung in § 771 ZPO bedarf. Bei den Einwendungen, die der Beklagte dem Dritten entgegenhalten kann, handelt es

---

778 Siehe C.VI.6.
779 Prütting/Gehrlein/*Scheuch*, § 771 Rn. 39; MünchKomm-ZPO/K. *Schmidt/Brinkmann*, § 771 Rn. 47; BeckOK-ZPO/*Preuß*, § 771 Rn. 35; Stein/Jonas/*Münzberg*, § 771 Rn. 56; Schuschke/Walker/Kessen/Thole/*Walker/Raebel/Thole*, § 771 Rn. 37.

sich auch nicht um spezielle Einwände. Diese fallen vielmehr unter den Begriff der Angriffs- und Verteidigungsmittel aus § 282 ZPO, der im zweiten Buch der ZPO über das Verfahren im ersten Rechtszug geregelt ist und damit auch für die Drittwiderspruchsklage gilt. Da eine knappe Darstellung zur Verständlichkeit beiträgt, sollte der Normtext des § 771 Abs. 1 ZPO insoweit nicht unnötig aufgebläht werden.

4. Änderungsvorschlag

Der Änderungsbedarf beschränkt sich mithin auf die Regelungen in § 771 Abs. 1 und Abs. 2 ZPO. Dazu schlage ich folgenden Gesetzestext vor:

§ 771 ZPO n.F.

*Behauptet ein Dritter, dass ihm an dem Gegenstand der Zwangsvollstreckung ein **Interventionsrecht** zustehe, so ist der Widerspruch gegen die Zwangsvollstreckung im Wege der Klage bei dem Gericht geltend zu machen, in dessen Bezirk die Zwangsvollstreckung erfolgt.*

Ein Interventionsrecht besteht, wenn der Schuldner mit der Übertragung des Vollstreckungsgegenstands widerrechtlich in den Rechtskreis des Dritten eingreifen würde.

Wird die Klage gegen den Gläubiger und den Schuldner gerichtet, so sind diese als Streitgenossen anzusehen.

Auf die Einstellung der Zwangsvollstreckung und die Aufhebung der bereits getroffenen Vollstreckungsmaßregeln sind die Vorschriften der §§ 769, 770 ZPO entsprechend anzuwenden. Die Aufhebung einer Vollstreckungsmaßregel ist auch ohne Sicherheitsleistung zulässig.

IV. Klage auf vorzugsweise Befriedigung

Die Unstimmigkeiten, die der Wortlaut des § 805 ZPO über die Klage auf vorzugsweise Befriedigung mit sich bringt, lassen sich auf zwei Aspekte reduzieren.

Der eine besteht darin, dass die in § 805 Abs. 1 ZPO neben den Pfandrechten genannten Vorzugsrechte nicht näher erläutert werden.[780]

Der andere betrifft ebenfalls den Abs. 1 des § 805 ZPO. Denn darin wird die Klagebefugnis einem Dritten zuerkennt, der ein Pfand- oder Vorzugsrecht

---

[780] Siehe C.VI.7.

hat, sich aber nicht im Besitz der Sache befindet.[781] Richtigerweise ist aber auch einem Dritten, der sich im Besitz der Sache befindet, die Möglichkeit einzuräumen, anstelle einer Herausgabe des Gegenstands im Wege der Drittwiderspruchsklage vorzugsweise Befriedigung an dem Erlös der verwerteten Sache zu verlangen. Denn derjenige, der die Übertragung des Vollstreckungsobjekts selbst verhindern kann, darf sich auch mit der Versteigerung der Sache einverstanden erklären. Dann steht ihm aber auch der Versteigerungserlös im Umfang seines Rechts zu.

Die Situation ist vergleichbar mit derjenigen einer Schadensersatz- oder Bereicherungsklage des Dritten nach Versteigerung eines schuldnerfremden Gegenstands. Auf diesem Wege kann der wahre Eigentümer des versteigerten Gegenstands die Herausgabe des Versteigerungserlöses von dem Vollstreckungsgläubiger verlangen.[782] Es ist nur konsequent und auch rechtsschutzintensiver, wenn der Dritte, der mehr Interesse am Versteigerungserlös als an der Sache selbst hat, die Übereignung des Erlöses aus der Versteigerung des Gegenstands an den Vollstreckungsgläubiger nicht abwarten muss, sondern im Wege der Klage auf vorzugsweise Befriedigung die unmittelbare Herausgabe des Versteigerungserlöses an sich selbst erreichen kann.

1. Beibehaltung des Wortlauts

Der Umstand, dass die Vorschrift des § 805 Abs. 1 ZPO die darin erwähnten Vorzugsrechte nicht definiert, stellt keinen Mangel dar, sondern ist sogar zu begrüßen.

Die Terminologie macht deutlich, dass der Dritte ein „besseres Recht" gegenüber dem vollstreckenden Gläubiger geltend machen muss. Um was für ein Recht es sich dabei konkret handelt, kann offenbleiben. Zwar bedarf es der Anleihen zum Absonderungsrecht nach § 51 InsO, um ein Recht unter den Begriff des Vorzugsrechts subsumieren zu können. Diese Wortwahl ermöglicht es jedoch auch Inhabern von Rechten, die in der derzeitigen Rechtsordnung noch nicht kodifiziert sind, sich aber im Laufe der Zeit herausbilden können, an dem Rechtsschutz teilzuhaben.

---

781 Siehe C.VI.8.
782 BGHZ 100, 95, 99 f.; 222, 165, 186.

2. Gleichstellung der Pfandrechte

Die Formulierung, dass der Kläger ein Dritter sein muss, „der sich nicht im Besitz der Sache befindet" ist dagegen deutlich kritischer. Ihre Lektüre erweckt den Anschein, dass ein nicht am Vollstreckungsverfahren beteiligter Dritter, der sich im Besitz der Sache befindet, die Klage auf vorzugsweise Befriedigung nicht erheben dürfe. Die Klage auf vorzugsweise Befriedigung – als mindere Drittwiderklage verstanden – erlaubt dies aber gerade.[783]

Um diese Möglichkeit zu verdeutlichen, könnte der vorbezeichnete Relativsatz gestrichen werden. Insoweit ist aber Vorsicht geboten. Denn die Entfernung dieses Halbsatzes aus dem Gesetz hätte zur Folge, dass die Klage auf vorzugsweise Befriedigung in ihrem regulären Anwendungsbereich nicht mehr mit hinreichender Deutlichkeit von der Drittwiderspruchsklage unterscheidbar wäre. Pfandrechte etwa können auch Interventionsrechte darstellen und auf diese Weise zur Drittwiderspruchsklage berechtigen. Sie können aber dann nicht mit der Drittwiderspruchsklage, sondern lediglich mit der Klage nach § 805 ZPO geltend gemacht werden, wenn der Berechtigte nicht zugleich Besitzer der gepfändeten, beweglichen Sache ist.[784] Diese Grenze wäre deutlich schwerer erkennbar, wenn der Wortlaut des § 805 Abs. 1 ZPO nicht mehr auf besitzlose Pfandrechte abstellen würde.

Bei Vorzugsrechten besteht die Besonderheit, dass diese ebenfalls mit der Drittwiderspruchsklage geltend gemacht werden können, wenn der Berechtigte gleichzeitig Besitzer des Gegenstands der Zwangsvollstreckung ist. Mit dem Verlust des Besitzes gehen die in § 51 Nr. 2 und 3 InsO genannten Zurückbehaltungsrechte unter, sofern der Besitzverlust nicht gerade im Rahmen der Pfändung des Gegenstands eintritt.[785] Dies hat zur Folge, dass sich bei derartigen Vorzugsrechten die Klage auf vorzugsweise Befriedigung auf die Fälle beschränkt, in denen der Gläubiger sie zum Zwecke der Erlösauserlangung einlegt, obwohl er auch Drittwiderspruchsklage erheben könnte.[786]

---

783 Siehe C.VI.8.

784 MünchKomm-ZPO/*K. Schmidt/Brinkmann*, § 771 Rn. 35; Wieczorek/Schütze/*Spohnheimer*, § 771 Rn. 24; Musielak/Voit/*Lackmann*, § 771 Rn. 23; *Blomeyer*, Zivilprozeßrecht, Vollstreckungsverfahren, S. 157.

785 Wieczorek/Schütze/*Lüke*, § 805 Rn. 20; MünchKomm-ZPO/*Gruber*, § 805 Rn. 13; *Brox/Walker*, Zwangsvollstreckungsrecht, § 46 Rn. 21; *Gaul/Schilken/Becker-Eberhard*, Zwangsvollstreckungsrecht, § 42 Rn. 16.

786 MünchKomm-ZPO/*Gruber*, § 805 Rn. 13.

3. Stellungnahme

Bei der Abwägung der Vor- und Nachteile einer Öffnung der Klage nach § 805 ZPO gegenüber Pfand- und Vorzugsrechten, mit denen ein Besitzrecht des Inhabers an der beweglichen Sache einhergeht, ist das bestehende Regel-, Ausnahmeverhältnis zu berücksichtigen. Die grundsätzliche Abgrenzung, dass besitzlose Pfand- und Vorzugsrechte nur zu einer Partizipation am Versteigerungserlös, Besitzrechte dagegen zur Drittwiderspruchsklage berechtigen, ist beizubehalten. Die damit zum Ausdruck gebrachte gesetzgeberische Wertung verdient Zustimmung. Dem Inhaber eines Rechts an einer Sache, der nicht gleichzeitig dessen Besitzer ist, soll im Wege des Rechtsbehelfsverfahrens nicht mehr zuerkannt werden, als ihm tatsächlich zusteht. Die Drittwiderspruchsklage dient – wie auch die Vollstreckungsabwehrklage – der Berichtigung eines Zustands, der im Zuge der Zwangsvollstreckung herbeigeführt wurde, aber dem materiellen Recht widerspricht. Hat der Dritte kein Besitzrecht an dem Vollstreckungsgegenstand, soll er dieses auch nicht im Wege der Drittwiderspruchsklage erlangen können.

Zwar wird einem besitzenden Pfand- oder Vorzugsberechtigten mit der Klage auf vorzugsweise Befriedigung die Teilhabe am Versteigerungserlös ermöglicht. Letzteres stellt aber nur den Ausnahmefall dar. In der Regel bleibt es bei der klaren Differenzierung zwischen Drittwiderspruchs- und Vollstreckungsabwehrklage anhand des Besitzrechts an der betroffenen beweglichen Sache. Dass sich dieser Ausnahmefall nicht aus dem Wortlaut des § 805 Abs. 1 ZPO ergibt, veranlasst nicht dazu, den Gesetzeswortlaut zu ändern. Es ist Gesetzen immanent, dass sie den Grundsatz regeln und sich Ausnahmefälle herausbilden. Dagegen würde eine Streichung des Hinweises auf die Besitzlosigkeit der von § 805 Abs. 1 ZPO erfassten Pfand- und Vorzugsrechte in der überwiegenden Zahl der Fälle, in denen der Kläger nicht gleichzeitig zur Drittwiderspruchsklage berechtigt ist, mehr Verwirrung stiften, als dass sie Nutzen bringen würde. Gerade im Hinblick auf die hohe Bedeutung der Abgrenzbarkeit von Rechtsbehelfen[787] sollte es bei dem bestehenden Gesetzeswortlaut verbleiben.

V. Sog. Titelgegenklage

Das Gesetz schweigt gänzlich zu der Möglichkeit, eine Titelgegenklage erheben zu können. Die Klage hat sich aus der Vollstreckungsgegenklage herausgebildet und wird von der Rechtsprechung schon seit Jahren in analoger Anwendung von

---

787 Siehe D.III.

§ 767 ZPO behandelt.[788] Die Folge ist, dass diese eigenständige Klageart[789] im Gesetz nicht geregelt ist und das Rechtsbehelfssystem der Zwangsvollstreckung noch unübersichtlicher macht.

Zu prüfen ist aber zunächst, ob die derzeitige Vorgehensweise eine gangbare Alternative zur Niederlegung der Titelgegenklage im Gesetz ist. Denn auch eine Normierung hätte ihre Schattenseiten. Die ohnehin bereits große Zahl der geschriebenen Rechtsbehelfe würde erhöht. Dies ist nur dann zu rechtfertigen, wenn tatsächlich ein Erfordernis für eine Kodifikation besteht.

1. Analoge Anwendung von § 767 ZPO

Die Verwendung eines ungeschriebenen Rechtsbehelfs im Wege der analogen Anwendung einer Vorschrift, die deutlich darauf hinweist, dass von ihr nur solche Einwendungen erfasst werden, welche den titulierten Anspruch selbst betreffen, erfordert, dass die Voraussetzungen einer Analogie auch tatsächlich vorliegen. Zur analogen Anwendung einer Vorschrift bedarf es neben einer Regelungslücke auch einer vergleichbaren Interessenlage.

a) Regelungslücke

Bereits das Vorliegen einer Regelungslücke wird für die Titelgegenklage bezweifelt. Es besteht die Auffassung, dass der Schuldner mit den geschriebenen Rechtsbehelfen ausreichenden Rechtsschutz erlangen könne. Insoweit werden insbesondere die Feststellungsklage[790] nach § 256 Abs. 1 ZPO und die Titelherausgabeklage[791] analog § 371 BGB genannt. Beide Klagearten schließen aber die bestehende Lücke nicht.

Mit der Feststellungsklage kann etwa die Reichweite des Titels festgestellt werden.[792] Dem Schuldner geht es aber im Falle der Titelgegenklage nicht um die Klärung der Frage, inwieweit der Gläubiger aus dem Titel vollstrecken kann. Auch die Feststellung, dass der Titel keinen vollstreckungsfähigen Inhalt hat, entspricht nicht seinem Rechtsschutzziel. Um die Einstellung der Zwangsvollstreckung zu erreichen, bedarf der Schuldner vielmehr einer Entscheidung nach § 775 Nr. 1 ZPO, welche die Zwangsvollstreckung aus dem Titel

---

788 Siehe C.VII.2.

789 Siehe C.VII.4.,5.b).

790 *Meier*, ZZP 133 (2020), 51, 64, 67.

791 *Meier*, ZZP 133 (2020), 51, 64 ff.

792 BGH NJW 1997, 2320, 2321; Thomas/Putzo/*Seiler*, § 767 Rn. 8.

für unzulässig erklärt. Der Tenor eines Feststellungsurteils entspricht diesen Anforderungen nicht.

Die Titelherausgabeklage hält der Bundesgerichtshof dagegen für zulässig, wenn der Gläubiger einen Titel gegen den Schuldner in den Händen hält und damit die Zwangsvollstreckung betreiben könnte. Voraussetzung ihrer Stattgabe ist allerdings, dass der dem Titel zu Grunde liegende Anspruch erweislich nicht mehr besteht oder das Nichtbestehen des titulierten Anspruchs zwischen den Parteien unstreitig ist, über die Vollstreckungsabwehrklage bereits rechtskräftig entschieden ist oder die Klage gleichzeitig mit der Vollstreckungsgegenklage erhoben wird.[793] Damit soll eine Umgehung der Voraussetzungen des § 767 ZPO und dabei insbesondere der Präklusionsvorschrift des § 767 Abs. 2 ZPO verhindert werden.[794]

Im Falle der Unwirksamkeit des Titels besteht die Möglichkeit der Titelherausgabeklage analog § 371 BGB ebenfalls.[795]

Diese Klageform ersetzt die Titelgegenklage aber nicht. Sie dient lediglich dem Schließen einer Rechtsschutzlücke, die trotz der Stattgabe der Titelgegenklage entstehen könnte, wenn der Schuldner bei einem Vollstreckungsversuch des Gläubigers die vollstreckbare Ausfertigung des Urteils nicht unmittelbar zur Hand hat.[796]

Mit einem anderen Ansatz wird ebenfalls eine Regelungslücke verneint. Danach kann die Unwirksamkeit des Titels von dem Schuldner vorrangig mit der Klauselerinnerung und anderenfalls mit der Erinnerung gegen die Art und Weise der Zwangsvollstreckung geltend gemacht werden.[797] Zutreffend wird insoweit darauf hingewiesen, dass auf diese Weise die Vollstreckung verhindert würde.[798] Eine Lösung für das Rechtsschutzziel des Schuldners, einem unwirksamen Titel die Vollstreckbarkeit zu nehmen, bietet dies aber nicht. Die vorgeschlagenen Rechtsbehelfe können lediglich die Zwangsvollstreckung aus einer bestimmten, gegen den Erinnerungsführer erteilten vollstreckbaren Ausfertigung des Titels[799] bzw. einzelne Vollstreckungsmaßnahmen[800] für unzulässig erklären.

---

793 BGHZ 127, 146, 148 ff.; BGH NJW 1994, 1161, 1162; NJW 2009, 1671, 1672; NJW-RR 2014, 195, 196.
794 BGH NJW 2009, 1671, 1672.
795 BGH NJW 2015, 1181, 1183.
796 BGH NJW 2015, 1181, 1183.
797 *Sutschet*, ZZP 119 (2006), 279, 293 ff.
798 *Sutschet*, ZZP 119 (2006), 279, 293 f.
799 Thomas/Putzo/*Seiler*, § 732 Rn. 2.
800 Ähnlich: Thomas/Putzo/*Seiler*, § 766 Rn. 11.

Mit der Rechtsprechung ist folglich das Bestehen einer Regelungslücke für die Titelgegenklage zu bejahen.

b) Vergleichbare Interessenlage

Ob auch eine vergleichbare Interessenlage zwischen der Vollstreckungsabwehrklage und der Titelgegenklage besteht, ist dagegen nicht in gleicher Weise eindeutig zu beantworten.

In der Rechtsprechung wird dies mit der Begründung bejaht, dass es auch bei der Titelgegenklage um die Beseitigung der Vollstreckungsfähigkeit des Titels gehe.[801] Das ist insoweit gerechtfertigt, als das Rechtsschutzziel, dem Titel die Vollstreckbarkeit zu nehmen, sowohl in dem Fall, dass der dem Titel zu Grunde liegende Anspruch nicht besteht, als auch bei einer Unwirksamkeit des Titels dasselbe ist.

Stellt man dagegen auf die Einwendungen ab, die mit der jeweiligen Klageart erhoben werden können, bestehen größere Diskrepanzen. Mit der Vollstreckungsgegenklage werden durchgängig materielle Einwendungen gegen den titulierten Anspruch geltend gemacht. Im Rahmen der Titelgegenklage sind nicht nur materielle Einwendungen, sondern auch solche Einwendungen statthaft, die nicht im materiellen Recht ihre Grundlage haben, aber die Vollstreckbarkeit des Titels betreffen. Die Prüfung, ob etwa ein Titel einen Anspruch zuerkennt, der so bestimmt ist, dass er für der Zwangsvollstreckung geeignet ist, ist eine andere als beispielsweise die materielle Prüfung von Erlöschensgründen.

Auch der Streitgegenstand der beiden Klagearten ist nicht gleichzusetzen. Geht man vom zweigliedrigen Streitgegenstandsbegriff aus, wird zwar der Klageantrag derselbe sein. Der von dem Kläger darzulegende Lebenssachverhalt, aus dem sich seine Einwendungen ergeben, unterscheidet sich jedoch. In dem einen Fall geht es um den Titel als solchen, in dem anderen um den zuerkannten Anspruch.

Da es für eine Analogie aber keines Gleichlaufs bedarf, sondern eine vergleichbare Interessenlage genügt, vermag diese im Verhältnis zwischen Titelgegenklage und Vollstreckungsgegenklage noch bejaht zu werden. Denn zum Teil wird sich der Lebenssachverhalt, den der Kläger vorträgt, im Hinblick auf beide Klagearten decken. Es geht um dieselben Parteien, um dasselbe Verfahren, in dem der Titel geschaffen wurde, und auch das Zwangsvollstreckungsverfahren ist Gegenstand beider Klagen. Der Grund, welcher der Vollstreckbarkeit des

---

801 BGHZ 124, 164, 171; OLG Köln NJW-RR 1999, 431 f.

Titels widerspricht, ist jedoch ein anderer. Dieser Auslöser für die fehlende Vollstreckbarkeit des Titels ist zwar für die Klage und ihre Begründung sehr bedeutsam, er überwiegt aber angesichts der sonstigen den Streitgegenstand bildenden Faktoren nicht derart, dass eine vergleichbare Interessenlage abzulehnen wäre.

2. Schaffung einer neuen Vorschrift

Dennoch kann die analoge Anwendung einer Vorschrift kein Dauerzustand für eine anerkannte Klageart sein, die sich in ihrem Kern von der angewandten Norm unterscheidet.[802] Denn das Rechtsbehelfssystem in der Zwangsvollstreckung ist gerade von den Einwendungen geprägt, die mit den unterschiedlichen Rechtsbehelfen erhoben werden können. Diese haben eine Ordnungsfunktion, die vorrangig auch darin besteht, die Rechtsschutzmöglichkeiten voneinander zu unterscheiden.[803]

Diese zentrale Aufgabe der einzelnen Einwendung im Rahmen einer Klage führt dazu, dass es nicht hingenommen werden kann, eine eigenständige Klageform anzunehmen, mit der Einwendungen geltend gemacht werden können, die das Gesetz als solche nicht vorsieht. Die Nachteile, die damit für das Rechtsbehelfssystem als Ganzes verbunden sind, überwiegen gegenüber den Bedenken, welche die Schaffung einer neuen Vorschrift mit sich bringt. Die Erhöhung der Anzahl der geschriebenen Rechtsbehelfe scheint auf ersten Blick dessen Komplexität zu steigern. Befasst man sich näher mit diesem Gedanken, wird aber deutlich, dass eine Niederlegung der Titelgegenklage im Gesetz die derzeitigen Strukturen vereinfachen würde.

Wenn neben einer Vielzahl geschriebener Rechtsbehelfe auch noch ungeschriebene anerkannt werden, kann es dazu kommen, dass das gesamte System hinterfragt wird, weil es nicht mehr aus sich heraus verständlich ist. Eine Normierung der ungeschriebenen Klageform der Titelgegenklage kann dazu beitragen, im achten Buch der ZPO ein in sich geschlossenes Rechtsbehelfssystem zu schaffen.

Die Titelgegenklage könnte in einer eigenen numerischen Vorschrift oder als weiterer Absatz zu § 767 ZPO geregelt werden.

---

802 Für eine ausdrückliche gesetzliche Regelung auch: *Klose*, NJ 2016, 45, 48.
803 Siehe C.I.

a) Verwendung des Begriffs der Einwendungen

Die Hauptschwierigkeit, welche eine Regelung mit sich bringt, ist die abstrakte Erfassung der Einwendungen, die mit der Klage erhoben werden können. Aus der Konzeption einer neuen Vorschrift sollte deutlich hervorgehen, inwieweit sich diese von den Einwänden, die mit der Vollstreckungsabwehrklage geltend gemacht werden können, unterscheiden.

In der Norm des § 767 Abs. 1 ZPO wird der Begriff der „Einwendungen" verwendet. Um auf das bestehende Verständnis aufzubauen und nicht mit neuen Begrifflichkeiten Verwirrung hervorzurufen, ist es naheliegend, auch für die Regelung der Titelgegenklage den Terminus zu gebrauchen. Mit der Beschreibung, welche Einwendungen konkret gemeint sind, kann eine klare Abgrenzung zur Vollstreckungsabwehrklage erreicht werden.

Dies setzt jedoch voraus, dass die Bezeichnung „Einwendungen" auch auf die Titelgegenklage passt. Das wäre nicht der Fall, wenn das Wort materiellrechtlich konnotiert ist. Das Gesetz unterscheidet in § 767 Abs. 1 ZPO aber nicht nach der Art der Einwendungen, sondern nach dessen Adressaten.[804] Auch der Umstand, dass die Einwendungen sich auf den titulierten Anspruch selbst beziehen müssen, ergibt sich nicht aus der Bezeichnung „Einwendungen", sondern dem folgenden Halbsatz „die den durch das Urteil festgestellten Anspruch selbst betreffen". Aus dieser Formulierung lässt sich schließen, dass der Begriff der Einwendung neutral ist. Es handelt sich um einen Oberbegriff für Einwände sowohl materieller als auch formeller Art. Erst durch die nähere Beschreibung der Einwendung erfährt diese ihre Ordnungsfunktion.

Dieses Ergebnis wird durch einen systematischen Vergleich bestätigt. In § 766 Abs. 1 ZPO ist ebenfalls die Rede von „Einwendungen". Mit der Vollstreckungserinnerung kann aber unstreitig keine materielle Prüfung erreicht werden.[805] Auch insoweit hat der Gesetzgeber mit der Anfügung eines Relativsatzes die statthaften Einwände beschrieben. Erst mit der Erläuterung, dass es sich um Einwendungen, „welche die Art und Weise der Zwangsvollstreckung oder das vom Gerichtsvollzieher bei ihr zu beobachtende Verfahren betreffen," handeln muss, werden die Einwendungen näher konkretisiert.

---

804 *Windel*, ZZP 102 (1989), 175, 203.
805 Siehe C.II.1.a).

b) Unterscheidung von Einwendungen

Mit der Titelgegenklage wendet sich der Kläger im Allgemeinen gegen die Vollstreckbarkeit des Titels wegen dessen Unwirksamkeit. Im Speziellen können die Einwendungen ihre Grundlage im materiellen, aber auch im formellen Recht haben.

Dennoch sollte von den Begrifflichkeiten der materiellen und formellen Einwendungen Abstand genommen werden. Erstere sind noch recht eindeutig zu bestimmen, letztere dagegen nicht.

Möchte man formelle Einwände spiegelbildlich zu materiellen Einwendungen verstehen, wäre es folgerichtig, den Terminus der formellen Einwendungen nur bei Verstößen gegen das Verfahrensrecht zu verwenden. Dies entspräche dem Verständnis von § 766 Abs. 1 ZPO. Denn gerade die Einwendungen, die im Wege der Vollstreckungserinnerung geltend gemacht werden können, werden als „formell" bezeichnet. Das Beispiel des Einwands der Unbestimmtheit eines Titels hat hingegen gezeigt, dass es Einwendungen gibt, die nicht ausschließlich in eine der beiden Kategorien passen.[806]

Darüber hinaus ist zu beachten, dass die Rechtsprechung die „prozessuale Ordnungsgemäßheit"[807] eines Titels, aus dem sich der Gläubiger und der Schuldner hinreichend ergeben, ausschließlich im Klauselerteilungsverfahren geprüft wissen möchte.

Jedoch ist die Begründung des Bundesgerichtshofs dazu nicht unproblematisch. Nimmt man den Standpunkt des Klauselerteilungsorgans ein, dessen Tätigkeit im Rahmen der Erinnerung gegen die Vollstreckungsklausel überprüft wird, bedarf es für die Ermittlung des Vollstreckungsgläubigers in Zweifelsfällen genauso einer Auslegung des Titels wie in den Fällen, in denen etwa die von dem Schuldner zu erbringende Leistung nicht ohne Weiteres aus dem Titel hervorgeht. Von dem Grundsatz der Formalisierung der Zwangsvollstreckung und der zu diesem Zwecke eingeschränkten Prüfungskompetenzen der Klauselerteilungsorgane ausgehend, ist fraglich, ob es im Einzelfall einfacher ist, einer notariellen Urkunde den Gläubiger oder die geschuldete Leistung zu entnehmen. Das Argument, die Titelgegenklage habe die Unbestimmtheit des titulierten Anspruchs zum Gegenstand, vermag nur wenig zu überzeugen. Sofern tatsächlich auf den titulierten Anspruch abgestellt wird, kann ein solcher ohne die Person, die ihn geltend machen kann, kaum beschrieben werden. Dies

---

806 Siehe C.VII.2.
807 BGHZ 185, 133, 139; BGH NJW-RR 2004, 1135, 1136; NJW 2015, 1181 f.

verdeutlicht nicht zuletzt die Vorschrift des § 241 Abs. 1 S. 1 BGB, die für die Definition des Schuldverhältnisses nicht ohne die Begriffe des Gläubigers und des Schuldners auskommt.

Der Einwand gegen die prozessuale Ordnungsgemäßheit des Titels wird vielmehr vom Ergebnis her entwickelt worden sein. Erst aus dieser Perspektive erschließt sich die Rechtsprechung. Denn das Klauselerteilungsorgan hat vor Erteilung der Vollstreckungsklausel nach § 725 ZPO vorwiegend die Identität zwischen dem Antragssteller und dem Antragsgegner des Klauselerteilungsverfahrens mit den Parteien des Erkenntnisverfahrens abzugleichen. Besteht diese nicht, bedarf es einer qualifizierten Klausel nach §§ 726, 727 ZPO. Wollte man dem Klauselerteilungsorgan die Prüfung der Anspruchsinhaberschaft zutrauen, müsste man dies konsequenterweise auch hinsichtlich des Anspruchsinhalts tun. Der verwendete Begriff der prozessualen Ordnungsgemäßheit des Titels impliziert jedoch, dass eine Auslegung im Klauselerteilungsverfahren nicht erwartet wird.

Was ein prozessual ordnungsgemäßer Titel ist, kann nur erahnt werden. Aus den höchstrichterlich entschiedenen Fällen[808] ergibt sich, dass zumindest ein bestimmter Gläubiger und ein entsprechender Schuldner aus dem Titel erkennbar sei müssen. Diese Rechtsprechung hat zur Konsequenz, dass bereits im Klauselerteilungsverfahren moniert werden kann, dass ein Titel, aus dem der Gläubiger oder der Schuldner nicht hinreichend bestimmt erkennbar ist, für die Zwangsvollstreckung wertlos ist. Ist demgegenüber der titulierte Anspruch nicht hinreichend bestimmt bezeichnet, kann dies nicht im Klauselerteilungsverfahren, sondern mit der Titelgegenklage geltend gemacht werden.

Davon abgesehen sind solche Einwendungen, die sich gegen die Wirksamkeit des Titels richten, mit der Titelgegenklage geltend zu machen. Dieser Grundsatz sollte sich im Gesetzestext wiederfinden. Die dargestellte Abgrenzungsproblematik zur Klauselerinnerung nach § 732 ZPO wird nur selten bedeutsam. In den allermeisten Fällen werden sowohl der Vollstreckungsgläubiger als auch der Vollstreckungsschuldner hinreichend deutlich aus dem Titel hervorgehen. Die Schwierigkeit der Abgrenzung zwischen der Titelgegenklage und der Vollstreckungserinnerung ist nicht derart gravierend, dass sie einer Klarstellung im Gesetzestext bedürfte.

---

808 BGHZ 185, 133, 139; BGH NJW-RR 2004, 1135, 1136.

c) Kodifizierung einer eigenen Präklusionsvorschrift

Einer dem § 767 Abs. 2 ZPO entsprechenden Präklusionsvorschrift bedarf es für die Titelgegenklage nicht.

Da mit der Titelgegenklage gerade die Unwirksamkeit des Vollstreckungstitels geltend gemacht wird, besteht keine Notwendigkeit für einen Schutz der materiellen Rechtskraft. Die Titelgegenklage findet zudem typischerweise bei notariellen Urkunden und Vergleichen Anwendung, die der materiellen Rechtskraft ohnehin nicht fähig sind.

Anders verhält es sich mit der Vorschrift des § 767 Abs. 3 ZPO. Zwar wird mit einer Titelgegenklage überwiegend die Unwirksamkeit eines Titels geltend gemacht, welcher der Rechtskraft nicht fähig ist. Die Vorschrift des § 767 Abs. 3 ZPO dient, aber anders als § 767 Abs. 2 ZPO, gerade nicht der Protektion der materiellen Rechtskraft, sondern der Verfahrenskonzentration.[809] Die für das gesamte Zivilprozessrecht zu beachtende Maxime, die Prozessökonomie zu wahren,[810] gilt auch für die Titelgegenklage. Es ist sinnvoll und ressourcenschonend, alle Einwendungen, die der Schuldner gegen die Wirksamkeit des Titels erheben kann, in einer einzigen Klage geltend zu machen.

Mithin hat eine Vorschrift zur Titelgegenklage auch eine Regelung zu enthalten, aus der deutlich wird, dass der Kläger schon bei der Erhebung der ersten Titelgegenklage sämtliche ihm zur Verfügung stehende Einwendungen vorbringen muss.

d) Verweis auf die Bestimmungen zur Vollstreckungsabwehrklage

Die Bestimmung einer entsprechenden Präklusionsnorm muss aber nicht zwingend ausformuliert werden. Die Untersuchung[811] hat ergeben, dass die Vorschrift des § 767 Abs. 3 ZPO hinsichtlich des Bezugspunkts der Präklusion aus sich heraus verständlich ist und nach einer Korrektur des Präklusionszeitpunkts auf den Schluss der mündlichen Verhandlung im gleichen Maße für die Titelgegenklage gilt. Daher ist es sinnvoll, im Rahmen der Konzeption der Norm zur Titelgegenklage auf die Vorschrift des § 767 Abs. 3 ZPO zu verweisen. Auf diese Weise wird zudem deutlich, dass sich die Grundsätze zur Bündelung mehrerer Titelgegenklagen nicht von denen nacheinander eingelegter Vollstreckungsgegenklagen unterscheiden.

---

809 Siehe C.VI.4.a)
810 Siehe B.III.1.c).
811 Siehe F.II.3., 5. und C.VII.5.b).

3. Formulierungsvorschlag

Zu entscheiden bleibt, ob die Vorschrift zur Titelgegenklage selbstständig in einer eigenen Norm oder als weiterer Absatz zu § 767 ZPO geregelt werden sollte. Vor dem Hintergrund der jahrzehntelangen Rechtsprechungsentwicklung[812], in der die Nähe zur Vollstreckungsgegenklage im Wege der analogen Anwendung der Vorschrift des § 767 Abs. 1 ZPO fortwährend betont wurde, sollte die Titelgegenklage in einem vierten Absatz in § 767 ZPO festgehalten werden. Ein Verweis auf die nahe gelegene Vorschrift des § 767 Abs. 3 ZPO erleichtert darüber hinaus die Lesbarkeit.

Ein weiterer Vorteil dieser Vorgehensweise besteht darin, dass damit die Möglichkeit der Beantragung einstweiligen Rechtsschutzes eröffnet wird, ohne dies gesondert für die Titelgegenklage normieren zu müssen. Denn in § 769 ZPO ist geregelt, dass das Prozessgericht bis zum Erlass eines Urteils auf Antrag über die in § 767 ZPO bezeichneten Einwendungen die Zwangsvollstreckung einstellen kann.

Daraus ergibt sich folgender Normierungsvorschlag:

§ 767 Abs. 4 ZPO n.F.

Einwendungen, die sich gegen die Wirksamkeit des Titels richten, sind von dem Schuldner im Wege der Klage bei dem Prozessgericht des ersten Rechtszuges geltend zu machen. Abs. 3 findet entsprechende Anwendung.

VI. Rechtsbehelf gegen die Unwirksamkeit des Vergleichs

Ein eher verstecktes, aber mit der Titelgegenklage in Zusammenhang stehendes Problem besteht darin, dass die Rechtsbehelfsmöglichkeiten des Schuldners gegen die Zwangsvollstreckung aus einem Prozessvergleich bislang keinerlei Erwähnung im Gesetz gefunden haben.

1. Ausschluss der Präklusion nach § 767 Abs. 2 ZPO für Prozessvergleiche

Die Möglichkeit der Zwangsvollstreckung aus einem Prozessvergleich ist in § 794 Abs. 1 Nr. 1 ZPO ausdrücklich genannt. Über § 795 S. 1 ZPO findet die Vollstreckungsgegenklage auch auf Einwendungen gegen Vergleiche Anwendung, aber schon im Hinblick auf den Ausschluss der Präklusionsvorschrift des § 767

---

812 Siehe C.VII.2.

Abs. 2 ZPO müssen Anleihen zur Zwangsvollstreckung aus einer notariellen Urkunde gemacht werden. Mangels eigener Vorschrift wird § 797 Abs. 4 ZPO auf den Prozessvergleich analog angewendet.[813]

Diese Analogie muss angesichts der hohen Zahl durch Vergleich beendeter Verfahren häufig bemüht werden. Daher sollte auch für den Prozessvergleich eine entsprechende Regelung im Gesetz festgehalten werden.

2. Fortsetzung des Verfahrens

Die „Vernachlässigung" des gerichtlichen Vergleichs durch den Gesetzgeber setzt sich fort. Auch die bereits seit Jahren bestehende Möglichkeit, mittels Fortsetzung des Verfahrens Rechtsschutz gegen anfänglich unwirksame Prozessvergleiche zu erlangen, hat bislang keinerlei Eingang in das Gesetz gefunden.

Eine separate Regelung wäre entbehrlich, wenn auch die anfängliche Unwirksamkeit eines Prozessvergleichs mit der Vollstreckungsabwehrklage oder mit der Titelgegenklage gelöst werden könnte.

Mit der Argumentation, dass die erfolgreiche Geltendmachung von Einwendungen, die sich gegen die prozessbeendigende Wirkung des Prozessvergleichs richten, auch den titulierten materiellen Anspruch entfallen ließe, wurde die Statthaftigkeit der Vollstreckungsgegenklage in der Vergangenheit vereinzelnd[814] auch für diesen Fall bejaht. Genauso könnte aber auch die prozessuale Wirkung des Prozessvergleichs in den Vordergrund gerückt und die Titelgegenklage für einschlägig erachtet werden. Da die Titelgegenklage gerade für den Einwand der Unwirksamkeit von Vollstreckungstiteln entwickelt wurde, ist dies sogar naheliegend.

Problematisch ist jedoch, dass die Anwendung der Vollstreckungsgegenklage oder der Titelgegenklage auf alle Fälle der anfänglichen Unwirksamkeit des Prozessvergleichs dem Umstand, dass der Vergleich eine Doppelnatur hat, nicht gebührend Rechnung tragen würde. Anfängliche und nachträgliche Unwirksamkeitsgründe lassen sowohl das materielle Rechtsgeschäft als auch die Prozesshandlung des Vergleichsschlusses entfallen. Soweit die Vollstreckungsgegenklage statthaft sein soll, wenn der Bestand des Vergleichs wegen

---

813 BVerfG NJW-RR 2018, 695 f.; BGH NJW 1953, 345; NJW-RR 1987, 1022, 1023; Zöller/*Herget*, § 767 Rn. 20; Thomas/Putzo/*Seiler*, § 767 Rn. 25; Saenger/*Kindl*, § 767 Rn. 20.1.; Wieczorek/Schütze/*Spohnheimer*, § 767 Rn. 74; Prütting/Gehrlein/*Scheuch*, § 767 Rn. 38.

814 So: *Kühne*, NJW 1967, 1115, 1116.

dessen nachträglicher Unwirksamkeit in Frage gestellt wird,[815] hängt dies mit der Grundkonzeption der Vollstreckungsabwehrklage zusammen. Bei dieser geht es gerade darum, dass ein zunächst vollstreckbarer Anspruch nachträglich aus materiellen Gründen wegfällt. Soweit der Vergleich aber schon von Anfang an unwirksam war, wird gerade die anfängliche und nicht die nachträgliche Unwirksamkeit des Titels geltend gemacht.

Nicht zu leugnen ist, dass es deutlich einfacher und für den Schuldner auch finanziell von Vorteil ist, das ursprüngliche Verfahren fortzusetzen, anstatt eine weitere Klage zu erheben. Die Möglichkeit der Fortsetzung des ursprünglichen Verfahrens dient darüber hinaus nicht nur dem Schuldnerschutz, sie ist auch prozessökonomisch. Dogmatisch ist es daher richtig, im Falle der Geltendmachung der anfänglichen Unwirksamkeit eines Prozessvergleichs das Rechtsschutzbedürfnis für die Vollstreckungsgegenklage zu verneinen.

3. Formulierungsvorschlag

Einer Regelung dahingehend, dass im Falle der Geltendmachung der nachträglichen Unwirksamkeit des Prozessvergleichs eine Vollstreckungsgegenklage erhoben werden kann, bedarf es indes nicht. Diese Möglichkeit ergibt sich bereits daraus, dass die Norm des § 795 S. 1 ZPO die Vollstreckungsgegenklage nach § 767 ZPO auch für den Prozessvergleich für anwendbar erklärt.

In Anbetracht der Komplexität der Materie sollte aus Klarstellungsgründen auch der Rechtsschutz gegen die Zwangsvollstreckung aus Prozessvergleichen wegen anfänglicher Unwirksamkeit Eingang in das Gesetz finden.

Es stellt sich die Frage, welcher Ort für eine entsprechende Regelung geeignet ist. In Betracht kommt zunächst eine Ergänzung des § 795b ZPO. Diese Vorschrift enthält eine Bestimmung zur Erteilung der Vollstreckungsklausel über Prozessvergleiche, deren Wirksamkeit ausschließlich vom Eintritt einer sich aus der Verfahrensakte ergebenden Tatsache abhängig ist. Darunter fallen insbesondere gerichtliche Vergleiche, die unter einem Widerrufsvorbehalt stehen. Zur Vollstreckung solcher Titel bedarf es keiner qualifizierten Klausel nach § 726 Abs. 1 ZPO, sondern lediglich einer einfachen Klausel, die von dem Urkundsbeamten der Geschäftsstelle erteilt wird.[816]

---

815 BGH NJW 1977, 583 f.; NJW 1966, 1558 f.; Wieczorek/Schütze/*Spohnheimer*, § 767 Rn. 9; Thomas/Putzo/*Seiler*, § 794 Rn. 36a.

816 Musielak/Voit/*Lackmann*, § 795b Rn. 1; MünchKomm-ZPO/*Wolfsteiner*, § 795b Rn. 1; Saenger/*Kindl*, § 795b Rn. 1.

Alternativ kommt die Neukonzeption einer Norm in Betracht. Da die Vorschrift des § 797 Abs. 4 ZPO, die notarielle Urkunden behandelt, zum Ausschluss der Präklusion nach § 767 Abs. 2 ZPO analog auf Prozessvergleiche angewendet wird und sich in § 797a ZPO ähnliche Regelungen zu Gütestellenvergleichen finden, ist es systematisch sinnvoll, diesen Normen mit einem § 797b ZPO eine Vorschrift zum Verfahren bei gerichtlichen Vergleichen anzuschließen. Eine solche Vorgehensweise hat einen weiteren Vorteil. Bei der Gelegenheit kann die analoge Anwendung von § 797 Abs. 4 ZPO auf Prozessvergleiche mittels eines Verweises auf die vorstehende Norm ausdrücklich angeordnet werden. Um deutlich zu machen, dass in Abgrenzung zu Anwaltsvergleichen i.S.v. § 796a ZPO lediglich vollstreckbare gerichtliche Vergleiche erfasst werden sollen, ist ein Hinweis auf die Vorschrift des § 794 Abs. 1 Nr. 1 ZPO erforderlich.

Zwei Vorschriften zur Zwangsvollstreckung aus gerichtlichen Vergleichen würden auch keine Wiederholungen mit sich bringen. Denn die Vorschrift des § 795b ZPO betrifft nur eine bestimmte Art von Prozessvergleichen und auch nur das der Zwangsvollstreckung vorgelagerte Klauselerteilungsverfahren. Ein neu einzuführender § 797b ZPO würde dagegen jegliche Prozessvergleiche nach § 794 Abs. 1 Nr. 1 ZPO erfassen und sich ausschließlich auf das Vollstreckungs- und das dazugehörige Rechtsbehelfsverfahren beziehen.

Der Antrag auf Fortsetzung des Verfahrens bei anfänglicher Unwirksamkeit des Prozessvergleichs sollte in konsequenter Beibehaltung der Ordnungsstruktur des Gesetzes mit einer Beschreibung der statthaften Einwendungen eingegrenzt werden. Um die Möglichkeit der Fortsetzung des Verfahrens von der Titelgegenklage zu unterscheiden und sie in ein Spezialitätsverhältnis zu setzen, sollte – anders als bei der Titelgegenklage – nicht die Bezeichnung „Einwendungen, die sich gegen die Wirksamkeit des Titels richten", sondern der Terminus „Einwendungen, die sich gegen die anfängliche Wirksamkeit des gerichtlichen Vergleichs richten" verwendet werden.

Da das ursprüngliche Verfahren fortgeführt werden soll, kommt ausschließlich das Prozessgericht des ersten Rechtszuges als zuständiges Gericht in Betracht.

In diesem Zusammenhang sollte auch die Möglichkeit der Beantragung einstweiligen Rechtsschutzes normiert werden. Denn die Fortsetzung des ursprünglichen Verfahrens verhindert die Zwangsvollstreckung aus dem unwirksamen Vergleich nicht. In Fortführung der Gesetzessystematik kann dies mit einem Verweis auf Vorschriften zum einstweiligen Rechtsschutz erreicht werden. Da es sich bei der Fortsetzung des Verfahrens um kein gesondertes Klageverfahren handelt, passt ein Verweis auf die Vorschrift des § 707 ZPO zur Wiedereinsetzung in den vorherigen Stand und der Wiederaufnahme des Verfahrens besser als ein Verweis auf § 769 ZPO, der den einstweiligen Rechtsschutz im Rahmen der Vollstreckungsabwehrklage regelt.

Im Ergebnis wird daher die Einführung folgender Vorschrift vorgeschlagen:

§ 797b ZPO

Verfahren bei gerichtlichen Vergleichen

Für Vergleiche, die vor einem deutschen Gericht geschlossen sind (§ 794 Abs. 1 Nr. 1), gilt die Vorschrift des § 797 Abs. 4 entsprechend.

Einwendungen, die sich gegen die anfängliche Wirksamkeit des gerichtlichen Vergleichs richten, sind von dem Schuldner im Wege der Fortsetzung des Verfahrens bei dem Prozessgericht des ersten Rechtszuges geltend zu machen. § 707 ZPO gilt entsprechend.

G. Fazit

Die Untersuchung hat gezeigt, dass im Laufe der Zeit vielfältige Diskussionen um die Rechtsbehelfe in der Zwangsvollstreckung entstanden sind. Die Streitpunkte bestehen zum Teil schon seit vielen Jahren. Mit den Veränderungen, sie sich sowohl im materiellen Zivilrecht als auch im Verfahrensrecht ergeben, wird es immer schwieriger, die hergebrachten Strukturen auf die neuen Sachverhalte anzuwenden.

Inwiefern das bestehende Rechtsbehelfssystem die aufgezeigten Problemstellungen zu lösen vermag, kann nicht pauschal, sondern nur für jeden Rechtsbehelf gesondert beantwortet werden.

Die Frage, ob es sich bei der Vollstreckungserinnerung um ein Zwei-Parteien-Verfahren handelt, kann ohne Korrektur der Regelungen in § 766 Abs. 1 und Abs. 2 ZPO bejaht werden. Die Einbeziehung des Vollstreckungsorgans in das Rechtsbehelfsverfahren würde den in der Zwangsvollstreckung geltenden Strukturen, die von der Dispositionsfreiheit des Vollstreckungsgläubigers und der Neutralität des Vollstreckungsorgans geprägt sind, widersprechen.

Anders verhält es sich mit der Diskussion um die Abgrenzung zwischen Vollstreckungserinnerung und sofortiger Beschwerde. Rechtssicherheit kann nur gewährleistet werden, indem der Gesetzgeber die Unterscheidung konkret im Gesetz niederlegt. Vorzugswürdig ist die Umwandlung der Vollstreckungserinnerung zu einem Rechtsbehelf, der sich ausschließlich gegen die Tätigkeit des Gerichtsvollziehers richtet. Zur Anerkennung der Kompetenzen des Gerichtsvollziehers sowie zur Verdeutlichung, dass die bisherigen Abgrenzungskriterien aufgegeben werden, sollte auch die Vollstreckung durch den Gerichtsvollzieher als Entscheidung bezeichnet und diesem eine Abhilfebefugnis zuerkannt werden.

Die gegensätzlichen Auffassungen zum Verständnis der Präklusionsvorschrift des § 767 Abs. 2 ZPO müssen dagegen nicht durch den Gesetzgeber aufgelöst werden. Der Umstand, dass im Rahmen des in § 767 Abs. 3 ZPO geregelten Konzentrationsgebots noch immer auf die Erhebung der Klage abgestellt wird, anstatt Einwendungen bis zum Schluss der mündlichen Verhandlung zuzulassen, ist jedoch zu korrigieren. Die dazu bestehende, dem Gesetzestext widersprechende, einhellige Auffassung zu dem Präklusionszeitpunkt sollte den Gesetzgeber zum Handeln veranlassen.

Zur Klärung der Problematik, welche Interventionsrechte im Rahmen der Drittwiderspruchsklage geltend gemacht werden können, bedarf es einer

Änderung der Definition des in § 771 Abs. 1 ZPO geregelten Interventionsrechts. Der überkommene Wortlaut ist mittels einer Modifikation der von der
Rechtsprechung entwickelten Definition zu korrigieren. Das ist gerade im Hinblick auf die sich abzeichnenden Interventionsrechte im digitalen Zeitalter drin-
gend erforderlich. Dagegen bedarf es keiner ausdrücklichen Erwähnung des
Rechts des Beklagten, Einwendungen gegen die Drittwiderspruchsklage geltend
zu machen.

Eine Korrektur der Vorschrift des § 805 ZPO über die Klage auf vorzugsweise Befriedigung ist hingegen nicht notwendig. Von dem Wortlaut der Norm
ist zwar nicht die Möglichkeit erfasst, auch zum Besitz berechtigende Pfand- und
Vorzugsrechte mit der Klage auf vorzugsweise Befriedigung geltend machen zu
können. Dies stellt aber einen Ausnahmefall dar, den das Gesetz in seiner Abstraktheit nicht abbilden muss.

Ähnlich verhält es sich mit der Frage, welcher Rechtsbehelf gegen eine Vollstreckungsvereinbarung statthaft ist. Traut man dem Gerichtsvollzieher die
Beurteilung der Wirksamkeit solcher Vereinbarungen zu, lässt sich auch dieses
Problem mit den bestehenden Rechtsbehelfen lösen. Vorzugswürdig ist es insoweit, dem Schuldner einerseits die Klage nach § 767 ZPO zu ermöglichen, ihm
aber für Vereinbarungen über Gesichtspunkte, die das Vollstreckungsorgan im
Rahmen des Vollstreckungsverfahrens ohnehin zu prüfen hat, anderseits auch
die Möglichkeit der Vollstreckungserinnerung zu eröffnen. Damit könnten
schwierige, beweisbedürftige Auslegungsfragen in einem Erkenntnisverfahren
geklärt werden. Daneben wäre eine Kontrolle des Vollstreckungsorgans im Wege
der Erinnerung möglich, wenn es um Aspekte geht, die von dessen beschränkter
Prüfungskompetenz im Vollstreckungsverfahren umfasst sind.

Weder die Titelgegenklage noch der Antrag auf Fortsetzung des Verfahrens
haben bislang Eingang in das Gesetz gefunden. Beide Rechtsbehelfe haben sich
aus der Rechtsprechung entwickelt. Dass sich ein Erfordernis ergeben würde,
die Unzulässigkeit der Zwangsvollstreckung wegen der Unwirksamkeit des ihr
zugrunde liegenden Titels geltend zu machen, war für den historischen Gesetzgeber nicht absehbar. Bei der Einführung der Zivilprozessordnung konnte zu
Recht auf das der Zwangsvollstreckung vorausgehende Erkenntnisverfahren vertraut werden. Da inzwischen aber die Titulierung von Forderungen ohne Beteiligung des Gerichts möglich ist und auch das Gericht kein Garant dafür sein
kann, dass der Gläubiger einen wirksamen Titel erlangt, gebietet es die verfassungsrechtliche Gewährleistung effektiven Rechtsschutzes, dem Schuldner für
die Fälle der anfänglichen und nachträglichen Unwirksamkeit des Titels Rechtsbehelfsmöglichkeiten zu gewähren. Dazu genügt es nicht, mit ungeschriebenen
Rechtsbehelfen zu arbeiten. Der Gedanke des Schuldnerschutzes, welcher der

gesamten Einzelzwangsvollstreckung zu Grunde liegt, erfordert es, diese Rechtsbehelfe für den Schuldner erkennbar in Gesetzesform zu fassen.

Eine derartige Erweiterung des in der Zwangsvollstreckung geltenden Rechtsbehelfssystems vermehrt zwar die Anzahl der geschriebenen Rechtsbehelfe. Dennoch vermag dies die Komplexität der Thematik abzuschwächen. Mit einer prägnanten Korrektur des Gesetzes und einer zielgerichteten Neukonzeption von Vorschriften, welche aus der Praxis nicht mehr wegzudenken sind, lassen sich die vollstreckungsspezifischen Rechtsbehelfe leichter erfassen.

Im Ergebnis ist daher festzustellen, dass sich die seit fast 150 Jahren nahezu wortgleich bestehenden Rechtsbehelfe in der Zwangsvollstreckung durchaus bewährt haben. Den Begründern der Zivilprozessordnung ist es gelungen, den Beteiligten des Vollstreckungsverfahren sowie betroffenen Dritten ein Rechtsschutzsystem an die Hand zu geben, dass die erkannten Schwächen des Zwangsvollstreckungsverfahrens ausgleicht und sich auch heute noch in weiten Teilen auf die veränderten gesellschaftlichen Gegebenheiten anwenden lässt. Einer gänzlichen Umgestaltung der Grundsätze der Zwangsvollstreckung und der dazugehörigen Rechtsbehelfe bedarf es dagegen nicht.

Dennoch ist ein nicht unerheblicher Änderungsbedarf zu verzeichnen. Diesen sollte auch der Gesetzgeber erkennen. In Zeiten, die wirtschaftliche Unsicherheiten mit sich bringen, ist der gerichtliche Rechtsschutz nicht zu vernachlässigen. Die Legislative sollte ihren Fokus erweitern und ihren Blick über staatliche Hilfen und die Verhinderung drohender Insolvenzen hinaus auf die Einzelzwangsvollstreckung lenken. Durch Gesetzeskorrekturen an den richtigen Stellen kann sie dem Rechtsbehelfssystem in der Einzelzwangsvollstreckung größere Akzeptanz verleihen und ihm die Bedeutung beimessen, die es verdient.

H. Ausblick

Die Zivilprozessordnung befindet sich in einem Wandel. Die längst in der Gesellschaft angekommene Digitalisierung wird seit einiger Zeit etappenweise auf das Zivilverfahren übertragen. Sie macht auch vor der Zwangsvollstreckung nicht Halt.

Seit dem 1.1.2018 besteht die Möglichkeit, nach § 753 Abs. 4 ZPO elektronische Anträge beim Gerichtvollzieher zu stellen. Seit dem 1.1.2022 ist die elektronische Antragsstellung für Rechtsanwälte und Behörden gem. § 130d ZPO i.V.m. § 753 Abs. 5 ZPO nunmehr verpflichtend.[817] Diese Gesetzesänderungen werden die Anzahl der bei dem Vollstreckungsorgan elektronisch eingehenden Vollstreckungsanträge merklich erhöhen. Mit der Pflicht zur elektronischen Antragsstellung werden sich weitreichende Fragen stellen. Dabei werden bereits bestehende Diskussionen akut, es werden sich aber auch neue Probleme ergeben. Es wird zu klären sein, wann ein elektronischer Antrag auf Durchführung der Zwangsvollstreckung rangwahrend ist, ob es dazu lediglich eines elektronischen Antrags bedarf oder ob es sich erst dann um einen ordnungsgemäßen Antrag handelt, wenn auch der Vollstreckungstitel manuell eingereicht wird. Auch die Fragen, ob das Vollstreckungsorgan zeitlich früher eingegangene Anträge vor späteren Anträgen berücksichtigen muss und insoweit auf den elektronischen Antrag oder den Eingang des Vollstreckungstitels abzustellen ist, werden zu beantworten sein.

Die eingeführte Digitalisierung betrifft das Antragsverfahren, für die Zwangsvollstreckung selbst besteht aber noch kein Gesetzesvorhaben zu einer Novellierung.[818]

Ähnliche Fragen werden sich auch für die Zwangsvollstreckung durch das Vollstreckungsgericht und das Prozessgericht stellen. Die Möglichkeit der elektronischen Antragsstellung besteht für die Vollstreckung in eine Geldforderung von nicht mehr als 5.000 Euro aus einem Vollstreckungsbescheid, der keiner Vollstreckungsklausel bedarf, bereits seit dem Jahr 2013.[819] Für diesen

---

817 Gesetz zur Einführung der elektronischen Akte in der Justiz und zur weiteren Förderung des elektronischen Rechtsverkehrs vom 5.7.2017, BGBl. 2017 I 2208, 2219.

818 Kritisch und mit Änderungsvorschlägen zum Vollstreckungsverfahren: *Stamm*, NJW 2021, 2563 ff.

819 Gesetz zur Reform der Sachaufklärung in der Zwangsvollstreckung vom 29.7.2009, BGBl. 2009 I 2258, 2262 f.

vereinfachten Vollstreckungsantrag nach § 829a ZPO gilt jedoch die Besonderheit, dass es der Einreichung einer vollstreckbaren Ausfertigung des Titels nicht
bedarf. Mit den darüber hinausgehenden Schwierigkeiten werden sich nunmehr
auch das Vollstreckungs- und das Prozessgericht befassen müssen. Denn das
Erfordernis der elektronischen Antragstellung durch Rechtsanwälte und Behörden gilt über den in den allgemeinen Vorschriften geregelten § 130d ZPO für
sämtliche Zivilgerichte.

Technische Probleme bei der elektronischen Übermittlung des Antrags belasten das Vollstreckungsverfahren ebenfalls. Können derartige Unstimmigkeiten
zwischen dem Vollstreckungsorgan und den am Zwangsvollstreckungsverfahren
Beteiligten nicht geklärt werden, wird sich die Judikative im Rechtsbehelfsverfahren mit diesen Fragen auseinander setzten müssen. Dafür muss das Rechtsbehelfssystem gewappnet sein.

Hinzu kommt der Einfluss des Europarechts auf das Zivilverfahren. Zum
Schutz der Kollektivinteressen wird in Umsetzung der Verbandsklagerichtli-
nie[820] bis zum 25.6.2023 eine Verbandsklage in das deutsche Recht einzuführen
sein. Diese neue Form, Rechte gemeinschaftlich geltend machen zu können, wird
auch auf Rechtsbehelfe, die gegen eine sich daran anschließende Zwangsvollstreckung eingelegt werden, Einfluss nehmen. Denn es wird künftig für Verbraucher
die Möglichkeit bestehen, im Rahmen von Abhilfeklagen Leistungsansprüche
gegen Unternehmen geltend zu machen.[821] Wenn der Unternehmer daraufhin
etwa eine Vollstreckungsgegenklage erhebt, werden sich verfahrensrechtlich
ganz neue Fragen stellen.

Dies gilt in noch größerem Maße für die Veränderungen im materiellen Recht.
Die sich schon heute abzeichnenden Fragestellungen rund um die Zwangsvollstreckung in das geistige Eigentum werden zunehmen. Die Gesetzgebung
reagiert zunehmend darauf, dass der Begriff des Eigentums in der Lebenswirk-
lichkeit nicht mehr nur auf körperliche Gegenstände bezogen wird. Die ebenfalls Anfang des Jahres in Kraft getretene Reform des Schuldrechts[822] schafft auf
materieller Ebene mehr Rechtssicherheit, indem in den §§ 327 ff. BGB eigene

---

820 Richtlinie (EU) 2020/1828 des Europäischen Parlaments und des Rates vom 25.11.2020
     über Verbandsklagen zum Schutz der Kollektivinteressen der Verbraucher und zur
     Aufhebung der Richtlinie 2009/22/EG.
821 Eingehend dazu: *Bruns*, ZZP 134 (2021), 393, 422 ff.
822 Gesetz zur Umsetzung der Richtlinie über bestimmte vertragsrechtliche Aspekte der
     Bereitstellung digitaler Inhalte und digitaler Dienstleistungen vom 25.6.2021, BGBl.
     2021 I 2123.

Vertragstypen für digitale Produkte geregelt und damit erstmals Daten als Wirtschaftsgut anerkannt wurden. Wie die über solche Vermögenswerte erlangte Berechtigung an Datenbeständen in der Zwangsvollstreckung zu behandeln ist, bedarf noch eingehender Erörterung.[823]

Vor entsprechenden Gesetzesänderungen wird es aber die Rechtsprechung sein, die derartige Fragen zu klären hat. Das belegen erste Entscheidungen, die bereits zur Zwangsvollstreckung in Daten ergangen sind.[824] Nur mit einem ausgereiften, an die aktuellen Gegebenheiten angepassten Rechtsbehelfssystem werden diese Aufgaben bewältigt werden können.

---

823 Siehe dazu bereits: *Völzmann-Stickelbrock* in FS Taeger, 749 ff.; *Steinrötter/Bohlsen*, ZZP 133 (2020), 459 ff.
824 BGHZ 220, 68 ff.; BGH NJW 2005, 3353 f.; MDR 2018, 227 ff.; OLG Düsseldorf NZI 2012, 887 ff.; OLG Brandenburg BeckRS 2009, 29988; LG Mönchengladbach NJW 2005, 439 f.; LG Mühlhausen DGVZ 2013, 56 ff.

Printed by
CPI books GmbH, Leck